김정은의 고민

### 김정은의 고민

©안문석, 2012

**초판 1쇄** 2012년 11월 14일 찍음
**초판 1쇄** 2012년 11월 21일 펴냄

**지은이** 안문석
**펴낸이** 강준우
**기획·편집** 김진원, 문형숙, 심장원, 이동국
**디자인** 이은혜, 최진영
**마케팅** 박상철, 이태준
**인쇄·제본** 대정인쇄공사

**펴낸곳** 인물과사상사 **출판등록** 제17-204호 1998년 3월 11일

**주소** 121-839 서울시 마포구 서교동 392-4 삼양빌딩 2층
**전화** 02-325-6364 **팩스** 02-474-1413
**홈페이지** www.inmul.co.kr **이메일** insa1998@gmail.com
**ISBN** 978-89-5906-225-6 03300
**값** 13,000원

이 저작물의 내용을 쓰고자 할 때는 저작자와 인물과사상사의 허락을 받아야 합니다.
파손된 책은 바꿔 드립니다.

평화 공존이냐, 고립이냐

■ 안문석 지음

# 김정은의 고민

인물과
사상사

**일러두기**
이 책은 2012년도 전북대학교 저술 장려 연구비 지원을 받아 연구됐습니다.

## 추천사

## 김정은 체제와 한반도의 미래

한반도를 둘러싼 정세가 급변하고 있다. 지난 11월 6일, 미국 대통령 선거에서 버락 오바마가 재선에 성공했다. 이틀 후인 11월 8일 중국에서는 공산당 18차 당대회를 통해 시진핑을 주석으로 한 새로운 지도부가 꾸려졌다. 12월이면 대한민국도 제18대 대통령 선거를 치르게 된다. 역학 구도의 변화에 따라 한반도의 미래도 바뀔 것이다.

이보다 먼저 북한에서는 권력 이동이 있었다. 2011년 12월 17일 김정일 국방위원장이 사망하고 김정은 조선 노동당 제1비서가 정권을 이어받았다. 그러나 과연 우리는 김정은에 대해 얼마나 알고 있을까?

김일성, 김정일에 이은 3대 세습에 대한 비판은 많지만 정작 북한 최고 권력자로 떠오른 김정은과 김정은 체제를 지탱해주고 있는 집단에 대해 우리는 잘 모르고 있다. 김정은이 구상하는 정책은커녕 정확한 나이가 몇 살인지조차 몰라서 일대 논란이 일기도 했다.

그럼에도 김정은 체제의 개혁·개방에 대한 기대와 전망이 높은 것은 사실이다. 전격적으로 단행된 리영호 군 총참모장 해임, 장성택의 방중, 경제 기사의 비중이 높아진 《노동신문》의 변화 등을 통해 그런 가능성을 읽을 수 있다.

특히 퍼스트레이디 리설주 공개, 모란봉악단 공연에서 미키마우스 캐릭터가 등장한 것 등은 대표적인 '변화의 아이콘'으로 꼽힌다. 서구 사회에서 유학 생활을 하며 자본주의를 직접 체험했다는 경력 또한 김정은 체제가 변화에 적극적일 것이라는 시각을 뒷받침해준다.

그러나 북한을 연구할 때 가장 중요한 것은 북한을 '있는 그대로 보는 것'이다. 이는 내가 통일부장관을 지내는 동안 가장 절실하게 느꼈던 부분이기도 하다. 2007년 6월 17일 김정일 국방위원장과 면담할 때 면담 시간이 예상보다 훨씬 긴 5시간이 될 수 있었던 것도, 김 위원장으로부터 "통 크게 한번 같이합시다"란 입장을 이끌어낼 수 있었던 것도 지금 생각해보면 북한을 그리고 김정일을 '있는 그대로 보는 것'이란 관점으로 대했기 때문이 아닐까 싶다.

그런 의미에서 이 책은 북한을 '있는 그대로 보는 것'에서 출발해 '북한의 개혁·개방을 독려할 수 있는 방향'까지 한반도에 대한 전반적인 고민과 대안을 함축적으로 담고 있다.

이 책을 쓴 안문석 전북대학교 교수는 오랫동안 KBS에서 북한 문제를 다뤄온 기자 출신으로서 이론과 현장을 두루 경험한 학자다. 그만의 탄탄한 논리와 역동적인 현장감이 이 책에 그대로 배어 있고 그것이 이 책을 더욱 빛나게 한다.

그의 말대로 지금은 북한과 김정은 체제를 우리 식대로 해석하는 것이 아니라 '있는 그대로' 봐야 할 때다. 그것을 바탕으로 고민하고 길을 찾아 한반도 문제를 우리 손으로 직접 풀어나가야 할 때다.

현실적으로 국제사회 질서는 다분히 서구식 사고방식에 기인하고 있다. 그러나 서구적 논리에 입각한 국제 질서도 이제 전환기를 맞고 있다. 게다가 북한은 이런 서구식 모형에 거부감을 보여왔다. 그렇기 때문에 북한을 개혁·개방으로, 국제사회로 끌어내기 위해서는 이제 서구식 모형과는 다른 국제사회가 필요하다. 저자는 이에 대한 대안으로 '동북아 국제사회'를 제시한다.

지금 한반도는 그 어느 때보다 중요한 전환기를 맞고 있다. 김정은 체제에 대한 심도 깊은 분석과 혜안은 이런 때에 새로운 길을 찾는 데 좋은 이정표가 돼줄 것이다. 특히 차기 정부가 출범하고 남북 관계를 복원, 정상화하는 데 큰 도움이 될 것이다.

글을 읽으며 한반도를 둘러싼 파고波高가 잔잔해지고 남북 간에 하늘길, 땅길, 바닷길이 모두 활짝 열리는 그런 한반도의 미래를 같이 그려보길 희망한다.

2012년 11월
전 통일부 장관 정동영

## 서문

 북한은 갈등적인 두 가지 모습으로 우리에게 다가온다. 적대국, 동북아 질서의 잠재적 파괴자이면서 다른 한편으로 민족문제를 해결하기 위해 협의하고 협상해야 할 대상이다. 우리 사회에서는 어느 쪽을 강조하느냐에 따라 보수와 진보로 갈린다. 북한의 최고 지도자를 두고 감정적인 면까지 더해져 복잡한 논쟁과 대응을 낳는다.

 김정은이 김일성, 김정일을 잇는 북한의 3세대 지도자로 등장한 지 상당한 시간이 지났다. 후계자로 지명된 2009년 1월부터 따진다면 3년도 더 됐다. 하지만 우리는 김정은에 대해 잘 모른다. 취향이 어떤지, 어떤 생각을 하고 있는지, 어떤 정책을 펴고 있는지 아직 정리되지 않았다. 나이가 정확히 몇인지에 대해서도 논란이 일 정도다.

하긴 우리는 김일성, 김정일에 대한 연구도 제대로 안 돼 있는 상태로 대북 정책을 만들고 추진했다. 전제주의 국가에서는 최고 통치자의 생각과 정책이 사회 구석구석에 투사되기 때문에 그 나라를 제대로 파악하기 위해서는 최고 통치자에 관한 연구가 필수다. 그래서 김일성, 김정일을 연구하는 게 중요했고 김정은 연구 또한 중요한 위치를 차지한다.

문제는 자료다. 특히 김정은은 아직 젊은 데다 모습을 드러낸 지 3년밖에 되지 않아 자료가 그야말로 태부족이다. 북한 언론이 그나마 김정은의 생각과 정책을 파악할 수 있게 해주는 유일한 통로다. 특히 김정은의 동정과 사진, 그에 관한 사설, 정론 등을 싣는《노동신문》은 주요 자료다. 실제로 최근에 김정은의 정책과 사고가 어떻게 변화하는지는 이 신문이 직간접적으로 보도하는 내용을 천착함으로써 어느 정도 파악할 수 있다. 결국 김정은과 북한을 제대로 파악하는 것은 파편처럼 조각난 정보를 지난 북한의 역사와 잘 연결시킬 수 있을 때 가능하다.

김정은의 개인적 특성personality은 아버지 김정일과 달리 공개형, 개방형을 지향한다. 사회주의국가에서는 드물게 부인을 공개하고 주요 행사에 대동하는 모습이 이런 특성을 단적으로 보여준다. 나름대로 젊은 활력과 자신감을 표현하는 것이라고 할 수 있다. 통치의 효율을 위해 서투른 대중 연설이라도 일부러 하는 모습은 필요하다면 하기 싫은 일도 마다하지 않는다는 감성 통제형의 단면을 보여준다. 김일성과 닮은 점이다. 그러면서도 잘못을 발견했을 때에는 그 자리에서 혼내고 시정시키는 직설형直說形인 측면 또한 있다.

큰 줄기에서 김정은의 생각을 읽어보면 선군정치의 맥락을 유지하면서 경제를 살리겠다는 뜻이 보인다. 먹는 문제를 해결하지 않고는 정권 유지가 어렵다는 판단 때문이다. 그런 점에서 김정은이 개혁·개방으로 나올 가능성은 아주 높다. 김정은은 북송 재일교포 출신인 어머니 고영희를 따라 어릴 적에 일본을 방문하기도 했고 5년에 가까운 스위스 유학 경험까지 있어 서구 문화에 개방적이다. 미국 영화 〈록키〉의 하이라이트가 주제가와 함께 평양 한가운데서 공연될 수 있었던 것은 이런 그의 성향 때문이다.

김정은 개혁의 바로미터는 '6·28 신경제관리개선조치'다. 이것은 농업 생산에서 개인의 자율 처분권과 공장·기업소의 경영 자율권을 확장하는 조치다. 이것이 성공하려면 이를 실행하는 권력 기관의 부패가 일소돼야 한다. 산출량을 공정하게 계산하고 약속한 개인 처분권을 분명하게 보장하는 체제가 갖추어져야 하기 때문이다. 그렇게 되면 생산량은 확대될 것이고 개혁 조치는 점점 다른 분야로 확산될 것이다.

대외 개방은 지나친 중국 의존에서 탈피하고 경제력을 확대하려는 전략이 추진될 가능성이 높다. 남한과의 교역을 제외하면 북한의 전체 무역 가운데 중국이 차지하는 비율이 84퍼센트에 이른다. 이런 상황에서 김정은은 의존의 균형balance of dependence을 추구해 더욱 많은 나라와 교역과 교류를 추진할 가능성이 높다.

서문 011

중국과 소련 사이에서도 한쪽으로 치우치지 않는 전통을 이어온 북한이다.

대미 외교는 대외 개방과 경제적 이익의 확보를 위해 가장 중요한 부분인 만큼 김정은 외교의 중심을 차지하고 있다. 김정일 사망 직후 '북한은 핵 활동 중단, 미국은 식량 지원'에 합의한 것도 미국과 관계를 개선함으로써 경제적 이익을 확보하려는 전략 때문이었다. 김정은은 미국에 대한 비난을 자제하면서 대화의 기회를 엿보고 있다. 11월 6일 미국 대선 이후 결정적 모멘텀을 기다리고 있는 것이다. 남한과의 관계도 차기 정부를 기다려보겠다는 자세다.

어떤 것보다 민생 문제 해결을 우선시하는 만큼 미국, 남한과 관계를 개선하려는 동기부여는 충분하다. 문제는 미국과 남한에 어떤 정부가 들어서느냐다. 두 나라에서 진보적인 정부가 출범하면 한반도는 해빙을 맞을 것이다. 그래서 김정은의 조치는 미국, 남한의 대통령 선거와 겹쳐서 봐야 한다.

북한을 살펴보는 과정에서 가장 중요한 것은 북한을 있는 그대로 보는 것이다. '곧 붕괴할 것'이라는 인식으로 북한을 대하면 대북 정책은 왜곡될 수밖에 없다. 대북 봉쇄 정책이 나오기 마련이고 이에 북한이 반발하는 건 불을 보듯 뻔하다. 김정은의 북한은 분명 이전과는 다른 모습을 보여주고 있다. 변화하고 있는 것이다. 물론 더 변화해야 한다. 하지만 그나마 발생하는 변화를 아니라고 부인하면 또 왜곡된 정책이 나올 수밖에 없다. 그 덕분에 남북 관계를 진전시킬 호기는 그저 흘러가버린다.

    변화하는 북한에 호응하면서 교류도 하고 대화도 하고 통일도 논의하는 남북 관계의 '좋은 시절'을 기다린다.

2012년 11월

안문석

# 차례

**추천사** 김정은 체제와 한반도의 미래_ 전 통일부 장관 정동영 **005**

**서문 009**

**1장 김정은은 어떤 인물인가 017**
1984년생? | 2008년 후계자 내정 | 치즈를 좋아한다 | 김정일의 은둔형 버리고 공개형 선택 | 김일성 스타일 감성 통제형 | 그 자리에서 화내고 혼내는 직설형 | 시스템 통치형

**2장 김정은은 지금 무슨 생각을 하고 있을까 039**
일심단결은 천하지대본 | 체제 이완은 절대 안 된다 | 식당도 경쟁해야 산다 | 대외 인식은 현실주의 | 북한은 현실을 정확히 알고 있다

**3장 3단계 권력 승계 057**
김정은 승계는 김정일 승계의 축소판 | 후계자 수습 기간 | 김정일과 김정은의 권력 공유 | 김정일 사망 이후

**4장 김정은의 사람들 077**
좌성택과 우룡해 | 일인지하 만인지상 장성택 | 김정은의 최측근 후견인 김경희 | 충성의 화신 최룡해 | 군수 경제 통째로 움켜쥔 박도춘 | 조선 노동당의 실력자들 | 군부는 소장파가 실세 | 공안 기관은 정보·보안통이 장악 | 경제는 원로와 소장 세력이 공동으로 | 외교는 미국 전문가 세상

**5장 선군정치 못 버린다 129**
선군정치란 무엇인가 | 선군정치의 현재 위치 | 선군정치의 실제 위상 | 지금도 계속되는 선군정치

**6장 핵 문제 협상 나선다 145**

핵 문제의 현재 | 언제 협상에 나올까 | 북한 핵은 정권 안보를 위한 것 | 중국은 북핵 해결에 적극 나서지 않는다 | 북한-미국 직접 협상이 왕도 | 오바마 재선은 어떤 영향이 있을까

**7장 미국과 수교할까 167**

대외 관계의 핵심은 북미 관계 | 북미 수교, 체제 안정을 위한 목표 | 불신 제거가 가장 큰 과제 | 미국이 먼저 수교 제안해야

**8장 중국 의존 탈피할까 185**

심화하는 중국 의존 | 6자회담 최대 수혜국은 중국 | 의존의 균형 추구

**9장 김정은-안철수 정상회담? 201**

금강산 관광 재개 나선다 | 이명박 정부의 이상한 대북 정책 | 남북대화 전문가가 없다 | 박근혜의 수동적 대북 정책 | 문재인의 대북 포용 정책 | 안철수-김정은 정상회담?

**10장 김정은은 리틀 덩샤오핑인가 227**

개혁·개방의 길 찾기 | 서양 문화에 개방적인 김정은 | 실용주의자 장성택의 역할 | 농업 구조 개혁이 바로미터 | 중국 의존에서 벗어나기 위한 개혁·개방 | 진정한 '인민 생활' 우선 정책이 관건 | 새로운 동북아 국제사회 만들어야

**후주 263**

**찾아보기 269**

# 1장

## 김정은은 어떤 인물인가

## *1984년생?*

북한에 대한 정보가 대부분 그렇지만 최고 통치자에 대한 정보는 쉽게 전해지는 것이 없다. 북한은 이 부분에 대해 되도록 숨기고 밝히지 않는다. 선거라는 과정이 있어서 그 과정을 통해 최고 통치자에 관한 정보가 드러나는 것도 아니다. 북한 정권이 스스로 자존심과 주체성을 지키며 생존하는 데 가치를 두다보니 대외적으로 북한에 관한 정보를 밝힐 필요도 없다. 최고 지도자 유일 체계를 유지하는 북한 처지에서 최고 통치자는 적절히 신비감을 보존하는 것이 오히려 통치에 유리하다 판단하는 것 같다. 그러면서 필요한 때에 필요한 만큼 필요한 방향으로 정보를 생산해낸다. 최고 지도자의 나이도 마찬가지다. 본래 1941년에 태어난 김정일은 1942년으로 태어난 해를 바꾼 것으로 전해진다. 1912년생인 김일성과 끝자리를 맞추기 위해서다.

북한 당국은 김정은 조선 노동당 제1비서가 1982년에 태어났다고 밝혔다. 생일은 1월 8일이다. 북한이 2009년부터 생일을 기념하고 있기 때문에 1월 8일임이 알려지게 됐다. 하지만 북한이 공식화한 '1982년생'에는 의문이 있다. 이것도 끝자리를 김일성, 김정일의 생년과 맞추기 위한 것으로 보인다. 국가정보원은 1984년생으로 파악하고 있다.<sup>01</sup> 하지만 그 근거가 무엇인지는 공개되지 않았다. 정보를 취득한 방법과 경로가 드러날 우려 때문인 것으로 보인다. 어쨌든 국가정보원이 분명하게 밝힌 점으로 보아 확실한 증거인 듯하다.

11년 동안 김정일의 요리사로 일한 일본인 후지모토 겐지藤本健二는 김정은이 1983년생이라고 주장했다. 김정은의 어린 시절을 가까이서 지켜본 후지모토는 1993년 원산초대소에서 김정일 가족과 윷놀이를 하다가 태어난 해의 간지干支에 대해 얘기할 기회가 있었다고 한다. 거기서 김정일이 고영희는 "1950년생 호랑이", 김정철은 "1980년생 원숭이"라고 말했고 김정은은 "1983년생이니 멧돼지구나"라고 말했다는 것이다.<sup>02</sup> 김정일에게 직접 들었다고 하는 데다 묘사하는 상황이 매우 구체적이어서 신빙성이 높아 보인다. 스위스에서 프랑스어로 발행되는 시사 주간지 《렙도 L'Hebdo》도 2009년 3월 김정은이 다닌 스위스 학교를 취재해 1983년 1월 8일생이라고 보도했다.

최고 통치자의 나이 하나를 두고 여러 얘기들이 오간다는 것 자체가 이상한 일이긴 하지만 북한의 체제 생성 과정과 생존 전략이 독특하다는 점을 이해해야 한다. 현재로선 공신력 있는 한국의 정보기관이 1984년생이라고 단정했기 때문에 일단 1984년 쪽에 무게를 두는 것이 옳을 듯하다. 하지만 근거가 공개되기까지 의구심을 버리기는 어렵다. 후지모토가 제시한 김정일의 말에 실수가 있었다는 것인지, 후지모토가 잘못 기억하고 있다는 것인지, 스위스 잡지가 확인한 김정은 모교의 정보가 잘못됐다는 것인지 의문이 여전히 존재한다. 그런가 하면 김정은이 최고 지도자가 되면서 북한에서 '김정은'을 이름으로 쓰는 사람들은 모두 이름을 바꿨다고 한다.

김정은은 1996년 여름부터 2001년 1월까지 5년 가까이 스위스 베른에서 생활했다. 세상을 보는 가치관이 형성되는 매우 중요한 시기인 청소년 시절에 5년을 유럽 선진국에서 보낸 것이다. 첫 1년은 외국어 교육 학생반에 있다가 6학년 때 정규반이 됐고 1998년부터 2000년까지 리베펠트-슈타인휠슬리 공립학교에서 7학년과 8학년 과정을 다녔다. 고등학교 과정인 9학년 과정을 다니다가 북한으로 돌아갔다. 수학 교사인 페타 부리는 김정은을 다른 학생들과 잘 어울리고 부지런하고 야심 찬 학생으로 기억한다. 당시 김정은은 영화를 좋아했는데 특히 영화배우 장 클로드 반 담을 좋아했다고 한다.

후지모토도 김정은은 어릴 적부터 승부욕이 아주 강했다고 증언한다. 농구를 좋아해서 형 김정철과 각각 팀을 이뤄 시합을 자주 했는데 경기가 끝나면 김정철 팀은 바로 해산한 반면 김정은 팀은 따로 모여 경기를 점검했다. "아까 그 패스는 아주 좋았어"라고 칭찬하기도 하고 잘못된 점을 지적하며 매섭게 질타하기도 했다.[03] 이런 점이 형 김정철을 제치고 후계자로 낙점된 이유가 됐다. 김정일이 김정철은 여자 같다며 못 미더워했지만 김정은은 자신을 닮았다며 좋아했다는 것이다.

2002년부터 2007년 4월까지 김정은은 5년제 군 장교 양성 기관인 김일성군사종합대학을 다녔다. 이때 하루 서너 시간만 자면서 공부했다고 한다. 2012년 1월 8일 그의 생일을 기념하는 의미로 방송된 조선중앙TV의 김정은 기록영화가 그렇게 설명했다. 대학에 다니던 2004년에 김정은은 어머니 고영희를 잃었다. 고영희는 북송 재일 교포 출신인데 유선암으로 사망했다. 이 때문인지 김정일은 평양산원산부인과 병원에 유선종양연구소 설치를 지시했고 김정은도 지대한 관심을 보였다. 2012년 7월 김정은은 건설 중인 연구소를 방문해 구석구석 돌아보면서 문제가 있으면 자신에게 직접 보고하라며 어떤 문제든 해결해주겠다는 의사를 피력하기도 했다. 또 유선암을 미리 예방하고 조기에 발견할 수 있는 체계를 세워야 한다면서 첨단 설비를 갖출 것도 지시했다.[04] 김정은이 조기 발견 체계를 특히 중시하는 것으로 미루어 고영희도 암을 조기에 발견하지 못해 사망에 이른 것으로 추정된다.

대학 재학 시절 김정은은 "지금 나에게는 장군님의 선군혁명 위업을 군사적으로 믿음직하게 보좌해나갈 수 있는 군사적 자질을 갖춰야 할 무거운 의무가 있다", "장군님의 군사전략 사상과 전술을 완전히 터득하자는 것이 나의 의지이고 목표"라면서 학습에 정열을 쏟았다고 기록영화는 전한다. 대학 재학 당시 특히 포병술에 관심이 많았다고 한다. 졸업 논문도 GPS를 이용한 포격의 정확도 제고 방안에 대한 것이었다. 김일성군사종합대학 시절 정통 포병 장교 출신으로 인민군 총참모장에 오른 리영호에게 포병학을 집중적으로 교육받았다는 얘기도 전해진다.[05] 그런 인연 때문인지 리영호는 김정은이 후계자로 결정된 직후인 2009년 2월 총참모장이 되면서 김정은의 핵심 측근 세력으로 떠올랐다.

포술에 대한 관심 때문에 북한에서는 김정은을 설명할 때 '희세의 명장', '희세의 전략가', '무비의 배짱가', '천출명장' 등과 함께 '포병술의 대가', '포격의 달인' 같은 수식어를 붙이는 것이다. 2009년 9월 일본 《마이니치신문》이 북한에서 사용하는 김정은 선전 자료라며 보도한 〈존경하는 김정은 대장 동지의 위대성 교양 자료〉를 보면 김정은은 점에 의한 화력 타격의 정확성과 최첨단 과학기술을 활용해 새로운 포격술을 개발했다고 한다.

북한 언론은 김정은이 포격술뿐만 아니라 전반적인 군사 지식과 작전 능력도 뛰어난 것으로 선전한다. 2012년 2월 말 북방 한계선NLL을 포함한 서남 지역을 관장하는 4군단을 방문해 부대 배치 상황을 살펴본 김정은은 부대의 배치 상태가 전술적으로 맞지 않다 지적하고 새로운 위치로 부대를 옮길 것을 지시한다.[06] 4군단은 2010년 11월 연평도를 포격한 부대로, 북한의 대남 전략상 매우 중요한 군단이다. 김정은은 이 부대를 방문해 군사 작전에 대한 지식을 과시하는 모습을 보인 것이다. 나아가 혁명 건설의 모든 분야에 대한 지식과 실력이 뛰어나고 조직적 수완도 밝다고 한다.

어디까지가 사실이고 어디부터가 과장인지 아직은 가려내기가 어렵다. 북한은 김정은이 세 살 때 총을 쏘고 한시도 썼다고 선전하지만 이는 북한이 김일성·김정일 시대부터 해온 우상화의 일환이고 실제로는 믿기 어려운 이야기다. 다만 김정은이 김정일의 현지 지도에 동행한 것이 2009년 10월 5일에 처음 텔레비전에 방송됐는데 이때 제851부대의 포격 훈련을 시찰한다. 포병과 포술에 대한 김정은의 관심이 지대함을 다시 한 번 확인시켜준다.

## *2008년 후계자 내정*

현지 지도가 텔레비전에 방영된 것은 2009년 10월 5일이 처음이지만 김정은이 김정일의 현지 지도를 수행하기 시작한 것은 2008년 겨울부터다. 현지 지도 수행은 후계자로 내정됐음을 보여주는 것이다. 김정은이 김정일의 후계자로 확정된 것은 이보다 조금 뒤인 2009년 1월 8일이다. 김정일은 김정은을 후계자로 결정했다는 교시를 노동당 조직지도부에 하달함으로써 후계자로 확정했다. 이에 따라 당시 당 조직지도부 제1부부장인 리제강은 조직지도부의 과장급 이상 간부들을 긴급 소집해 이를 전달했다. 이로써 김정은이 김일성, 김정일에 이은 북한의 3대 최고 통치자 자리에 오르게 된다.

김정일이 2008년 8월 뇌졸중에 걸린 후 11월에 회복된 뒤 곧바로 후계자에 내정되고 그에 따라 김정은이 김정일 현지 지도에 동행하기 시작한 것으로 보이지만 이보다 훨씬 전에 김정은이 후계자로 내정됐다는 주장도 있다. 그 근거는 김정은이 태어난 평안북도 창성에 있는 관저가 사적지로 지정돼 2007년 3월부터 2009년 1월까지 개축 작업이 진행됐다는 것이다. 또 2007년에는 북한 사회 전반에 대한 김정은의 이해와 지도를 지원하기 위해 정치·군사·경제 등 분야별로 전담반이 구성됐다고 한다. 이를 근거로 2006년 말에 이미 김정은이 김정일의 후계자로 내정됐다고 주장하는 것이다.[07]

하지만 이런 부분은 아직까지 '전해지는' 소식 정도이고 분명한 사실로 확인됐다고 보기는 어렵다. 좀 더 많은 자료와 증언을 모아 확인해야 하는 부분이기도 하다. 2006년 10월 북한이 첫 핵실험을 감행함으로써 국제사회와 긴장을 조성하고 내부 결속을 다진 점으로 보아 후계자 내정 등의 내부 정치적 주요 사안이 존재했을 것으로 추정해볼 수는 있겠다. 하지만 김정은은 당시 스물두 살 정도에 지나지 않았고 김정일 또한 왕성하게 활동한 시기여서 후계자 내정이 시급한 사항은 아니었다. 게다가 당시 마카오 BDA Banco Delta Asian에 대한 미국의 금융 제재로 북한의 통치자금 2400만 달러가 묶여 있었고 이 때문에 북한과 미국의 갈등이 날카로워진 상태여서 북한은 이 문제 해결에 매달려 있었다.

김정은을 찬양하는 노래 〈발걸음〉도 논란거리를 제공했다. 이미 1992년에 김정은의 생일을 축하하는 의미로 발표된 노래로,[08] 그 내용은 김정은의 풍모와 기상, 의지를 찬양하는 것이다. 지금 가사 중 '김대장'이라는 부분이 당시에는 '소년대장'이었다. 나머지는 똑같다. 그런 점에서 본다면 이미 1992년에 김정은을 후계자로 내정했다고 말할 수도 있을 것이다. 그러나 이는 북한의 행위에 대한 과잉 해석이 될 것이다. 북한의 문헌이나 행위가 상징적이고 은유적인 것이 많지만 그렇다고 해서 이를 과잉 해석하면 그 또한 북한의 의도를 잘못 파악하는 것이기 때문에 후계자 내정 시기도 추가 자료를 더 보아가며 분석하는 것이 옳을 것이다. 현재로서는 '2008년 말 내정, 2009년 1월 8일 후계자 확정'으로 보는 것이 이치에 맞다.

김정은의 첫 공식 직위는 인민군 대장이었다. 2010년 9월 27일 김정일이 수여했다. 이튿날에 열린 제3차 당대표자회에서는 노동당 중앙군사위원회 부위원장이 됐고 김정일 사망 직후인 2011년 12월 30일 군 최고사령관에 올랐다. 2012년 4월 11일 제4차 당대표자회에서 당 제1비서, 13일에는 최고인민회의 제12기 5차 회의에서 국방위원회 제1위원장에 올라 군과 당, 국가기관의 최고 직책을 모두 차지한다.

## 치즈를 좋아한다

김정은은 비만형 체격으로, 키는 168센티미터 정도다. 국가정보원이 그렇게 파악하고 있다.[09] 몸무게는 90킬로그램 정도인 것으로 보인다. 키가 큰 편이 못 돼 김정일처럼 키높이 구두를 신는 모습도 관찰된다. 2012년 7월 25일 능라인민유원지 준공식에 참석했을 당시에도 키높이 구두를 신고 있었다. 북한이 김정은의 사진을 처음 공개한 직후 국내 언론은 김정은이 키 175센티미터, 몸무게 90킬로그램 정도라고 추정했는데[10] 키높이 구두를 감안하면 실제 키는 168센티미터 정도로 보는 게 자연스러울 것이다.

음식은 서양에서 유학 생활을 한 탓인지 치즈와 육류를 좋아한다고 한다. 2012년 1월 말 김정은이 공군 제378부대를 현지 지도할 때 이런 일도 있었다. 조종사들의 비행 훈련을 관찰하며 격려하고 부대 시설도 일일이 돌아보았다. 식당에 들러 조리대를 살펴보다 치즈를 보고는 이를 맛있게 먹는 방법을 알려준다.[11] 구체적으로 그 내용이 무엇이었는지는 이를 보도한 《노동신문》이 설명하지 않았지만 김정은이 치즈를 맛있게 먹는 방법에 대해 자세히 알고 있는 건 이를 즐기기 때문이라고 볼 수 있다.

비만 체형인 점으로 미루어 육식도 좋아하는 듯한데 실제로 군부대를 시찰하는 과정에서 김정은은 수시로 군인들에게 오리 고기와 물고기 등을 잘 먹이라고 강조한다. 기본적으로 병사들의 영양을 챙기는 모습이겠지만 본인의 취향도 반영된 것으로 볼 수 있다.

2012년 1월 인민군 제169부대를 방문해 장병들도 만나고 시설들을 돌아볼 때 식당 부식물도 자세히 살펴봤다. 부식물을 살펴보다 잣을 발견하고는 "영양가가 높은 잣을 가지고 병사들에게 여러 가지 음식을 해 먹이는 것은 좋은 일"이라고 지시한다.[12] 이런 면으로 볼 때 견과류도 좋아하는 음식에 포함되는 것 같다. 한의사들은 김정은이 사상의학적으로 태음인일 것으로 추정한다. 태음인은 대장 기능이 약해 복부와 허리가 굵고 비만형이 많다. 소고기와 닭고기, 호두, 은행, 잣 등이 태음인에 좋은 음식이다. 김정일이 현장 시찰에서 주로 관심을 보인 음식과 태음인에 좋은 음식이 대체로 일치하는 것으로 보아 현장에서 언급한 음식들이 김정은이 즐기는 음식에 포함된다고 보아도 좋을 듯하다.

## 김정일의 은둔형 버리고 공개형 선택

2012년 7월 25일 북한의 관영통신인 조선중앙통신이 김정은 조선노동당 제1비서가 부인 리설주와 함께 평양의 능라인민유원지 준공식에 참석했다고 보도하면서 김정은의 부인이 공개됐다. 조선중앙방송에 동행하는 모습이 먼저 몇 차례 공개돼 그의 정체와 관련한 많은 추측을 불러일으켰는데 북한이 의외로 빨리 부인임을 밝힌 것이다.

리설주는 1989년생으로, 평범한 가정 출신이고 북한의 예술학교 가운데 최고라고 하는 금성 제2중학교를 나와 중국에서 성악을 공부했다. 은하수관현악단 소속 가수로 활동했고 2005년에는 인천에서 열린 아시아육상경기대회에 청년학생협력단원으로 참석해 공연한 적도 있다. 두 사람은 2009년에 결혼했고 아이도 하나 두고 있고 현재 둘째를 임신한 것으로 전해진다.

사회주의국가에서 국가 원수가 부인을 공개석상에 대동하고 신문과 방송에 공개하는 것은 흔치 않은 일이다. 소련에서도 부인을 공개석상에 데리고 간 건 스탈린 격하 운동을 벌인 흐루쇼프 서기장과 개혁 성향인 고르바초프 서기장뿐이다. 김일성도 1994년 6월 김성애와 함께 전 미국 대통령 지미 카터Jimmy Carter 부부를 면담하는 등 어느 정도 공개적인 면을 보였다.

반면에 김정일은 그의 공식적인 부인인 김영숙이나 비공식적 관계를 유지한 성혜림과 동행하는 모습을 보이지 않았다. 다만 1976년부터 김정일과 동거한 고영희는 김일성 사망 이후인 1995년부터 김정일의 군부대 방문에 동행하곤 한 것으로 알려졌다.

그런 점에서 본다면 김정은은 비밀과 비공개 속에서 '은둔형'의 행동 양식을 보인 김정일보다는 '공개형'이었던 김일성 스타일에 가까운 것으로 보인다. 부인을 대동하는 것으로 어리다는 이미지를 불식시키겠다는 의도도 있겠지만 어머니 고영희의 후처 이미지에 대한 보상 심리를 표출하는 것으로 볼 수도 있다. 그렇지만 감추고 장막을 치고 되도록 은둔 속에 지내려는 형태보다는 밝고 긍정적인 인상을 대내외에 주는 데 기여한 것으로 보인다.

## 김일성 스타일 감성 통제형

사생활과 관련해서는 좀 더 많은 자료가 축적되기를 기다려봐야 겠지만 김정은은 역시 김일성을 따라 '감성 통제형'을 추구하는 것으로 보인다. 잘 알려진 대로 김정일은 친구의 형수인 성혜림을 이혼까지 시키면서 자기 사람으로 만들었고 그 이후에는 김영숙과 결혼하고 고영희, 김옥 등과도 부부 관계를 형성했다. 자신의 감정에 충실한 '감성 추구형'이라고 할 수 있다. 많은 군중 앞에서 연설하는 것도 싫어했다. 평생 공개된 연설이 한마디밖에 없다. 1992년 4월 25일 조선 인민군 창설 60주년 기념 열병식에서 "영웅적 조선 인민군 장병들에게 영광이 있으라"라고 말한 것이 유일한 연설이다.

정치라는 것이 때로는 대중을 직접 설득하고 때로는 일정한 방향으로 이들을 이끌어가는 작업도 필요하다. 이를 위해서는 대중을 상대로 직접 호소하는 게 매우 효과적인 방법임에도 김정일은 그렇게 하지 않았다. 오히려 노출을 자제함으로써 자기 자신을 신비화하는 선전 전략을 구사했다.

김정일의 차남 김정철도 이 부류에 속한다. 2006년 6월 김정철은 에릭 클랩튼 콘서트를 보기 위해 독일까지 갔다. 이 때문에 당 지도부가 김정철을 좋지 않게 생각하게 되면서 그가 후계 구도에서 밀려나는 계기로 작용한 것으로 보인다. 그런데도 2011년 2월에는 싱가포르에서 에릭 클랩튼 공연을 또 관람한다. 이런 점으로 보아 김정철은 '하고 싶은 것은 한다'는 자유분방한 성격인 것 같다.

이와는 달리 김일성은 감성 통제형에 가까웠다. 빨치산 활동 당시 김정숙과 결혼했고 김정숙의 사망 이후 김성애와 결혼했다. 대중을 이해시키기 위해 직접 연설도 많이 했다. 1945년 10월 14일 열린 '김일성 장군 환영 평양시민대회'에서 한 대중 연설을 비롯해 당대회와 같은 주요 행사에서 공개 연설을 해왔고 신년사를 연설식으로 하기도 했다. 필요하다면 일부러라도 하는 조직적·체계적 마인드를 가지고 있었다.

자신의 부인을 일찍 대내외에 공개한 것으로 미루어 김정은도 사생활 부분에서는 감성 통제형인 듯하다. 부인을 공개하고 공식 행사에 대동함으로써 정상적이고 절도 있는 생활을 지향하는 모습을 보이려는 것이다. 김정은이 결혼 전에 현송월이라는 보천보전자악단 가수와 동거했다는 설이 있는데 이것이 사실인지, 그의 성격을 추정할 수 있는 자료가 될 수 있을지 등은 전후 사정 등이 좀 더 분명하게 드러나야 판단할 수 있을 것이다. 우선은 부인을 공개하고 주요 행사에 대동하는 행위를 정상적이고 상식적인 모습을 갖추려는 행보로 볼 수 있겠다.

김정은은 2010년 9월 28일 당대표자회에 참석한 모습이 이틀

날 《노동신문》과 조선중앙통신에 공개되고 곧바로 10월 10일 노동당 창당 65주년 기념 열병식에 참석했다. 이 현장은 북한 전역에 생중계됐다. 2012년 4월 15일 김일성 탄생 100주년 기념 열병식에 참석해서는 처음으로 공개 연설을 했다. 물론 연설은 그다지 성공적이지 못했다. 자신이 넘치는 목소리는 아니었고 고개를 숙이고 원고를 읽는 것에 지나지 않았다. 하지 않은 것만 못하다는 평가도 있었다. 하지만 북한 사회를 효과적인 통치를 위해 필요하다면 무슨 일이든 하겠다는 의지가 그로 하여금 연설에 나서도록 한 것으로 보인다. 감성보다는 이성과 의지에 행위가 추동되는 모습이 이런 부분에서 나타난다고 하겠다.

## 그 자리에서 화내고 혼내는 직설형

김정은은 문제를 지적하고 해결하는 스타일도 직설直設형이다. 감추거나 덮어두면서 소리 안 나게 고쳐나가는 스타일이 아니라 문제를 적나라하게 지적하고 해결하도록 하는 성격이다. 2012년 4월 27일 김정은은 당과 국가기관, 근로 단체 간부들을 모아놓고 건설과 국토 관리와 관련해 본인의 생각을 피력하고 지시 사항을 전달했다. 이 자리에서 김정은은 국토 관리의 문제점을 짚었다. "지방에 나가보면 '산림애호', '청년림', '소년단림'이라고 써 붙인 산들 가운데도 나무가 거의 없는 산들이 적지 않습니다"라며

벌거숭이 산들이 방치되고 있음을 숨김없이 밝히고 간부들의 무사안일을 나무랐다.[13]

또 김정은은 유희장놀이공원을 방문했다가 보도블록 사이에 나있는 풀을 직접 뽑아보면서 "유희장이 이렇게 한심할 줄 생각도 못했다. 등잔불 밑이 어둡다는 말이 바로 이런 것을 두고 하는 소리"라고 화를 냈다.[14] 치부라고 생각할 수 있는 것도 드러내서 해결되도록 해보겠다는 것이다. 그러나 자신의 감정만 그대로 드러내기보다는 곧바로 관련 조치와 지시가 이어진다는 점에서 계획을 세우고 접근하는 태도라고 보아야 할 것이다. 김정일 시대와는 달리 북한 매체가 이런 내용을 자세히 전하는 것도 문제와 그에 대한 조치를 북한 사회 전체에 공개함으로써 유사한 문제가 있는 부문들은 조속히 그런 문제점을 시정하라는 의미일 것이다. 또 잘못을 밝히고 고치는 분위기를 사회 전반에 확산시키려는 의도도 있는 듯하다.

김정일 시대와는 달리 김정은 정권은 대규모 실패 사례까지 공개하면서 개방적이고 투명한 리더십에 접근하는 모습을 보이고 있다. 북한은 1998년 8월과 2006년 7월, 2009년 4월 장거리 로켓 발사에 모두 실패했지만 성공한 것으로 발표했다. 그런데 김정은은 좀 다른 모습을 보여주었다. 2012년 4월 13일 김일성 생일 이틀 전에 광명성 3호를 발사했다. 역시 실패했다. 이에 대해 북한은 이전과 달리 "조선에서의 첫 실용 위성 광명성 3호 발사가 13일 7시 38분 평안북도 철산군 서해 위성 발사장에서 진행됐으나 지구 관측 위성의 궤도 진입을 성공하지 못했다"며 실패를 바로 인정했다. 물론 이전에 보인 억지스러운 태도가 비정상적인 것이었다. 이는 북한의 국제사회에 대한 인식과 소통의 부재를 단적으로 보여주는 사례였다. 그러나 김정은은 이런 비정상에서 벗어나는 태도를 보여줬다. 물론 이것 하나가 북한의 세계를 향한 태도에 전면적인 변화가 있다는 사실을 말해준다고 하기는 어렵다. 추후 비슷한 일이 계속 이어지는지를 관찰해보면 김정은이 진정으로 공개성·투명성을 추구하는지 판단할 수 있을 것이다.

대중과 소탈하게 어울리려는 대중 친화적 접근법도 김일성을 닮았다. 2012년 2월 26일자 《노동신문》 1면에 김정은의 4군단 시찰 소식이 실렸다. 사진도 함께 실렸는데 김정은이 자신의 오른쪽에 서 있는 군인의 왼손을 잡고 있었다. 이 군인은 어색하고 잔뜩 긴장한 표정으로 자신의 오른손으로도 김정은의 오른팔을 잡았다. 한 손이 잡힌 채 가만히 있기 어려워 놓고 있는 오른손으로 김정은의 오른팔을 받드는 형태를 취하려 한 것 같다. 김정은은 유치원을 방문해 아이들 볼을 만져주기도 했다.

김일성이 그랬다. 김일성은 농촌을 다니면서 노인 손을 잡아주고 산간 마을에 들러 아이 머리도 쓰다듬어주는 등 대중과 격의 없이 어울렸다. 그러면서 언 감자로 국수를 만들어 먹는 법, 양어장에서 물고기를 잘 기르는 법 등 구체적이고 실제적인 얘기를 많이 했다. 김정은도 전문적인 부분까지 지적하려는 모습을 보인다. 2012년 당과 국가 경제 기관, 근로 단체 책임일군들에게 한 연설에서 나무 심기와 관련해 "산림 조성 사업을 전망성 있게 계획적으로 하자면 나무모 기르기를 앞세워야 합니다"라며 묘목을 길러 옮겨 심을 것을 주문했다.[15] 반면에 김정일의 현지 지도는 군부대나 공장, 기업소에 들러 설명을 듣고 지시하는 모습이 대부분이었다.

　김정은의 군부대 시찰을 관찰해보면 두 가지 목적을 가지고 진행됨을 알 수 있다. 첫째는 먹는 문제가 제대로 해결되는지를 살핀다. 잘 먹여야 한다고 부대 책임자들에게 당부하면서 식당도 돌아보고 때로는 물고기를 몇 톤 선물로 주기도 한다. 둘째는 훈련과 사상 교육이 철저한지 점검한다. 훈련을 직접 관찰하고 부대 병사들에게 이런저런 질문도 해본다. 그러고는 가열한 훈련과 정신교육을 당부하면서 시찰을 마무리한다. 소탈한 모습으로 접근하면서도 나름대로 분명한 목표와 목적을 설정하고 움직인다는 사실을 알 수 있다.

## 시스템 통치형

김정은 정권은 김정일 시대의 '사람에 의한 통치'보다 '시스템에 의한 통치'를 지향하는 모습도 분명히 보여준다. 김정일 시대에는 노동당의 기본적인 행사인 당대회가 1980년 제6차 당대회 이후 한 번도 열리지 않았다. 1970년대와 1980년대에 김정일은 승계 구도를 확정하기 위해 당 조직을 적극 활용했지만 자신이 후계자로 공개된 6차 당대회 이후에는 당 조직에 큰 의미를 두지 않았다.

당대회를 대신하는 약식 전당대회인 당대표자회는 1966년 제2차 당대표자회 이후 전혀 개최되지 않다가 김정은 승계 공식화를 위해 44년 만인 2010년 9월에 겨우 열렸다. 당 중앙위원회 전원회의도 김일성 주석 사망 전인 1993년 12월에 열린 제6기 21차 전원회의 이후로는 전혀 개최되지 않았다. 당 정치국의 경우도 회의가 열리지 않았을 뿐만 아니라 사망으로 생긴 빈자리조차 채워 놓지 않았다. 1980년 제6차 당대회에서 김일성, 김일, 오진우, 김정일, 리종옥이 정치국 상무위원에 선출됐는데 2010년 9월 제3차 당대표자회까지 생존한 사람은 김정일 한 사람이었다. 그런데도 그동안 전혀 충원되지 않았다. 정치국 자체가 전혀 의미를 가지지 못하고 형체만 남은 것이다.

김정일이 김일성 사망 이후 총비서가 되는 과정도 당 중앙위 전원회의에서 선출하도록 돼 있는 당 규약을 무시하고 추대 형식으로 이루어졌다. 각 도 당대표자회와 인민군 당대표자회 등의 추대 대회를 차례로 거친 뒤 당 중앙위원회와 당 중앙군사위원회가 김정일을 총서기로 최종 추대한 것으로 발표하고 취임한 것이다. 그래서 그 직책도 이때부터는 노동당 중앙위 총비서가 아니라 노동당 총비서로 불리게 됐다. 당 규약은 2010년 9월 당대표자회에서 결국 개정돼 당대회의 권한제21조 4항 가운데 '총서기 추대'가 추가됐다. 필요한 정치 행위를 먼저 하고 거기에 맞춰 시스템을 정비하는 형태를 취한 것이다.

　이와는 달리 김정은 시대는 시스템과 조직을 갖추고 그것으로 통치하는 형태를 추구하고 있다. 2010년 9월 제3차 당대표자회에서 당의 체제를 정비한 이후로 주요 결정 사항을 정치국, 당 중앙위 전원회의 등에서 결정하는 모습을 보여줬다. 2012년 1월 12일자 《노동신문》은 1면에 김정일의 시신을 보존하기로 하고 김정일 동상을 세우며 2월 16일을 광명성절로 제정하고 김정일 초상화를 만들기로 했음을 대문짝만하게 보도했는데 이런 결정을 한 주체가 당 정치국이었다. 김정일 시대에는 정치국 회의 자체가 없었으니 볼 수 없는 장면인 셈이다. 이뿐만 아니라 정책을 결정하는 핵심 인사들에 대한 정보까지 공개하는 단계로 나아갔다.

　제3차 당대표자회 직후 9월 29일자 《노동신문》에는 정치국 위원 열일곱 명(김정일, 김영남, 최영림, 조명록, 리영호, 김영춘, 전병호, 김국태, 김기남, 최태복, 양형섭, 강석주, 변영립, 리용무, 주상성, 홍석형, 김경희)과 후보위원 열다섯 명(김양건, 김영일, 박도춘, 최룡해, 장성택, 주규창, 리태남, 김락희, 태종수, 김평해, 우동측, 김정각, 박정순, 김창섭, 문경덕) 가운데 김정일과 김경희를 제외한 서른 명의 정보를 공개했다. 사진과 함께 생년월일과 간단한 약력이 실렸다. 이처럼 북한이 당 고위 관계자의 신상 정보를 공개한 것은 처음이다. 이후 2012년 4월 제4차 당대표자회에서 보선된 정치국 위원 일곱 명(최룡해, 김정각, 장성택, 박도춘, 현철해, 김원홍, 리명수)과 후보위원 다섯 명(곽범기, 오극렬, 로두철, 리병삼, 조연준)에 대해서도 똑같이 정보를 공개했다.

은둔보다는 공개 지향, 인물보다는 시스템 지향은 정책의 수요자 관점에서 접근한다는 긍정적인 측면이 있다. 북한이 지금까지 최고 지도자 유일 체계를 유지해왔다는 특성상 수요자를 중심으로 한 접근은 그 개념조차 없었다. 일방적으로 결정하고 일방적으로 통보하고 일방적으로 지시하는 통치 행태를 보여왔다. 물론 지금도 그렇다. 하지만 김정은 정권 들어 과거와는 다소 다른 모습들이 관찰되는 것이다. 이런 변화가 더욱 다양한 영역으로 확대될지, 변화가 어느 정도 심화될지를 지켜보는 것도 김정은 정권의 안정성을 평가하는 데 중요한 포인트가 될 것이다.

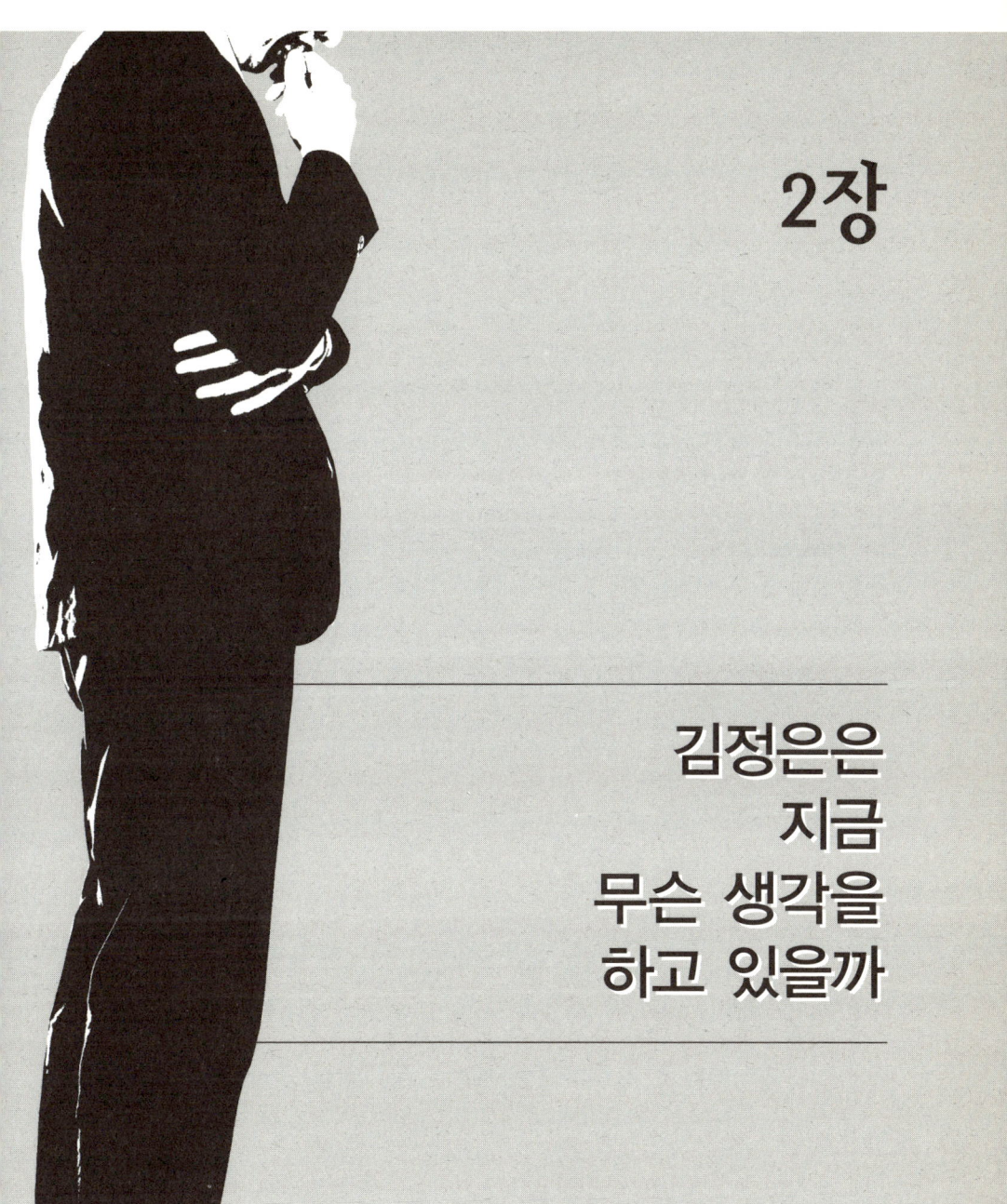

# 2장

## 김정은은 지금 무슨 생각을 하고 있을까

## 일심단결은 천하지대본

주요 분야별 구체적인 정책에 대한 내용은 나중에 자세히 점검하기로 하고 우선 김정은의 머릿속을 어떤 생각들이 지배하고 있는지를 살펴보자. 첫째는 정치적인 면에서 어떻게 하면 정권을 안정적으로 자리 잡게 하고 안정적으로 끌고 갈까 하는 문제다. 권력과 정권을 유지하는 것은 다른 어떤 가치보다 우선할 수밖에 없다. 국제 관계에서도 동서고금을 불문하고 생존 자체가 국가의 첫째 목표이고 과제다. 그래서 전쟁도 하고 협력도 한다.

국내 정치에서는 정권을 획득하고 정권을 유지하는 게 정당과 주요 정치 행위자의 제1목표다. 특히 독재 체제의 최고 권력자는 자기 정권의 상실이 곧 정치적 사형, 때로는 물리적 보복을 의미하기 때문에 정권 유지에 최우선을 둘 수밖에 없다. 김정은도 튀니지와 리비아, 이집트에서 일어난 시민혁명을 지켜보면서 위기의식을 충분히 느꼈을 것이고 정권 상실에 따른 결과를 목격했기 때문에 그 무엇보다 자기 정권의 안정성 확보에 고심하고 있음은 불문가지다.

김정은의 머릿속에 있는 둘째 생각은 경제 문제일 것이다. 어떻게 하면 북한을 살아나게 할 수 있을까 하는 문제다. 물론 정권 안정성과도 직결된 문제다. 이를 위해 군에 집중된 이권을 민생으로 돌리고 경공업과 지방 공업을 살리고 농업 부문을 개혁하고 경쟁 요소를 도입하는 조치들을 취하고 있다.

셋째는 외교 문제다. 북한의 기본적인 대외 인식은 미국과 일본을 비롯한 제국주의 세력이 여전히 북한을 압살하려 하고 북한은 그 속에서 주체적 생존을 추구해야 한다는 것이다. 이런 인식을 기본으로 핵 개발 문제, 미국·일본·남한과의 관계 설정 문제를 고민하고 있다. 군의 강화도 북한의 주요 관심이 아닐 수 없지만 '군사 강국'은 핵무기 개발을 통해 이미 이루었다고 북한이 강조하기 때문에 김정은의 머리를 점령하고 있는 주요 이슈 세 가지를 꼽는다면 정권 안정과 경제 문제, 외교 문제가 될 것이다.

김정은 정권이 들어서면서 북한은 자국의 발전 전략으로 세 가지 핵심 요소를 제시했다. 첫째로는 '일심단결', 둘째로는 '불패의 군력', 셋째로는 '새 세기의 산업혁명'이다. 김일성 시대부터 줄곧 추구해온 사상 강국, 군사 강국, 경제 강국을 성취하기 위해 좀 더 구체적인 용어로 북한 사회의 당면 과제를 제시한 것이기도 하다. 불패의 군력은 위에서 언급한 대로 늘 강조해온 것으로, 매우 중요하지만 북한이 부족하다고 느끼는 것은 아니다. 내부적 결속을 위한 구호로 보아야 할 것이다. 게다가 현재 동북아 국제 환경에서 북한이 직접적인 공격을 받을 위험이 현존하지 않다는 것도 북한은 알고 있다. 그렇다면 이 세 가지 핵심 요소 가운데 방점은 일심단결과 새 세기의 산업혁명에 두어져 있다. 그 가운데서도 일심단결이야말로 김정은 정권이 생존하는 데 가장 중요하고 기초적인 인프라로 특별히 강조된다.

김정은이 기회 있으면 일심단결의 중요성을 강조하는 이유도 이것이 정권 유지의 기반이고 이것이 무너지면 곧바로 정권에 위기가 닥친다는 사실을 잘 알기 때문이다. 2012년 4월 15일 김정은은 처음으로 공개 연설을 했다. 그는 연설에서 "일심단결과 불패의 군력에 새 세기의 산업혁명을 더하면 그것은 곧 사회주의 강성 국가입니다"라며 세 가지 요소를 강조했는데 그중에서도 일심단결을 앞세웠다.[01] 일심단결은 주민들이 선군사상으로 무장해 모든 '잡사상'이 들어갈 틈이 없는 상태를 의미한다.[02] 김정일 사망 이후 북한 주민들의 동요와 북한 사회의 이완을 막기 위해 김정은 정권이 의식적으로 강조하고 있는 부분이다. 이 발전 전략은 북한 언론을 통해서도 되풀이해 강조되고 있다.

2012년 4월 23일자 《노동신문》 사설은 김정은의 언급을 인용하면서 "경애하는 김정은 동지께서는 연설에서 일심단결과 불패의 군력에 새 세기의 산업혁명을 더하면 그것은 곧 사회주의 강성 국가라고 가르치시였다"라며 역시 세 가지 요소의 총합에서

활로를 찾아야 한다고 주장했다.[03] 공개 연설은 2012년 4월 15일이 처음이었지만 김정은은 비공개로 2012년 4월 6일에 당 중앙위 책임일군들에게 처음으로 담화를 했다. 북한은 이를 그의 첫 '노작'으로 표현한다. '위대한 김정일 동지를 우리 당의 영원한 총비서로 높이 모시고 주체혁명 위업을 빛나게 완성해나가자'라는 제목을 단 이 담화에서 김정은은 조선 노동당을 김일성·김정일의 당으로 선포하고 그들의 사상을 이어갈 것을 강조했다. 4월 11일 제4차 당대표자회에서 당 규약 서문을 개정해 '김일성·김정일의 당'을 명기하기 이전에 이미 첫 노작에서 이를 밝힌 것이다.

여기서 그는 특별히 일심단결을 강조했다. "일심단결은 장군님께서 물려주신 가장 귀중한 혁명 유산이며 우리 혁명의 천하지대본입니다"라고 말했다. 장군님은 물론 김정일을 이르는 것이고 김정일의 이름을 빌려 김정은 정권에 대한 흐트러짐 없는 지지와 체제 내부의 긴장을 호소한 것이다.[04] 2012년 4월 23일자《노동신문》사설에서도 "새로운 주체 100년대에도 일심단결은 우리 혁명의 천하지대본이며 수령 결사 옹위는 우리 군대와 인민의 생명이다"라며 체제 단속에 신경을 곤두세웠다.[05]

그렇다면 김정은이 이토록 강조하는 일심단결은 구체적으로 무엇을 뜻할까? 2012년 5월 25일자《노동신문》사설이 이를 잘 설명하고 있는데 그것은 김일성·김정일주의 기치 아래 수령과 당, 군대와 인민이 굳게 뭉치는 것을 의미한다. 이것이 '선군조선'의 가장 큰 힘이며 사회주의혁명을 달성하게 하는 바탕이라는 것

이다. 결국 일심단결이 천하지대본이라는 설명이다.[06]

## 체제 이완은 절대 안 된다

북한 사회의 이완된 모습은 지금까지 여러 측면으로 확인돼왔다. 매년 2,000명이 넘는 남한 입국 탈북자가 이를 단적으로 말해준다. 이들이 말하는 것처럼 북한 사회가 이완되는 첫째 원인은 물론 식량난이다. 배급이 제대로 안 되고 먹는 문제가 미해결 상태로 오랫동안 지속됐기 때문에 식량을 찾기 위해 북한 내에서도 이동하는 사람이 많아졌다. 북한 내에서 해결할 수 없으면 중국으로 나간다. 중국 동북3성랴오닝성, 지린성, 헤이룽장성에 숨어 지내는 탈북자가 5만에서 10만 명 정도인 것으로 추정된다. 대부분은 식량을 구해서 북한으로 돌아간다. 일부는 남한으로 바로 넘어오고 일부는 몽골, 태국, 베트남 등을 거쳐 남한으로 오기도 한다. 어쨌든 1990년대 초부터 시작된 식량난은 오랫동안 북한 주민의 이동을 촉진하는 결과를 가져왔다.

식량난은 이동 촉진에 그치는 것이 아니다. 북한 정권 자체에 대한 불신을 증대시키는 역할을 해왔다. 남한에 넘어온 탈북자들은 통상 김정일 정권에 대해 매우 큰 불신을 표시하는데 그 이유가 대부분 식량난이다. 먹는 문제 하나 해결하지 못하는 정권을 어떻게 믿고 따르겠느냐는 의식이다. 북한 내부에서도 이런 의식은 김정일 정권 동안 많이 확산돼왔다. 김정은 정권 들어 아직 식량난이 획기적으로 개선될 조짐은 보이지 않고 있기 때문에 정권에 대한 신뢰는 김정일 정권 때와 비슷할 것으로 보인다.

　북한 사회가 이완되는 둘째 원인은 시장이 확산하는 데 있다. 1990년대 초 사회주의 동맹국들의 도움과 우호가격(사회주의국가끼리 서로 필요한 물품에 적용하는 낮은 가격)에 의한 무역 거래가 사라지면서 북한 경제가 급속히 악화했다. 국가 경제의 어려움은 배급 체계를 붕괴시켰다. 배급에 문제가 생기면서 주민들은 자연스럽게 장마당으로 식량을 구하러 나왔다. 그러면서 시장은 점점 확산했고 북한 당국도 이를 묵인할 수밖에 없었다. 현재는 북한에 장마당이 300개 정도 운영되고 있다. 이렇게 확산된 시장에서는 물건뿐만 아니라 정보 또한 유통된다. "중국에 가니까 좋은 옷, 텔레비전, 냉장고 이런 것들이 엄청나게 많고 잘 팔리더라", "서울에서는 모두들 핸드폰을 들고 다닌다더라" 등등의 소식이 시장을 통해 전해지고 남한 드라마와 노래를 담은 시디CD도 이 시장을 통해 유포된다. 그러면서 자연스럽게 북한 당국의 주민에 대한 통제력은 저하되고 사회 이완 현상이 생기게 된 것이다.

　셋째 원인은 김정일과 정권에 대한 근본적인 신뢰 부족이다. 식량난이 아니더라도 김정일 정권은 인민의 신뢰를 많이 잃었다. 탈북자들이 말하듯이 북한 사회에 김일성에 대한 존경은 여전히 남아 있다. 심지어 탈북자들도 많은 사람들이 김일성은 존경한다고 대답한다. 하지만 김정일에 대한 인식은 다르다. 그는 아버지에 견줘 카리스마가 부족하고 독립운동 경력도 없다. 오히려 1960년대 자신의 후계 체제를 확립하기 위해 김일성 우상화에 진력했고 김일성 유일사상 체계를 주도적으로 만들어냈다. 아버지를 우상화하고 그 후광 속에서 후계 작업을 촉진하기 위해서였다. 북한식 사회주의의 발전을 위한 이념적 도구로 개발된 주체사상을 김일성주의로 왜곡한 사람도 김정일이었다.

김일성은 역사의 주인은 인간이라는 철학적 전제 위에 사상에서의 주체, 정치에서의 자주, 경제에서의 자립, 국방에서의 자위를 실현함으로써 북한의 독자적인 사회주의를 완성하기 위한 독창적 이념으로 주체사상을 제시했다. 하지만 김정일은 이를 체계화하면서 '혁명적 수령관'을 그 중심에 놓고 김일성 유일사상 체계를 확립하는 도구로 삼았다. 역사의 주인, 혁명의 주체는 인민대중이지만 인민대중은 수령의 영도를 따를 때 비로소 혁명을 완성할 수 있다는 논리를 갖춘 혁명적 수령관은 수령과 인민대중을 주종 관계로 규정해 초기 주체사상과는 완전히 다른 체계로 바뀌어버린 것이다.

이 작업을 주도한 것이 김정일이었기 때문에 김정일은 북한 주민들에게 탄탄한 지지를 받는 데 실패했다. 이런 국내 정치적 환경에서 김정일 정권을 이어받은 김정은으로서는 체제 이완의 가속화를 심히 우려할 수밖에 없었다. 그래서 일심단결을 천하지대본으로 삼고 교육과 선전을 계속 강화하는 것이다.

일심단결을 성취하기 위한 실제적인 조치들도 이루어지고 있다. 2012년 8월 북한은 모든 군 간부들로 하여금 충성 서약서를 제출하도록 했다.[07] 소위 이상 모든 장교들한테서 '최고 지도자를 배신하지 않고 어떤 배반 행위에도 가담하지 않겠다'는 서약서를 받았다. 군의 충성을 흔들림 없이 확보해 사회 전반에 대한 장악력을 더욱 분명하게 하겠다는 의도다.

북한 경제의 70퍼센트를 장악해온 군으로부터 외화벌이 수단을 비롯한 경제적 이권을 내각으로 이전하는 과정에서 군의 반발을 철저히 막으려는 생각도 여기에 반영돼 있는 것으로 보인다. 총참모장 리영호 또한 이에 반발하다 숙청된 것으로 추정되는 만큼 군을 단속하면서 경제권의 내각 이관도 무리 없이 추진하는 데 김정은은 매우 신경을 쓰고 있다. 게다가 서약서에는 '인민을 약탈하거나 괴롭히지 않겠다'는 내용도 들어 있다. 일심단결을 이루어내기 위해 인민의 마음을 얻으려는 의도로 볼 수 있다. 그렇게 보면 군의 충성 서약은 군을 장악하고 인민의 지지도 동시에 확보하겠다는 일전쌍조―箭雙鵰 전략인 셈이다.

## 식당도 경쟁해야 산다

김정은이 주창한 발전 전략은 '일심단결', '불패의 군력', '새 세기의 산업혁명'이 말하는 것처럼 사상적, 군사적, 경제적으로 강한 국가를 건설하겠다는 것을 내용으로 한다. 우선 사상적으로 강고

해지고 경제가 회생해야 한다는 생각이다. 경제를 침체에서 성장으로 전환시키기 위해 김정은이 생각하는 개념은 '경쟁'이라고 할 수 있다. 그런 인식의 편린이 북한 언론에서 확인된다.

2012년 5월 말 김정은은 창전거리를 완공 직전에 찾았다. 창전거리는 김정은 정권이 업적 쌓기 중 하나로 야심차게 추진해온 평양판 뉴타운이다. 낡은 아파트를 헐고 5층에서 45층에 이르는 아파트 수천 세대와 함께 탁아소와 유치원, 중학교, 약국, 목욕탕, 이발소 등 후생시설을 지었다. 여기에 백화점과 식당도 들어섰다. 김정은이 직접 이름을 지었다는 해맞이식당 그리고 중구역 종합식당과 같은 여러 식당이 있고 은정차집 등 다방도 몇 군데 문을 열었다.

김정은은 한 식당에 들러 직원들에게 세밀한 부분까지 자세히 얘기하면서 식당들이 서로 경쟁해야 한다고 강조했다. 손님이 찾도록 하는 것은 "봉사자들의 봉사성과 경영전략, 료리의 질에 있다"면서 "창전거리에 많은 식당들이 건설된 것만큼 봉사성을 놓고 서로 경쟁하게 하여야 한다"고 말했다.[08] 봉사성의 경쟁만을 얘기했지만 손님을 끄는 것으로 요리의 질과 경영전략을 언급한 점으로 미뤄 식당마다 나름의 요리를 만들어 내놓을 수 있게 하고 가격이나 홍보 등에도 일정 부분 자율성을 허용한 것으로 볼 수 있다. '경쟁', '경영전략' 등 북한 체제와 매우 어울리지 않는 개념이 김정은의 입에서 나왔다는 사실은 앞으로 벌어질 변화를 예고하는 것이라고 할 수 있다.

이뿐만이 아니라 경쟁 추구가 북한 매체에서도 확인된다. 2012년 8월 2일자 《노동신문》 사설은 "경쟁은 증산과 발전의 추동력이다"라며 인민을 위한 생활용품 생산에서 생산 단위들 사이의 경쟁을 장려한다. 하지만 "공장, 기업소 당 조직들과 행정·경제일군들은 사회주의경쟁을 통해 더 많은 소비품을 생산하도록 정치사업, 경제조직사업을 짜고들어 진행해야 한다"라고 말해[09] 시장경제체제에서와 같은 경쟁이 아니라 공동 생산 목표를 초과 달성하는 식으로 사회주의경쟁을 독려함을 알 수 있다.

김정은이 말하는 경쟁도 사적 이익을 확대하기 위한 자본주의적 경쟁을 의미한다고 보기는 어렵다. 경쟁을 강조하고 전략을 언급하는 것은 경제를 살리는 데 필요하기 때문일 것이다. 그것이 자유 시장 속에서 개인의 성과를 직접 자극하는 경쟁으로 발전하고 김정은이 이런 체제를 만들어낼 수 있을지 북한의 변화와 관련해 면밀하게 관찰해야 할 부분이 아닐 수 없다.

### 대외 인식은 현실주의

김정은의 대외 인식은 기본적으로 대결적·갈등적이다. 김정은은 첫 담화 〈위대한 김정일 동지를 우리 당의 영원한 총비서로 높이 모시고 주체혁명 위업을 빛나게 완성해나가자〉에서 자신의 대외 인식도 분명히 밝혔다. 그는 "인민대중 중심의 우리 식 사회주의를 고립, 압살하려는 제국주의자들과 반동들의 악랄한 책동으로 정세는 의연히 첨예하고 긴장하며 우리는 경제와 인민 생활 문제를 원만히 해결해 사회주의의 우월성과 위력을 더욱 높이 발양시키고 사회주의 강성 국가를 건설하여야 할 중대한 과업에 나서고 있습니다"라고 말했다.[10] 경제문제 해결의 중요성을 말하면서도 외세에 대한 반감을 표현한 것이다. 북한이 제국주의라고 말할 때는 대부분 미국을 지칭하는 것이기 때문에 기본적으로 미국의 대외 정책에 대한 불신과 적대감을 표현하면서 동시에 미국과 동맹을 맺고 있는 일본과 한국에 대한 부정적인 인식도 함께 담은 것이라고 할 수 있다.

그런 점에서 김정은의 국제 관계에 대한 기본적 인식은 현실주의적이라고 할 수 있다. 한스 모겐소 Hans Morgenthau나 케네스 왈츠 Kenneth Waltz와 같은 현실주의자들이 보는 세계는 갈등적이고 경쟁적이다. 전통적 현실주의자 모겐소는 국가를 생래적으로 힘을 추구하게 돼 있는 조직으로 보았다. 왜 힘을 '추구하는가'라는 질문에는 인간의 본성이 힘을 추구하는 것이니 그 인간으로 구성된 국가 또한 힘을 추구하는 것이라고 답했다. 그런 점에서 모겐소는 인간 본능 현실주의자다.

왈츠는 국가가 힘을 추구하는 것은 본능적으로 그렇게 돼 있기 때문이 아니라 '생존 survival'을 위해서라고 설명한다. '안보 security'를 확보하기 위해서라는 것이다. 국제 체제는 상위의 권력자가 질서를 형성해주는 체제가 아니라 그런 상위 권력자가 존재하지 않은 '무정부 상태anarchy'이기 때문에 국가는 스스로 생존책을 찾아가는 '자조self-help'의 원리가 작동하는 체제다. 무정부라는 구조의 특성 때문에 국가는 늘 생존을 위해 스스로 힘을 확대할 수밖에 없다는 것이다. 그래서 왈츠는 구조적 현실주의자인 것이다. 이런 현실주의자들이 보는 국제 관계는 모든 국가가 항상 힘을 추구하기 때문에 늘 긴장과 갈등이 상존하는 '전쟁 상태state of war'로 남는다.

김정은도 이런 현실주의의 틀로 세계를 본다. 미국을 비롯한 외세가 북한을 지속적으로 압박하고 그 속에서 북한이 살아남기 위해서는 강해져야 한다고 생각한다. 그래서 '일심단결'과 함께 '불패의 군력', '새 세기의 산업혁명'을 강조하는 것이다. 힘, 즉 군사력과 경제력을 갖추어야 제국주의자의 압력을 견디고 극복할 수 있다는 얘기다.

북한과 중국이나 러시아 등 우방국들의 관계도 과거와 같은 이념적 동질성을 바탕으로 한 혈맹의 성격에서는 상당히 벗어나 있다. 지금은 경제적·외교적 필요에 따라 서로 활용하는 관계라고 볼 수 있다. 최근 중국 고위 인사들과 면담 과정에서 나타나는 김정은의 인식도 중국의 개혁·개방의 경험을 배우고 활용하려는 쪽이고 장성택을 중국에 보내 경제협력을 활성화하려는 것도 결국은 중국 자본·기술의 도움을 얻어내려는 행위다. 적대국이나 우방국을 막론하고 이들 대외 세력에 대한 김정은의 인식, 이들이 형성하는 국제 질서에 대한 그의 관점은 현실주의를 기반으로 둔 것이다.

북한은 미국의 기본적인 압박 정책뿐만 아니라 미국과 일본, 한국이 주도하는 경제제재에 대해서도, 남한과 서구의 문화적 침투에 대해서도 경계를 늦추지 않고 있다. 2012년 5월 17일자 《노동신문》 사설은 "경제제재 책동은 최첨단 돌파전의 열풍으로 격파해버리며 사상 문화적 침투 책동은 혁명적인 사상 공세로 분쇄해버리는 것이 우리 군대와 인민의 혁명적 기질이다"라며 제재와 함께 소프트파워적 접근에 대한 반감도 표현했다." 미국 세력이 강온 전략을 동시에 구사하며 북한을 변화시키려 한다고 판단한 것이다.

그러면서도 한편으로는 서구적인 대중문화 공연을 허가하고 스스로 관람까지 한다. 미국과 서구에 대한 경계심은 분명 있지만 서구 문화의 도입 여부에 대한 고민도 하는 것으로 보인다. 김정은 집권 초기 북한은 서구에 대한 정치적·경제적·문화적 차원의 경계가 강화될 수도, 반대로 약화될 수도 있는 시험기 또는 관찰기다. 이후 방향은 북한이 미국·남한·일본과 형성하는 관계의 성격에 따라 얼마든지 달라질 수 있다. 북미 관계, 남북 관계, 북일 관계의 진전이 중요한 것은 이런 이유 때문이다.

## 북한은 현실을 정확히 알고 있다

1장에서 나는 김정은이 현시 시찰을 하면서 눈에 보이는 문제점은 바로바로 지적하고 개선을 지시하는 스타일이라고 설명했다. 그러나 더 거시적인 차원의 문제점 또한 인식하고 있는 것으로 보인다. 권력 핵심에서 부족함이 없이 자랐겠지만 그럼에도 문제가 무엇인지는 알고 있다는 뜻이다. 무엇보다 북한은 모자라는 게 너무 많다. 외화도 모자라고 쌀도 부족하고 에너지도 고갈 상태다. 최고 지도자가 이런 문제를 얼마나 인식하고 있는지는 문제 해결의 가능성 측면에서 매우 중요하다. 김정은은 이런 실태에 대해 어느 정도 인식하고 있다. 김정일의 요리사 후지모토 겐지가 한 말에서 잘 드러난다.

2000년 8월 김정은이 스위스 유학 중에 잠시 북한에 돌아왔을 때 후지모토는 그와 대화를 할 기회가 있었다. 원산에서 평양으로 가는 전용 열차 안에서 오랜 시간 얘기를 나눴다고 한다. 이때 김정은이 주로 한 얘기가 북한의 현실에 관한 것이었다. 김정은이 "우리나라는 아시아 다른 나라에 비해 공업 기술이 한참 뒤떨어져. 우리나라에서 내세울 것이라곤 지하자원인 우라늄 광석 정도일 거야. 초대소에서도 자주 정전이 되고 전력 부족이 심각해 보여"라고 말했다고 후지모토는 기억한다.[12] 스위스에서 유학하면서 다른 나라와 비교되는 북한의 모습을 눈으로 확인했고 그러면서 북한을 더욱 현실적으로 볼 수 있게 된 듯하다.

후지모토는 김정은이 어머니 고영희와 함께 일본을 방문한 적도 있고 일본의 풍요로움에 대해서도 잘 알고 있다고 밝혔다. "일본이 미국에 졌지. 하지만 멋지게 부활한 거 아냐? 상점에 가 봐도 물품들이 얼마나 넘쳐나던지. 우리나라는 어떨까?"라면서 일본과 북한을 직접 비교하기도 했다. 중국의 발전상도 들어서 알고 있다. "지금 중국은 여러 가지 면에서 성공하고 있는 것 같아. 공업이나 상업, 호텔, 농업 등 모든 것이 잘나가고 있다고 위에서 얘기하더군"이라고 중국의 경제적 발전상에 대한 인식을 말했다. 여기서 '위'는 그의 아버지 김정일을 가리킨다. 김정은과 후지모토의 대화가 있던 2000년 8월은 김정일이 2000년 5월 중국을 방문한 뒤 얼마 안 된 시점이다. 김정일은 중국의 상황을 고등학생 김정은에게 전하면서 중국의 성장에 대해 생각해볼 수 있는 계기를 마련해준 것 같다.

최고 지도자가 일정 분야에 대한 전문적인 식견을 갖출 필요는 없다. 하지만 자신이 통치하는 국가의 내적 상황과 그를 둘러싼 주변 환경은 정확하게 인식해야 한다. 그래서 그가 어떤 경험과 어떤 주변 인물들 속에서 살아왔는지가 매우 중요하다. 김정은의 경우 유학 경험, 일본을 잘 아는 북송 재일 교포 출신인 어머니가 그의 인식에 많은 영향을 끼쳤을 것으로 보인다.

게다가 최고 지도자의 생각은 정책의 수립과 집행에 지대한 영향을 준다. 북한이라고 해서 관료들 사이의 경쟁과 갈등, 쟁투가 없는 것은 아니다. 강온파가 존재하고 정책을 두고 논쟁도 한다. 하지만 최종 결정권자는 김정은이다. 그런 점에서 유학 경험과 일본을 잘 아는 어머니의 영향 속에서 형성된 김정은의 인식이 북한 현실의 개선 필요성으로 연결되고 구체적인 정책으로 실현될 가능성은 얼마든지 있다고 하겠다.

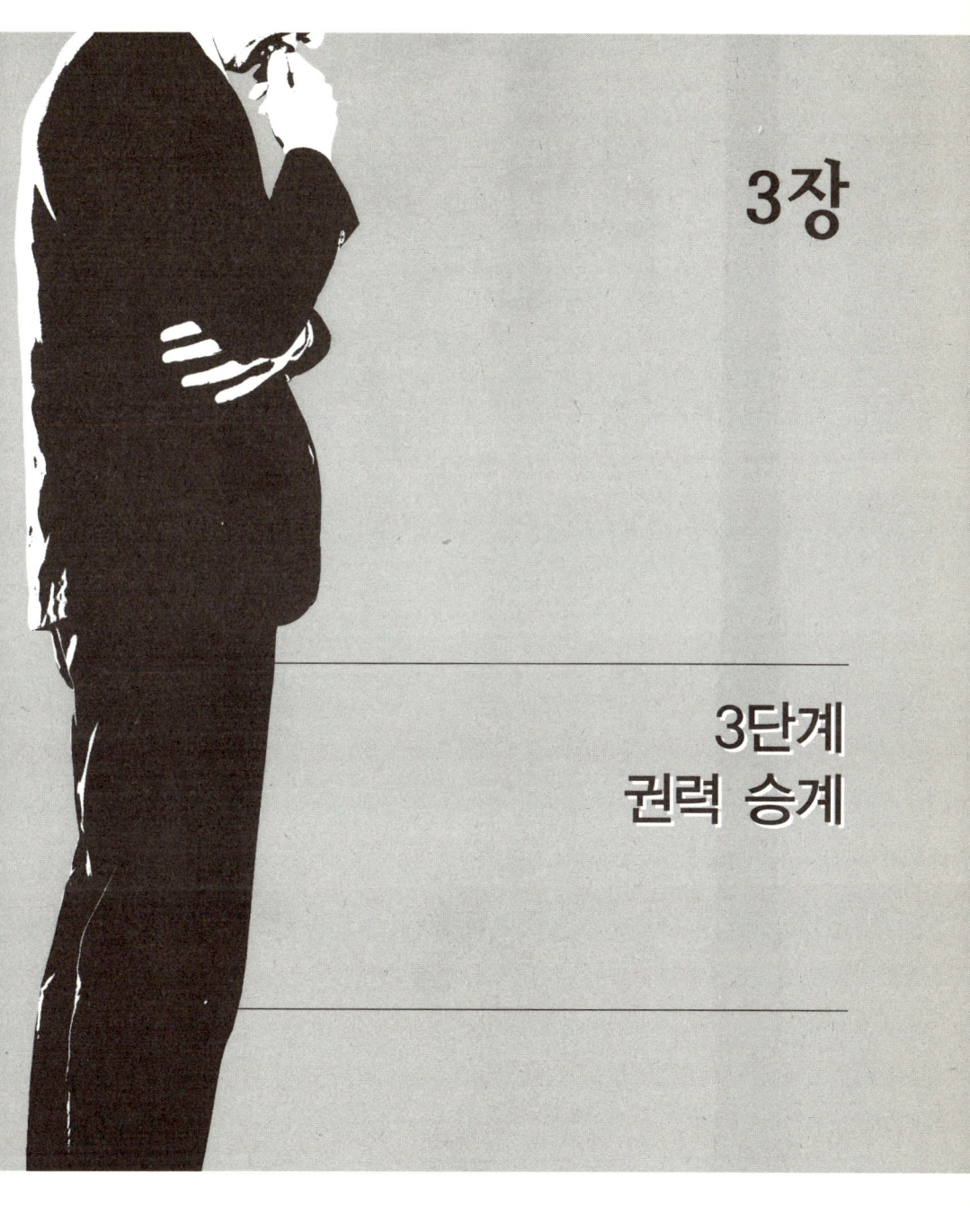

# 3장

## 3단계 권력 승계

## 김정은 승계는 김정일 승계의 축소판

2012년 3월 25일자 《노동신문》은 김정일 사망 100일을 맞아 사설 〈위대한 김정일 동지의 유훈을 받들어 주체혁명의 새 승리를 이룩해나가자〉를 1면 전면과 2면 일부에 걸쳐 실었다. 김정일의 뜻을 받들어 선군정치와 새 세기의 산업혁명을 이루어보자는 내용이었다. 2011년 12월 17일 김정일 사망에 따른 국가적 비상 상황을 마무리하고 2월 16일 김정일의 생일까지 치르고 난 뒤 어느 정도 여유가 생기면서 김정일의 유훈을 강조하며 이 방향에서 북한을 운영하겠다는 김정은 정권의 계획을 피력한 것이다.

이 사설에서 주목되는 부분은 "력사에는 령도의 대가 바뀌는 시기에 정치적 혼란과 사회적 불안정이 조성된 례가 적지 않았다"라고 밝힌 대목이다. 이 대목에 이어 곧바로 당시의 북한은 정치적으로 안정됐다고 말했지만 승계 과정에서 우여곡절이 있었음을 짐작하게 하는 표현이 아닐 수 없다. 김정일의 아들 김정남, 김정철, 김정은을 두고 후계자와 관련해 다양한 얘기들이 나왔다. 김정일은 뇌졸중에서 회복된 2008년 말 김정은을 후계자로 내정한 것으로 보인다. 이후 공식 절차에 들어가는데 김정은의 승계 과정은 3단계로 나누어 볼 수 있다.

1단계는 2009년 1월 후계자 결정 이후 2010년 9월 제3차 당대표자회까지로, '후계자 수습 기간'이다. 2단계는 2010년 9월부터 2011년 12월 김정일 사망까지로, '김정일-김정은 권력 공유기'다. 3단계는 2011년 12월 이후로, '권력 장악기'다.[9] 이는 김정일 승계의 축소판이다.

물론 그 기간은 훨씬 길지만 김정일도 비슷한 과정을 거쳤다. 김정일은 1974년 2월 당 중앙위 제5기 8차 전원회의에서 후계자로 결정된 이후 1980년 10월 제6차 당대회에서 공개될 때까지 1단계 수습 기간을 거쳤다. 이후 1991년 12월 조선 인민군 최고사령관에 오를 때까지는 2단계 김일성-김정일 권력 공유기에 해당한다. 외교 문제는 김일성이 직접 관장했지만 당과 군을 통한 내부 통제와 국내 정치는 김정일이 주로 맡아서 했다. 1991년 12월부터는 3단계 권력 이양기로, 김정일이 북한의 부문별 최고위 직책을 하나씩 이어받는다. 1992년 4월 공화국 원수 자리에 오르고 1993년 4월에는 국방위원장에 취임한다. 김일성 사망 이후인 1997년 10월 당 총비서에 올라 명실상부한 최고 통치자가 됐다.

김정일은 1974년 2월 후계자 결정에서 1994년 7월 김일성 사망까지 22년 5개월이라는 오랜 시간이 걸렸지만 김정은은 2009년 1월 후계자 결정 이후 2011년 12월 김정일 사망까지 2년 11개월이라는 짧은 기간을 거쳐 북한의 통치자 자리에 올랐다. 김정은 승계는 김정일 승계와 형태는 같고 기간만 짧은 '미니어처'라고 할 수 있다.

## 후계자 수습 기간

2008년 8월에 뇌졸중으로 쓰러진 김정일은 그해 11월에 회복되자마자 곧바로 후계 작업에 들어갔다. 김정은을 후계자로 정하는 데 오래 고민한 건 아닌 듯하다. 2009년 1월 8일 김정은의 생일을 기해 김정은 승계가 확정됐고 이것이 북한군의 대좌(한국군의 대령) 이상 간부들을 시작으로 북한 권부의 주요 간부들에게 통보됐다. 이때부터 김정은은 후계자 수습에 들어갔고 이는 2010년 9월 제3차 당대표자회에서 당 중앙군사위 부위원장에 취임할 때까지 1년 8개월 동안 계속된다.

북한이 김정은 승계 확정 직후 우선적으로 진행한 작업은 군부와 노동당 내부의 세대교체다. 당시 김정은은 서른 살이 채 안 된 상태였기 때문에 당연한 수순이었다. 2009년 2월 우선 야전군 총사령관인 총참모장을 교체했다. 2009년 2월 김영춘이 물러나고 리영호가 그 자리를 차지했다. 리영호도 1942년생이니까 당시 만

67세로 적지 않은 나이였지만 1936년생으로 73세인 김영춘에 비해서는 젊은 편이었다. 그리고 권력 엘리트의 나이가 전반적으로 높은 북한에서 67세는 소장파에 해당한다. 김일철은 인민무력부장에서 인민무력부 부부장으로 강등됐다. 김일철은 김영춘보다 여섯 살이 많은 1930년생이다.

리영호와 함께 군부 삼각편대를 이룬 인물은 김정각과 김영철이었다. 김정각은 인민군 총정치국 제1부국장으로, 당시 병세가 악화된 조명록 총정치국장을 대신해 군부의 정치사업을 모두 장악했다. 김영철은 당 작전부침투 공작원 호송, 안내와 35호실해외·대남 정보 수집, 인민무력부 산하 정찰국군사 첩보 수집, 요인 암살, 중요 국가 시설물 파괴을 통합해 신설한 정찰총국장에 임명돼 대남 관계 업무를 총괄했다.

2009년 4월에는 우동측이 국가안전보위부 부부장에 임명됐는데 이때부터 김정은에게 주요 정보가 직접 보고되기 시작한 것으로 보인다. 당에서는 2010년 4월 김경옥이 사망한 리용철을 대신해 당 조직지도부 제1부부장을 맡는다. 김경옥은 맡은 일이 군을 당 차원에서 감독하고 군 인사를 하는 것이기 때문에 그 권력은 매우 크다. 김정은이 후계자 지위에 있는 상황에서 이런 주요 포스트가 교체됨으로써 김정은이 김경옥의 제1부부장 승진을 지원하고 김경옥은 오랫동안 조직지도부 부부장으로서 쌓아온 경력을 활용해 김정은의 군 장악을 도왔을 것으로 보인다.

이 과정에서 나타나는 김정일-김정은 전략의 특징은 '승진과 통제'라고 할 수 있다. 군과 당의 주요 위치에 적절한 인물을 선택해 승진시키고 그를 통해 조직을 통제하는 것이다. 리영호와 김영철, 김경옥을 보면 이를 더욱 분명하게 확인할 수 있다. 2010년 6월에는 장성택이 국방위원회 부위원장에 임명되는데 후계자 결정 과정에서부터 장성택은 김정일을 도와서 김정은 승계 체제 형성에 적극 나섰겠지만 이때부터 김정은의 후견인 역할을 본격화했다고 볼 수 있다.

세대교체와 함께 김정일-김정은 부자가 이 시기에 중점을 둔 부분은 김정은이 성과를 내놓는 것이었다. 이른바 '업적 쌓기'다. 최고 권력자가 통치의 정당성을 확보하기 위해서는 일정한 권위authority를 확보해야 한다. 권위는 시민들이 인정해주는 권력power를 말한다. 따라서 통치자는 이 권위를 얻기 위해 누구나 노력해야 한다. 막스 베버Max Weber는 이 권위를 세 가지로 구분했다. 법적·합리적 권위legal·rational authority, 전통적 권위traditional authority, 카리스마적 권위charismatic authority가 그것이다.[02] 법적·합리적 권위는 법적·행정적 체제를 정비해놓고 이를 기반으로 한 절차에 따라 명령을 내림으로써 보장되는 권위다. 또는 경제적 성과를 바탕으로 얻어지는 성과를 기반으로 한 권위도 여기에 포함된다. 전통적 권위는 조상의 후광을 기반으로 한 권위를 말한다. 카리스마적 권위는 초인적인 능력을 기반으로 한 권위를 이른다. 이 가운데 김정은은 먼저 '업적 쌓기'를 통한 법적·합리적 권위의 획득에 주력한 것이다.

먼저 2009년 평양에 10만 호 주택을 건설하는 사업과 자강도 희천에 발전소를 건설하는 사업을 시작했다. 같은 해 대중 동원 운동도 벌였다. '150일 전투', '100일 전투'가 그것이다. 1970년대에 김정일이 실시한 사업을 다시 시행한 것이다. 1974년 2월에 후계자로 결정된 김정일은 그해 10월 중순부터 12월 말까지 '70일 전투'를 시행했다.

이런 대중 동원 운동은 북한의 주요 특징을 이루어왔다. 중국에서는 1970년대 후반 덩샤오핑 집권 이후 대중 동원 운동이 사라졌다. 대신 덩샤오핑은 물질적 만족을 강조했다. 인민의 물질적 욕구를 만족시키면서 중국 사회를 운영할 때 사회주의도 성취할 수 있다는 것이다.

북한의 대중 동원 운동은 1957년 천리마운동을 시작으로 오랜 역사를 가지고 있다. 경제·외교적으로 어려움에 봉착할 때는 으레 이런 캠페인을 벌였다. 그리고 그때마나 획기적인 성과를 거두었다고 선전해왔다. 이런 성과들을 종합하면 지금의 경제난은 북한에 없어야 할 텐데 문제는 그렇지가 않다는 점이다. 김정은의 150일 전투, 100일 전투도 큰 생산적 성과를 얻은 것으로 선전됐다. 하지만 구체적인 수치가 제시되지는 않았다.

2009년 11월에는 화폐개혁을 전격 실시했다. 구화폐 100원을 신화폐 1원으로 바꿔주는 개혁이었는데 결과적으로 가격의 폭등을 가져와 실패했다. 근로자 임금을 100원이면 100원 그대로 두고 화폐 단위를 줄였으니 시장에 물건이 모자라는 상황에서 가격이 폭등하는 건 당연한 일이었다. 시장에서 돈을 번 세력의 약화와 북한 사회에 대한 정권의 통제를 강화하려던 계획은 실패로 돌아갔고 오히려 물가 폭등으로 민심은 나빠졌다. 그래서 희생양으로 박남기 당 계획재정부장을 숙청했다. 그는 총살된 것으로 전해진다.

어려워진 인민 생활에 대한 우려 때문에 2010년 신년 공동사설은 경공업과 농업의 발전을 강조했다. 특히 1995년 신년 공동사설이 시작된 이래 '인민 생활의 향상'을 강조한 것은 처음이었다. 경제 전반이 어려운 가운데에서 김정은 승계에 대한 지지를 확보하기 위해서는 주민들의 생활이 좋아질 수 있다는 기대를 주는 것이 필요했던 것이다.

2009년 5월에 실행한 2차 핵실험은 군사적 성과로써 권위를 강화하려는 시도로 볼 수 있다. 북한 사회에 김정은의 승계가 어느 정도 알려진 상황에서 핵 능력을 다시 과시하며 정권의 군사적 능력과 함께 김정은의 대담성을 보여주려 한 것이다. 1967년 김정일이 갑산파 거물들을 숙청한 것이 만 스물다섯 살 때 일이니 김정은도 비슷한 나이에 대범한 행위를 할 수 있음을 보인 셈이다.

김정은은 법적·합리적 권위를 우선적으로 추구하면서도 전통적 권위도 얻으려 노력했다. 김일성, 김정일, 김정은으로 이어지는 이른바 '백두의 혈통'을 이어받았음을 강조하고 특히 김일성의 외모와 행동을 따라가는 모습을 보였다. 머리 모양이나 손뼉 치는 모습도 김일성이 하는 것처럼 했다. 손을 들어올릴 때 각도는 어떻게 하는지, 다른 사람을 끌어안을 때 어떻게 움직여야 하는지도 김일성과 똑같이 했다. 2010년 8월 김정일이 중국을 방문할 당시 김정은이 동행했을 가능성이 높은데 이때 김일성이 다닌 지린시 위원중학교 등 김일성의 옛 행적을 쫓았을 것이다. 김일성의 후광이 김정은에게 비추도록 해 그의 권위가 강화되는 효과를 노린 것이다.

김정일의 경우는 1974년 2월 당 중앙위 제5기 8차 전원회의에서 후계자로 결정된 이후 1980년 10월 제6차 당대회에서 후계자로 공개될 때까지 당과 군에서 능력을 인정받으면서 지위가 올라가는 절차를 밟고 '70일 전투' 등을 통해 경제적 성과를 도모하는 등 법적·합리적 권위를 확보하는 데 주력했다. 김정은도 이를 답습해 법적·합리적 권위 획득에 우선적으로 노력한 것이다.

하지만 김정일은 김정은과는 좀 다른 국내 정치적 환경에 있었다. 후계자 결정 이후에도 경쟁자가 많았다. 계모 김성애와 삼촌 김영주가 주요 라이벌이었다. 그래서 김정일은 김성애의 동생들이 저지른 비리를 캐내 숙청함으로써 김성애의 힘을 빼고 정치적인 일에 전혀 나서지 못하도록 했다. 김영주는 공직을 떼고 지방으로 내려보냈다. 김정일의 급속한 권력 확대에 반감을 표시한 부주석 김동규도 숙청했고 정치보위부를 신설해 불만 세력 제어와 사회통제를 강화했다. 강압을 수단으로 동원한 것이다.

권위주의 체제의 리더십을 깊이 연구한 대니얼 넬슨Daniel Nelson은 권위주의 체제에서 통치자가 지도력을 확보하는 방안은 카리스마charisma와 통제control, 강압coercion 세 가지라고 분석했다.[03] 카리스마는 베버의 카리스마적 권위와 같은 것이고 통제는 법적·합리적 권위와 유사한 것이다. 베버의 개념 가운데 전통적 권위를 빼고 넬슨은 강압을 권위의 주요 요인으로 파악했는데 이는 명령order과 규율discipline을 말한다. 강압적인 명령 체계를 확보함으로써 최고 권력자의 리더십을 강화할 수 있다는 뜻이다. 김정일은 이 강압을 활용한 것이다. 김정은은 김정일처럼 법적·합리적 권위 확보에 노력하면서 강압보다는 전통적 권위를 추구했다는 면에서 양자 사이의 차이가 확인된다.

### 김정일과 김정은의 권력 공유

2010년 9월 김정은은 제3차 당대표자회를 통해 당 중앙군사위원회 부위원장에 올랐다. 부위원장은 직제에 없었지만 신설됐다. 당대표자회 직전에는 인민군 대장 계급도 달았다. 이때부터 그의 사진과 배지, 그에 대한 교육 자료가 북한 전역에 배포됐다. 국가안전보위부와 인민보안부, 인민군의 핵심 간부들은 그에게 더 자주 보고하기 시작했다. 사실상 김정일과 권력을 공유하기 시작한 셈이다. 이런 형태는 김정일이 사망하는 2011년 12월까지 1년 3개월 동안 계속된다.

제3차 당대표자회는 조선 노동당사에서 그리고 김정은 승계 과정에서 매우 중요한 의미를 지닌다. 1966년 제2차 당대표자회 이후 44년 만에, 1980년 당대회 이후 30년 만에 전당대회가 열렸으니 정말 오랜만에 당의 공식적인 체제가 회복된 것이다. 중앙위와 정치국, 중앙군사위가 그 기능을 되찾고 그 구성원도 제대로 채우게 됐다. 당 규약의 개정을 통해 특히 당 중앙군사위는 기존 자문적 성격에서 기능이 강화돼 군사와 군수를 지휘·통제하는 상설 기구가 됐다.

사실상 김정은이 이 기구의 수장이 되면서 당과 군에서 동시에 자신의 권력을 강화할 수 있게 됐다. 개정된 당 규약은 군 내 당 조직의 역할도 강화했고 당의 김일성사회주의청년동맹에 대한 통제력도 높였다. 이런 조치는 당 조직의 체계를 잡고 당의 권한을 강화함으로써 김정은이 더욱 원활하게 북한 사회를 장악할 수 있게 의도한 것이었다.

실제로 당 조직의 구성을 면밀히 살펴보면 당 조직의 변화를 여실히 확인할 수 있다. 정치국 위원과 후보위원 서른두 명 가운데 스물다섯 명이 새로 선출됐고, 당비서는 열 명 중 여덟 명, 당 중앙군사위원은 열아홉 명 가운데 열여섯 명, 당 중앙위원은 124명 중 94명이 신규로 진출했다. 2009년 2월의 세대교체에 이은 2차 세대교체였다. 이로써 김정은의 후견 세력들이 본격적으로 주요 포스트에 자리 잡게 됐다. 리영호는 정치국 상무위원에, 김경희와 강석주는 정치국 위원에 선출됐다. 장성택과 최룡해, 문경덕은 정치국 후보위원이, 장성택과 김경옥은 당 중앙군사위원이 됐다. 황해북도와 함경북도, 자강도의 당 책임비서도 교체됐는데 이는 기존 지방 관료들이 시장에서 돈을 번 중산층 세력과 유착된 구조를 차단하고 김정은의 지방에 대한 장악력을 확대하려는 조치였다.

2011년 상반기에는 1995년에 해체된 3대혁명소조의 활동이 활성화되는 모습도 관찰된다. 소조원들이 각 공장과 기업소, 협동농장 등에 파견돼 사상과 문화, 기술 방면에서 혁신을 주도하도록 했다는 내용이 《노동신문》에 자주 나타난다. 평안북도 태천군 은흥협동농장에 파견된 소조원들은 성장촉진제를 스스로 만들어 작물 생산성을 높였고[04] 강원도 문천시 문천발브공장에 파견된 소조원들은 공장 내 기술혁신 작업과 함께 컴퓨터공학이나 재료공학에 대한 강의도 실시하면서 공장의 현대화 작업에 앞장섰다.[05]

이는 3대혁명소조를 통해 김정은 승계의 당위성을 선전하고 북한 사회 전체에 대한 그의 지배력을 확장하려는 의도를 내보인 것이다. 역시 김정일 승계 과정에서 그대로 활용됐던 방안이다. 1970년대 중반부터 북한은 3대혁명소조를 북한의 전 지역, 전 분야에 파견해 사회 전체의 결속력을 강화하면서 김정일 승계를 정당화하는 작업을 진행했다. 이 과정에서 1970년대와 1980년대에 당의 청소년과 3대혁명소조 담당 부장을 지낸 장성택이 매우 큰 몫을 했다. 장성택은 또다시 김정은 승계를 위해 과거의 경험을 살려 3대혁명소조를 활용한 김정은 승계 원활화에 적극적인 역할을 한 것으로 보인다.

김정은의 경제에 대한 우려와 이를 진작시키기 위한 행보는 권력 공유기에 더욱 강화된다. 2010년 10월 함경북도 김책시를 방문한 자리에서 김정은은 "과거엔 식량이 없더라도 총알이 없어선 안 됐지만 지금은 총알이 없어도 식량은 없으면 안 된다"라고 말했다.[06] 인민 생활의 수준을 향상시켜 자신의 권위를 확보하려는 의지로 읽힌다. 그 연장선상에서 2011년 신년 공동사설은 경공업과 인민의 생활을 유독 강조했다.

김정일이 후계자 수습 기간에 주로 이용한 강압의 수단을 김정은은 권력 공유기에 활용한다. 그는 2010년 9월부터 2011년 12월까지 134번에 이르는 공개 활동을 했는데 이 가운데 30.6퍼센트인 41회가 보안기관이나 군부대 방문이었다.[07] 2011년 초에는 인민보안부장 주상성, 국가안전보위부 부부장 류경을 숙청했다. 주상성에게는 김일성 동상 훼손을 막지 못한 책임, 유경에게는 부패 혐의를 둔 것으로 알려졌다. 2011년 6월에는 홍석형 당 계획재정부장이 해임됐다. 경제난에 대한 또 다른 희생양이 된 것이다.

또한 북한은 2010년 9월부터 함경북도와 양강도, 평안북도 지역 주민들에 대한 단속을 대폭 강화했다. 이 지역 노동당 간부들도 김정은 정권의 하부 엘리트를 형성할 만한 젊은 층으로 대폭 교체됐다. 2010년 11월부터는 노동당 당원들에 대한 쇄신 작업이 대대적으로 실시됐다. 60세 이상 당원은 명예 당원으로 돌리고 그 자리를 20대와 30대 젊은 당원들로 채웠다. 이들이 당내 하부 구조에 신선한 바람을 불러일으키게 함으로써 김정은 승계가 더 원활하게 진행되도록 한 것이다.

요컨대 권력 공유기에 김정은 승계 작업은 당 체계의 확립과 이를 통한 세대교체와 숙청, 경제 성과에 대한 노력 등 법적·합리적 권위과 강압에 의한 리더십 강화를 노린 전략 위주로 진행됐다고 할 수 있다.

## 김정일 사망 이후

김정일은 1991년 12월 인민군 총사령관에 취임하고 1993년 4월 국방위원장에 오르는 등 1994년 7월 김일성이 사망할 때까지 마지막 단계에서도 순차적 승계 과정을 거쳤다. 그러나 김정은은 2011년 12월 김정일이 사망한 뒤에야 최고 권좌를 차지한다. 2011년 12월 30일 인민군 최고사령관에 올랐고 2012년 4월 당대표자회와 최고인민회의를 열어 당 제1비서와 국방위원회 제1위원장에 취임했다. 그러나 김정일 생전에 김정은의 최고위 직책 승계 과정이 확정돼 있었다고 보아야 할 것이다.

김정일 사망 직후 김정은에게 법적·합리적 권위를 더해준 세력은 무엇보다 중국이었다. 중국은 김정일이 사망한 후 고작 몇 시간 만에 지역과 한반도의 평화와 안정을 위해 북한과 협력할 것이라고 밝혀 김정은 정권에 대한 지지를 표했다. 더욱이 중국

정부는 베이징에 주재하는 한국과 미국, 일본, 러시아 대사에게 전화를 걸어 북한을 자극하는 일을 삼갈 것을 당부했다. 대사에게 전화해서 자기 나라도 아닌 제3국에 대해 뭘 해달라고 요청하는 것은 외교적으로 매우 큰 결례임에도 중국은 그렇게 했다.

    이것이 중국의 국익 추구 차원임은 물론이다. 2025년까지 경제에 진력한다는 국가 전략을 성공적으로 추진하기 위해서는 지역 안정이 필수적이다. 그러기 위해서는 북한이 현상 유지를 지향해주어야 하고 또 이를 위해서는 주변국이 자중자애해야 한다. 이것이 현재 중국 국익의 요체다. 중국이 국익 추구 차원에서였다고 하지만 외교적 결례까지 저질러가면서 북한의 안정을 도모했음은 김정은으로서 매우 반길 만한 일이 아닐 수 없다. 앞으로도 중국이 김정은 정권의 외교적·경제적 보호막 노릇을 할 것이다. 이를 예고하듯 중국은 김정일 사망 직후 북한에 식량 50만 톤과 원유 20만 톤을 지원하기로 결정했다.[08] 2012년 4월 말까지 옥수수 22만 톤을 지원하는 등 약속을 잘 지키고 있음이 확인됐다.

    2012년 4월 들어 김정은은 제4차 당대회자회와 최고인민회의 제12기 5차 회의를 열어 당 제1비서와 국방위 제1위원장에 올랐다. 최고사령관 직책에 이어 당과 국가기관의 최고 지위에 취임함으로써 자신의 법적·합리적 권위를 최대화할 수 있게 됐다. 경제적 성과는 김정은 승계의 원활한 진행과 장기적인 공고화에 필요불가결한 요소이기 때문에 변함없이 강조돼왔다. 2012년 신년 공동사설이 인민의 생활 향상을 역설한 것도 그런 맥락에서다. 물론 김정일이 사망하고 겨우 2주 만에 나온 것이어서 북한 사회의 단결과 체제 이완 방지가 중요했던 만큼 선군정치가 먼저 강조됐다. 하지만 그에 못지않게 경제적 수준의 향상에 대한 방점도 잊지 않았다.

권력 장악기에도 전통적 권위를 강화하려는 경향을 꾸준히 보여왔다. 김일성의 권위를 빌리려는 행위는 여전히 계속되고 있다. 김일성은 주요 군부대를 방문하면 총을 선물로 주곤 했다. 만주에서 항일운동을 벌일 때는 소총이 매우 소중한 자산이었기 때문에 아주 의미 있는 선물이 필요하면 총을 줬다. 1933년 9월에는 이런 일이 있었다. 김일성은 당시 중국 공산당에 입당해 조선인지대 지대장을 하면서 샤오왕칭에 머물렀고 최현은 동만주에서 유격대 중대장으로 항일 투쟁을 벌였다. 최현이 김일성의 부름을 받고 샤오왕칭 마촌으로 와 김일성을 처음 만났다. 두 사람은 2박 3일 동안 거의 잠을 자지 않고 만주 지역의 정세와 항일 투쟁 강화 방안에 대해 논의했다. 이때 최현은 김일성을 믿고 따르기로 결심했다고 한다. 헤어지면서 김일성은 최현에게 총 네 정을 호박琥珀으로 만든 물부리와 함께 선물로 줬다.[09] 이것이 김일성 소총 선물의 의미이고 역사다.

김정은은 이를 따라 해왔다. 군부대를 방문하면서 때로는 소총을, 때로는 기관총을 쌍안경과 함께 선물로 줬다. 2012년 2월 해군 제597부대를 방문했을 때는 자동소총(북한 용어로는 자동보총)과 쌍안경을 줬고[10] 3월 초에는 판문점 전초병들에게 기관총과 쌍안경을 선물로 줬다."

2012년 4월 제4차 당대표자회는 당 규약을 개정해 서문에 김일성·김정일주의를 당의 유일한 지도사상으로 삼고 당 자체를 김일성·김정일주의 당이라고 명시함으로써 김일성·김정일의 이념과 그들이 추구해온 바를 기반으로 통치해나가겠다는 의사를 분명히 했다.

2012년 4월 김정은은 자신이 국방위원회 제1위원장이 되면서 김정일을 영원한 국방위원장으로 추대했다. 그런데 이 추대라는 것이 김정일이 김일성을 영원한 주석으로 추대한 것처럼 추상적이고 상징적인 수준에 머문 것이 아니다. 제도적인 절차에 따라 공식화한 것이다. 2012년 4월 13일 최고인민회의 제12기 5차 회의에서 김영남 최고인민회의 상임위원장이 추대되거나 뽑힌 국방위원을 발표했다. 그런데 여기서 김정일이 가장 먼저 국방위원장으로 발표됐다. 그다음으로 김정은이 제1위원장으로 호명됐다. 《노동신문》에도 이 순서대로 인사 발령 사항이 그대로 실렸다.¹² 김정일은 1998년 헌법 서문을 통해 김일성을 영원한 주석으로 모신다고 밝혔을 뿐 김정은 정권처럼 이를 인사 발령 사항으로 제도화하지는 않았다. 물론 당시에는 주석이 대표로 있는 중앙인민위원회라는 조직 자체가 없어졌기 때문이기도 하지만 김정일보다 김정은의 아버지 의존이 더 강하기 때문이기도 하다.

김정은의 아버지 의존은 여기저기서 확인된다. 북한 매체들은 〈위대한 김정일 동지의 유훈을 받들어 주체혁명의 새 승리를 이룩해나가자〉는 글을 통해 "모든 것을 위대한 장군님식대로 해나가는 것은 경애하는 김정은 동지의 혁명적 신조이며 령도 원칙이다"라고 밝히며 김정일 따라 하기를 강조한다.¹³ 김정일이 당 총비서 취임 14주년인 2011년 10월 8일에 유언을 남겼는데 이 유언에 당원들이 단결해 김정은을 따라야 한다고 말했다면서 북한 매체들이 김정일 유지 존중과 김정은에 대한 충성을 역설하는 것도 김정일 의존 현상을 보여주는 것이다.

북한은 2012년 5월부터 '김정일 애국주의'라는 신조어를 등장시켜 대대적으로 선전하고 있다. 특히 김정은은 2012년 7월 26일 당 중앙위원회 책임일군들에게 한 '김정일 애국주의를 구현해 부강 조국 건설을 다그치자'라는 담화에서 김정일 애국주의를 조목조목 설명하고 이의 실천을 독려했다.¹⁴ 여기서 밝힌 김정일 애국주의란 김정일이 보여줬다는 애국의 정신과 실천을 말하는 것으로, 조국관과 인민관, 후대관으로 구성돼 있다. 즉, 조국은 곧 수령이고 조국의 품은 곧 수령의 품이라는 조국관, 인민을 하늘처럼 여긴다는 인민관, 오늘은 어렵더라도 인민의 염원이 활짝 꽃필 내일을 위해 애국의 피와 땀을 아낌없이 바친다는 후대관으로 구성된 것이 김정일 애국주의라고 설명한다. 이를 실천하기 위해 모두 노력해야 함도 역설한다. 역시 김정일의 자취와 행적에 의지하려는 생각에서 나온 것이다.

김정은 승계는 김정일 승계와 권위주의 체제 하에서 이루어진 부자 승계라는 큰 맥락을 공유한다. 그러면서도 분명한 차이를 몇 가지 보인다. 첫째로는 김정일-김정은 승계는 김일성-김정일 승계에 이은 두 번째 부자 승계라는 것이다. 첫 번째 부자 승계를 두고도 불만 세력이 없지 않았다. 1970년대 후반 숙청된 김동규 국가 부주석이 대표적이다. 빨치산 출신인 김동규는 1974년 국가 부주석에 올라 북한 권부의 중심부에 있었지만 김정일에게 권력이 쏠리는 현상에 이의을 제기하다 숙청됐다. 이에 비추어 보면 드러나지는 않더라도 두 번째 부자 승계에 반대하는 세력이 북한 내부에 존재할 가능성은 얼마든지 있다.

둘째로는 김일성과 김정일의 카리스마 차이다. 김정일에게 정권을 물려준 김일성은 항일운동을 기반으로 북한 사회를 이상적인 사회주의 체제로 만들기 위한 독자적인 국가 발전 전략을 제시해 북한 주민들의 많은 지지를 받았다. 하지만 김정일은 카리스마라는 측면에서 김일성에 미치지 못한다. 그런 점에서 김정일을 이어받은 김정은의 리더십 기반은 약할 수밖에 없다.

셋째로는 김정은이 지나치게 젊고 경험이 없다는 것이다. 그는 서른 살이 안 돼 권력을 이었고 후계자 결정 이후 최고 권좌에 오를 때까지의 기간이 3년이 못 됐다. 승계 결정 이후 20년 이상 준비한 김정일과는 비교가 안 되는 짧은 기간이다.

넷째로는 1994년과 2011년 사이에 통신 기술이 엄청나게 진보했다는 점이다. 이는 북한 주민들로 하여금 그들의 현재 상황, 남한과 중국의 발전상을 더 생생하게 알 수 있도록 해준다. 북한 내에서도 휴대폰이 백만 대 이상 보급됐다. 이와 같은 요소들은 김정은 정권에 매우 불안한 상황을 가져올 수 있다. 김정은과 그 주변 인물들이 이런 상황을 정확히 인식하고 불안 요소 증대를 사전에 막을 수 있는 방안을 마련해나간다면 김정은 정권의 안정성을 확보할 수 있겠지만 그러지 못할 경우 정권 자체가 불안정에 휩싸일지 모른다. 불안 요소 확대 여부는 북한 경제의 소생과 직결돼 있다. 따라서 김정은과 권력 엘리트들의 경제를 다루는 능력, 특히 먹는 문제를 해결하는 능력이 김정은 정권의 안정성과 관련해 가장 중요한 요소가 아닐 수 없다.

# 4장

## 김정은의 사람들

김정은의 사람들

## 좌성택과 우룡해

북한의 권력 서열은 주요 행사의 주석단 서열로 확인된다. 김정은 체제의 권력 서열 또한 김정일 사망 후 몇 차례 있었던 주요 행사의 주석단을 확인하면 알 수 있다. 그동안 치른 주요 행사로는 김정일의 장례식(2011년 12월 28일), 김정일 출생 70주년 기념 중앙 보고대회(2012년 2월 16일), 당대표자회(4월 11일), 김일성 출생 100주년 기념 보고대회(4월 15일), 김정은 원수 칭호 수여 평양시 경축대회(7월 19일) 등이 있었다. 79쪽에 있는 표는 이 행사에 나타난 주석단의 권력 서열을 정리해놓은 것이다.

* 조선중앙TV 보도(2011년 12월 19일)와 《노동신문》(2012년 2월 16일, 2012년 4월 12일, 2012년 4월 15일, 2012년 7월 20일, 2012년 9월 9일) 등을 바탕으로 작성했다.
* 김정은 원수 칭호 수여 평양시 경축대회 행사와 북한 창건 경축 보고대회에 김정은이 나오지는 않았지만 그가 서열 1위인 것은 분명해 1위로 했다.
* '+' 표시는 김정은 정권에서 서열이 상승한 인물, '#' 표시는 주석단에서 사라진 인물이다.

| 서열 | 김정일 장례<br>(2011년 12월 19일) | 김정일 출생<br>70주년 기념<br>보고대회<br>(2012년 2월 15일) | 당대표자회<br>(2012년 4월 11일) | 김일성 출생 기념<br>보고대회<br>(2012년 4월 14일) | 김정은 원수 칭호<br>수여 평양시<br>경축대회<br>(2012년 7월 19일) | 북한 창건 경축<br>보고대회<br>(2012년 9월 8일) |
|---|---|---|---|---|---|---|
| 1 | 김정은 | 김정은 | 김정은 | 김정은 | 김정은 | 김정은 |
| 2 | 김영남 | 김영남 | 김영남 | 김영남 | 김영남 | 김영남 |
| 3 | 최영림 | 최영림 | 최영림 | 최영림 | 최영림 | 최영림 |
| 4 | 리영호 | 리영호 | 최룡해 | 최룡해 | 최룡해 | 최룡해 |
| 5 | 김영춘 | 김경희 | 리용호 | 리영호# | 현영철+ | 현영철 |
| 6 | 전병호 | 김영춘 | 김영춘 | 김경희+ | 김정각+ | 김정각 |
| 7 | 김국태 | 전병호# | 김국태 | 김정각 | 장성택+ | 박도춘 |
| 8 | 김기남 | 김국태 | 김기남 | 장성택 | 박도춘+ | 김국태 |
| 9 | 최태복 | 김기남 | 최태복 | 박도춘 | 김영춘 | 김기남 |
| 10 | 양형섭 | 최태복 | 양형섭 | 김영춘 | 김국태 | 최태복 |
| 11 | 강석주 | 양형섭 | 강석주 | 김국태 | 최태복 | 양형섭 |
| 12 | 변영립# | 리용무 | 리용무 | 김기남 | 양형섭 | 리용무 |
| 13 | 리용무 | 오극렬 | 김경희 | 최태복 | 강석주 | 강석주 |
| 14 | 김경희 | 강석주 | 박도춘 | 양형섭 | 리용무 | 현철해 |
| 15 | 김양건 | 장성택 | 장성택 | 강석주 | 현철해 | 김원홍 |
| 16 | 김영일 | 김정각 | 김정각 | 리용무 | 김원홍+ | 오극렬 |
| 17 | 박도춘 | 김양건 | 리명수 | 현철해 | 리명수+ | 김양건 |
| 18 | 최룡해 | 김영일 | 로두철 | 김원홍 | 오극렬 | 김영일 |
| 19 | 장성택 | 박도춘 | 김원홍 | 리명수 | 김양건 | 문경덕 |
| 20 | 주규창 | 최룡해 | | 오극렬 | 김영일 | 곽범기 |
| 21 | 김락희 | 태종수 | | 김양건 | 김평해 | 주규창 |
| 22 | 태종수 | 김평해 | | 김영일 | 문경덕+ | 김창섭 |
| 23 | 김평해 | 문경덕 | | 태종수 | 곽범기+ | 로두철 |
| 24 | 김정각 | 김락희# | | 김평해 | 주규창 | 리병삼 |
| 25 | 우동측 | 주규창 | | 문경덕 | 김창섭 | 조연준 |
| 26 | 김창섭 | 우동측# | | 곽범기 | 로두철+ | 김영대 |
| 27 | 문경덕 | 김창섭 | | 김창섭 | 리병삼+ | 류미영 |
| 28 | 리태남 | 김영대 | | 로두철 | 조연준+ | |
| 29 | 오극렬 | | | 리병삼 | 김영대 | |
| 30 | 김철만 | | | 조연준 | | |
| 31 | 리을설 | | | 김영대 | | |
| 32 | 전하철 | | | 류미영 | | |

2012년 7월 19일에 열린 김정은 원수 칭호 수여 평양시 경축대회 주석단을 중심으로 현재의 권력 서열을 살펴보는 것이 좋을 것 같다. 9월 9일에 열린 북한 창건 경축 보고대회가 더 최근이긴 하지만 장성택, 리명수 등 핵심 인물들이 빠져 있기 때문이다. 이는 내부 사정에 따른 일시적인 현상으로 보이는데 7월 19일 행사의 주석단은 북한 최고 엘리트들을 망라하고 있어 권력 서열을 더 정확하게 보여준다.

현재 권력 서열은 전체적으로 국가 원로, 군부의 실세, 당 원로, 공안 기관 수장, 당의 분야별 책임자, 경제 실세, 공안 기관 실무 책임자 순으로 돼 있다. 물론 서열 1위는 김정은이다. 김영대를 제외하면 주석단의 모든 인물이 정치국 상무위원, 위원, 후보위원이고 이 순서로 주석단을 차지한다. 현영철도 서열로 보아 정치국 상무위원이 됐거나 곧 보선될 것으로 보인다. 정치국 위원 가운데 김경희와 김기남, 전병호, 변영립만 빠져 있고 후보위원 가운데는 태종수, 김락희, 리태남, 우동측이 주석단에 오르지 못했다.

김경희, 김기남, 태종수는 최근 다른 주요 행사에 모두 참여하는 점으로 미루어 일시적 불참으로 추정되고 전병호, 변영립, 김낙희는 고령으로 주요 직책에서 물러난 것으로 보이며 우동측은 건강에 문제가 있는 것으로 알려졌다. 리태남은 서열상 아직 주요 행사의 주석단에 오르지 못했다. 리영호는 2012년 7월 실각해 김정은 원수 칭호 수여 평양시 경축대회부터 주석단에서 사라졌다. 전체적으로 보면 김정일 정권 들어 김경희를 비롯해 현영철, 김정각, 장성택, 박도춘, 김원홍, 리명수, 문경덕, 곽범기, 로두철, 리병삼, 조연준 등의 권력 서열이 빠르게 상승했음을 알 수 있다.

현재 공식 서열에서 김정은 다음 자리를 차지하고 있는 김영남은 김일성 사망 이후 김정일이 국방위원장에 재추대된 1998년 9월 최고인민회의 제10기 1차 회의에서 김정일 바로 다음인 서열 2위가 됐다. 한 해 전인 1997년 7월 김일성 사망 3주년 중앙추모대회 당시에는 서열 7위로, 김정일, 리종옥, 박성철, 김영주, 김병식, 강성산 다음이었다. 그 1년 뒤에 순위가 김정일, 김영남, 홍성남, 리종옥, 박성철, 김영주로 바뀌면서 김영남이 서열 2위에 오른다. 이후 그는 지금까지 14년 동안 서열 2위 자리를 지키고 있다. 하지만 김정은 정권에서 그가 실세라고 할 수는 없다. 형식상으로는 그가 맡은 최고인민회의 상임위원장은 국가를 대표하는 자리지만 실권은 없다. 게다가 1928년생으로 80세가 넘어 실제로 큰일을 하기도 어렵다. 원로 예우 차원에서 주석단 서열 2위 자리를 준 것이다.

3위 최영림도 김영남과 마찬가지로 원로 대우 차원에서 김정은의 경제에 대한 관심을 상징적으로 표현하는 배려라고 할 수 있다. 하지만 실제 경제 부문에서 왕성한 활동력을 보여주고 있어 실질적인 권력도 어느 정도 있는 것으로 보인다. 4위에서 6위까지는 군에서 차지했다. 장성택은 실제 권력보다 낮은 7위를 유지하면서 김정은에게 지나친 부담을 주는 것을 삼가는 모양새를 갖췄다. 박도춘은 군수공업 책임자로서 그에 어울리는 8위에 올라 있고 김영춘은 인민무력부장을 물러났지만 9위를 유지하면서 여전히 군부 원로로 대우받고 있음을 보여줬다.

10위에서 12위까지는 역시 원로 대우 차원에서 김국태, 최태복, 양형섭이, 그다음인 13위에는 외교 총책 강석주가 올라 있다. 리용무와 현철해 또한 군부 원로로 인정받으면서 14위와 15위에, 김원홍과 리명수는 공안 기관 책임자로 16위와 17위에 자리 잡아 책임과 업무의 중요도에 비해 비교적 낮은 서열을 받고 있다. 18위인 오극렬도 군부 원로 대우 차원이다. 19위에서 21위까지는 당에서 대남 사업, 대중국 사업, 간부 사업을 각각 책임지고 있는 김양건, 김영일, 김평해에게 돌아갔고 장성택·최룡해와 가까우면서 평양시당 책임비서를 맡고 있는 문경덕이 22위를 차지했다.

당의 경제정책 책임자인 곽범기는 23위에, 군수산업을 오랫동안 담당해온 이 분야 원로인 주규창은 24위에, 국가보위 정치국장 김창섭은 25위에 올랐다. 26위는 경제 분야 실세로 부각된 로두철에게, 27위는 조선인민내무군 정치국장 리병삼에게, 28위는 당 조직지도부의 당 인사 담당 제1부부장을 맡은 조연준에게, 29위는 조선사회민주당 중앙위원회 위원장 김영대에게 돌아갔다.

하지만 이는 공식적인 서열일 뿐 김정은 정권 내부에서 행사하는 실질적인 힘에 따른 서열은 이와 다르다. 이를 파악하기 위해서는 김정일 사망 이후 권력 서열이 상승한 인물을 관찰하는 것이 필요하다. 권력 서열 표에서 확인할 수 있듯이 최룡해, 현영철, 김정각, 장성택, 박도춘, 김원홍, 리명수, 문경덕, 곽범기, 로두철, 리병삼, 조연준의 서열이 두드러지게 높아졌다. 김정은 원수 칭호 수여 경축대회에는 참여하지 않았지만 김경희의 서열 상승도 눈에 띈다. 이들은 모두 정치국 상무위원이나 위원, 후보위원 자리를 차지하고 있는 비교적 젊은 인물들이다. 최룡해와 현영철, 장성택, 김원홍, 로두철이 60대고 문경덕은 아직 50대 중반이다. 이 가운데서도 장성택이야말로 김정은 정권의 핵심 중 핵심이고 그를 곧바로 떠받치고 있는 사람이 최룡해라고 할 수 있다. 이 두 사람이 김정은 정권에서 권력을 실질적으로 행사하면서 국가 운영을 주도하고 있다.

부문별로 보면 당을 중심으로 공안 기관과 국가기관에 모두 권력을 행사하는 인물은 역시 장성택이다. 김경희 또한 그에 못지않은 영향력이 있는 것으로 보인다. 최룡해는 당과 군에 걸쳐 영향력을 끼치고 있다. 당을 중심으로 주요 역할을 하는 인물은 문경덕 그리고 주석단에 이름이 오르지 않았으면서도 당을 통해 군을 통제하는 김경옥도 실세 가운데 하나다. 군에서는 현영철과 김정각이 두드러진다. 김영춘과 오극렬로 대표되는 김정일 정권 말기 구군부 세력이 줄고 리영호를 중심으로 한 신군부가 권부를 형성했지만 리영호가 실각하자 이제는 현영철, 김정각의 제2기 신군부가 실권을 쥐었다. 당 정치국에 자리를 얻지는 못했지만 당 중앙군사위원인 최부일도 여기에 속한다. 김영철은 리영호와 호흡을 같이한 강경파로, 현영철 세력과도 이해를 같이하는 것으로 보인다. 해방 후 북한군을 실질적으로 창건한 최용건, 이를 정착시킨 최현, 이를 더욱 강화한 오진우, 현대화 작업을 추진한 오극렬 세대를 지나 군이 국가 안보와 인민 생존을 동시에 고민해야 하는 세대를 맞은 것이다.

공안 기관은 김원홍과 리명수가 책임지고 있다. 박도춘은 군수 경제를 통제하고 최영림도 원로이지만 경제 분야의 수장으로 활력을 보이고 있으며 곽범기와 로두철이 북한의 전반적 경제를 맡고 있다. 외교 분야에서는 전문성과 경륜을 갖춘 강석주가 수장 노릇을, 김계관이 외무성의 실질적 책임자 구실을 하고 리용호는 전문성을 바탕으로 새로운 실력자로 떠오르고 있다.

이들 김정은 정권 실세들 가운데는 만경대혁명학원과 김일성종합군사대학, 김일성종합대학 출신들이 많다. 장성택과 최룡해, 최영림, 김영철은 만경대혁명학원 출신이다. 만경대혁명학원은 해방 직후 항일 독립운동가의 자녀들을 교육하기 위해 설립한 교육 기관이기 때문에 이곳 출신들은 자연스럽게 동지적인 일체감을 지닌다. 김정각과 최부일, 김영철은 김일성군사종합대학을, 장성택과 최룡해, 최영림, 문경덕, 조연준은 김일성종합대학을 졸업했다. 김정은은 김일성군사종합대학을, 김정일은 김일성종합대학을 나왔다. 김정은은 항일 혁명의 전통을 잇는 학교, 자신과 아버지의 출신 학교를 중용하는 모습을 보이고 있는 것이다.

## 일인지하 만인지상 장성택

남한이나 주변국의 입장에서 관심 사항은 김정은 정권이 과연 국제사회에 이전과는 다른 행위 양태를 보일 것인가다. 다시 말해 동북아 국제 질서에서 현상 변경 세력revisionist이 아니라 현상 유지 세력status quo state으로 자리 잡을 수 있겠는가 하는 점이다. 좀 더 구체적으로는 미사일 실험과 추가 핵실험을 함으로써 핵보유국으로 완전히 인정받으려 하며 한국, 미국, 일본과 적대 관계를 심화할지, 아니면 개혁·개방으로 나올지 하는 문제다. 이 문제는 마지막 장에서 심도 있게 다루겠지만 이와 관련해서 우리가 가장 주목해야 하는 인물이 장성택이다.

장성택은 당 정치국 위원, 당 행정부장, 국방위원회 부위원장으로 국가안전보위부와 인민보안부, 최고검찰소, 호위사령부를 관할한다. 공식적 채널이 그럴 뿐만 아니라 인적 관계 측면에서도 국가안전보위부장 김원홍, 인민보안부장 리명수 등이 장성택의 사람이다. 공식적인 직책은 이것이지만 실제로는 당과 군, 국가기관 모두에 걸쳐 막강한 영향력을 행사하며 북한의 2인자 자리를 지키고 있는 것으로 보인다. 김정은 이외에는 그의 힘에 필적할 만한 사람은 없는 셈이다. 그런 만큼 그의 개혁·개방에 대한 인식이 북한의 미래와 관련해서 중요한 의미가 있다.

장성택은 1946년 함경북도 청진에서 출생했다. 그의 아버지는 일제강점기 때 반일 농민운동을 하다가 체포돼 고초를 겪었다.

이런 출신 성분 덕분에 그는 만경대혁명학원과 김일성대학에 입학할 수 있었다. 1967년까지는 국내 항일운동 세력도 우대를 받았다. 그러다가 1967년 갑산파 숙청 이후에는 갑산파와 같은 국내 항일운동 경력자에게 특혜를 없어지고 일반인과 똑같이 취급됐다. 장성택은 김일성대학에서 김경희를 만나 김일성의 반대를 무릅쓰고 결혼했다. 졸업 후 노동당 조직지도부에서 일을 시작해 1989년 당 청년사업부장, 1995년 당 조직지도부 제1부부장에 올랐다.

당의 핵심 포스트를 차지한 이때부터 장성택의 권력은 급속하게 커져 당 행정부장과 국방위 부위원장으로 2인자의 권력을 행사하는 현재 위치에 이르게 된 것이다. 장성택을 2인자로 인정하는 이유는 그의 권력 기반이 매우 다층적이며 광범위하기 때문이다. 좀 자세히 설명하자면 장성택의 권력은 다음과 같은 네 가지 특징을 지닌다.

첫째, 공식적 권력을 충분히 확보하고 있다. 장성택은 당 정치국에서는 정치국 위원, 당비서국에서는 행정부장, 국방위원회에서는 부위원장이다. 군 계급은 대장이다. 행정부장은 국가안전보위부와 인민보안부, 검찰소 등 공안 기관을 관할하는 부서다. 국방위원회는 군을 비롯해 국가 전반의 사무를 관할하는 기관이다. 이뿐만 아니라 장성택은 김정은의 경호 부대인 호위총국까지 장악하고 있다. 2012년 9월 6일 북한 정권 창건 64주년을 맞아 김정은을 비롯한 북한의 최고 지도부가 김정일의 시신이 안치된 금수산태양궁전을 참배했는데 이 자리에 장성택은 다른 군 수뇌부와 달리 짙은 밤색 군복을 입고 등장했다. 다른 장성들이 착용한 옅은 밤색 군복과 구분되는 이 군복은 호위총국의 군복이다.

호위총국은 김정은의 제1선 경호를 맡아 2선 국가안전보위부, 3선 인민보안부와 함께 김정은의 안전을 책임지는 북한의 최정예 부대다. 쿠데타와 인민 봉기를 진압하는 일도 맡는다. 보유 병력은 3만 명 정도지만 평양방어사령부가 예하 부대로 편입되기 때문에 이 병력을 더하면 10만 명이 넘는다. 탱크와 장갑차 등으로 중무장해 군단급 부대의 반란도 진압할 수 있는 능력을 갖춘 것으로 전해진다. 장성택은 호위총국을 장악함으로써 김정은 경호뿐만 아니라 쿠데타와 인민 봉기 진압 임무도 함께 맡고 있는 셈이다.

게다가 장성택의 형 장성우 차수2009년 사망, 장성길 중장2006년 사망의 도움을 받기도 하면서 인민군 내에 많은 지지 세력을 형성해두고 있다. 장성우는 1995년 10월 10일 노동당 창당 기념 열병식의 지휘관을 했고 김정일의 경호실장인 호위총국장까지 지냈다. 2002년에는 차수로 진급할 만큼 군에서 승승장구하던 인물이었지만 2009년에 사망했다. 장성택의 둘째 형 장성길도 서해 지역 담당으로 북한군에서 주요 군단 가운데 하나인 4군단의 부군단장을 지내고 중장까지 진급했는데 2006년에 사망했다. 오랫동안 쌓아온 주요 업무 경력과 개인적 배경 덕분에 당과 공안 기관, 군에 걸친 그의 권력은 범위가 넓고 깊다.

둘째, 장성택의 비공식적 권력은 이런 표면적인 권력을 훨씬 능가한다. 그의 진정한 힘은 여기에 있다고 할 수 있다. 김정남을 비롯한 김정일의 자녀들은 고모인 김경희의 보살핌 속에서 자랐다.[91] 김정은도 마찬가지다. 특히 2004년 어머니 고영희가 사망한 이후 김경희와 그의 남편 장성택은 당시만 해도 후계자와 거리가 멀었던 김정은을 잘 챙겨줬을 것으로 보인다. 김정은과 그의 형은 북한에서는 일반 학교 교육을 받지 않고 따로 교육받았는데 이들의 교육을 책임진 이가 장성택이었다. 김정은에게 장성택·김경희는 부모와 같은 존재인 셈이다. 가뜩이나 유교적 전통이 많이 남아 있는 북한 사회에서 김정은이 부모와 같은 고모·고모부의 의사를 거역하기는 어려울 것이다. 사실은 이런 부분이 더 광범위한 영역에 고루 미치는 장성택의 권력이라고 할 수 있다.

셋째, 첫째와 둘째 기반 위에서 가능한 일이지만 장성택은 광범위한 측근 네트워크를 형성하고 있다. 군 총정치국장 최룡해, 당비서 문경덕, 당 근로단체 부장 리영수, 체육상 박명철, 주중 대사 지재룡, 주쿠바 대사 전영진 등이 모두 장성택의 측근이다. 특히 최룡해는 1980년대에 사로청 간부 생활을 할 때부터 장성택의 도움을 받아왔고 주쿠바 대사 전영진은 장성택의 매부다.

넷째, 그와 경쟁 관계에 있던 인물들이 모두 제거됐다. 2012년 4월에 또 다른 김정은 후견 세력이었던 우동측 국가안전보위부 제1부부장이 자리를 잃었다. 2011년 초에는 류경 국가안전보위부 부부장이 숙청됐다. 남북 관계의 변화를 논의하기 위해서 서울을 방문한 뒤 간첩 혐의를 받은 것으로 알려졌다.⁰² 2010년 6월 2일에는 리제강 조직지도부 제1부부장이 의문의 교통사고로 사망했다. 그 직후 장성택은 국방위원회 부위원장 자리를 차지했다. 조직지도부에서 오랫동안 당 전체를 관할해온 리제강의 권력은 매우 컸고 특히 그가 김정은의 어머니 고영희와도 가까운 사이였다는 점에서 장성택이 김정은 시대 권력 독점을 위해 그를 견제한 것은 분명한 듯하다.

하지만 그것이 교통사고와 직접 연결됐는지는 아직 드러나지 않고 있다. 다만 리제강이 요직을 맡고 있다가 사망했는데도 장의위원회가 구성되지 않은 점은 석연치 않다. 당시 80세 고령이었기 때문에 운전기사가 있었다고 추정되는데 교통이 복잡하지 않은 북한에서 그것도 한밤중인 0시 45분에 운전기사가 교통사고를 냈다는 것도 이해되지 않는 부분이다.

실력을 갖춘 야전 군인으로 인민군을 장악한 총참모장 리영호는 2012년 7월 15일 전격 숙청됐다. 최룡해가 장성택에 버금가는 권력을 지녔다는 평가가 있지만 그가 장성택의 도움으로 성장했기 때문에 아직은 장성택을 넘어서기 어려울 것으로 보인다. 따라서 장성택과 권력을 놓고 경쟁할 만한 사람은 없는 셈이다.

북한 군부의 1인자였던 리영호는 김정일이 생전에 김정은 후견 세력으로 성장시킨 인물이다. 하지만 당 정치국 상무위원, 당 중앙군사위원회 부위원장으로 권력이 강해지면서 장성택의 견제를 받아 숙청된 것으로 보인다. 매우 이례적으로 일요일인 2012년 7

월 15일 당 정치국 회의를 열어 해임을 결정하고 바로 이튿날인 월요일 새벽 6시에 이를 전격 발표한 것은 뭔가 비상한 상황이 다급하게 진행됐음을 말해준다. 게다가 북한이 해임 이유를 신병身病이라고 밝혔지만 해임 일주일 전에 김정은이 금수산태양궁전을 참배할 때 바로 옆에서 수행한 사람이 리영호다. 민간 경제에 동원되는 군에 대한 의견 차이, 군수 경제를 민간 경제로 전환하는 과정에서 벌어진 갈등이 숙청된 이유인 것으로 보인다.

북한은 2012년 6월 28일 '신경제관리개선조치'를 통해 농업 개혁뿐만 아니라 당과 군이 독점해오던 경제사업을 내각으로 이관하는 작업을 추진했는데 이 과정에서 군을 대표하는 리영호가 반발했을 가능성이 높고 이 때문에 해임된 것으로 보인다. 북한 체제의 특성상 반발이라는 게 공개적으로 반대 의견을 말하기보다는 불만에 찬 말을 비공식적인 자리에서 했을 가능성이 높은데 이를 근거로 체포한 것 같다. 남한의 보수 언론이 특별한 근거 없이 보도한 것처럼 체포 과정에서 총격전이 벌어진 것도 아니다. 초대소로 불러 당 중앙위의 결정을 통보하는 식이었다. 리영호에 대한 숙청 이유가 무엇이든 장성택의 측근인 최룡해가 군을 사상적으로 통제하며 감시·감독하는 총정치국장을 맡은 지 석 달 만에 발생한 일인 만큼 장성택과 최룡해가 치밀한 계획에 따라 리영호를 숙청했다고 보는 게 이치에 맞을 것이다.

위와 같이 무소불위한 장성택도 위기를 두 번 겪었다. 그는 위기를 극복하고 지금의 자리에 오른 오뚝이 같은 인물이다. 2004

년 실각할 당시에도 그의 세력 확대가 문제였다. 측근의 결혼식이 너무 화려했고 여기에 사람들이 많이 모인 것이 화근이었다. 이를 보고받은 김정일이 견제 차원에서 좌천시킨다. 2003년 박봉주 총리가 평양 광복거리 건설공사를 우선적으로 하라고 지시했는데 담당자들이 장성택 부부장의 승인이 있어야 한다고 말했다고 한다. 이때부터 김정일은 장성택을 예의 관찰하다가 측근의 호화 결혼식을 계기로 실각시킨 것이다. 1978년에는 측근과 여성들을 불러 파티를 즐기다가 국가안전보위부에 포착돼 2년 동안 강선제강소에서 작업반장을 해야 했다. 물론 김정일의 매제인 점이 중요하게 작용했겠지만 이 두 차례에 걸친 위기를 넘기고 지금은 승승장구하고 있다.

하지만 2인자 장성택은 김정은과 관계를 꾸준하고 원만하게 유지하기 위해 최대한 낮은 자세를 견지하고 있다. 2010년 제3차 당대표자회에서 정치국 후보위원 자리를 맡았고 2012년 제4차 당대표자회에서 비로소 정치국 위원이 됐다. 좌천에서 얻은 교훈이기도 하겠지만 앞으로 나서다가 화를 입을 가능성을 배제하면서 주요 포스트에 자신의 심복들을 배치해 권력을 행사하고 있다. 북한의 변화와 발전을 추진하는 데 자신의 세력을 이용해 자신의 생각을 반영하는 역할도 하는 것으로 보인다. 아직까지 그것이 김정은의 뜻을 거스르겠다는 의미로 파악되지는 않는다. 김정은을 지척에서 효과적으로 보좌하면서 북한의 발전을 공동 프로젝트 co-project로 추진해 거기서 나오는 과실을 공유하고 나름대로 입지도 유지하겠다는 것이 장성택의 생각인 것으로 보인다.

## 김정은의 최측근 후견인 김경희

김경희는 김정은의 고모, 김정일의 친여동생이다. 김경희는 2003년 9월 북한 최고인민회의 제11기 1차 회의에 참석한 대의원들의 기념 촬영을 마지막으로 북한 매체에서 사라졌다. 그러다가 2009년 6월 7일 김정일의 함경남도 함주군 협동농장 현지 지도에 동행하면서 공개 활동을 시작했다. 김정일의 현지 지도를 수행하는 모습은 처음이었다. 이후로는 현지 지도 참여가 급증했다. 2010년 한 해 동안 111회나 수행해 그의 남편 장성택115회 다음으로 많았다. 2008년 8월 뇌졸중을 겪은 이후 김정일은 김정은 승계를 더 원활하게 하기 위해 자신이 가장 신뢰할 만한 여동생을 적극 내세운 것이다.

　김정일 입장에서는 김정은을 진정으로 후원해줄 사람은 자신과 피를 나눈 가족밖에 없다 판단했을 것이다. 실제로 김정일의 동생 김경희에 대한 마음은 각별했던 것으로 전해진다. 평양 근처에 있는 강동초대소에는 김정일 전용인 장군 건물, 고영희와 자녀들을 위한 1호 건물 이외에 김경희와 남편 장성택을 위한 2호 건물을 따로 마련해둘 정도였다.

　현재 김경희는 당비서직에 있다. 2012년 4월 당비서가 되기 전에는 당 경공업부장을 오랫동안 맡았다. 1995년부터 1997년까지 2년 동안 당 경제정책검열부장을 맡은 것을 제외하면 1987년부터 2012년 4월 비서에 임명될 때까지 23년 동안 경공업부장을 지낸 것이다. 그래서 지금도 경공업 관련 부문을 챙기는 것으로 보인다. 최영림 총리가 주민들의 생활용품을 생산하는 현장을 많이 다니는데 여기엔 김경희의 생각이 작용한 듯하다. 최영림은 현장에서 수시로 김경희에게 보고한다는 얘기도 들린다.

2003년 이후 공개 활동을 하지 않는 동안 장성택과의 불화설, 우울증과 알코올중독설 등이 나오기도 했다. 실제로 2004년에는 장성택이 좌천됐고 2006년 8월에는 파리로 유학을 간 외동딸 장금송이 자살했다. 김정은의 가장 가까운 후원자인 김경희는 당에서 조직비서 구실을 할 가능성이 높다. 당 전반을 장악하고 그를 통해 김정은에게 공고한 당적 지원을 제공하는 일을 하는 것이다. 남편 장성택은 당 행정부장으로 공안 기관을 지도하고 국방위원회 부위원장으로 군부와 내각을 통제하면서 군과 내각에 김정은의 권력이 튼실해지게 하는 사람이다. 따라서 김경희와 장성택은 북한 사회 전체를 관할하면서 북한 권력 체계의 그 어떤 세력에 비견될 수 없는 김정은의 측근 핵심의 위치를 점하고 있는 것이다.

## 충성의 화신 최룡해

2012년 5월 20일자 《노동신문》은 1면에 절반을 차지하는 커다란 사진을 실었다. 김정은이 군 예술선전대 공연을 관람하는 사진이다. 김정은은 검은색 인민복 차림으로 1인용 대형 소파에 왼팔을 걸친 채 비스듬히 앉아 있다. 그 바로 옆, 그러니까 김정은의 왼쪽에 장성택이 앉았다. 무릎은 11자, 그 위에 양손을 주먹 쥔 채 올려놓았다. 김정은과 같은 검은색 인민복을 입었다. 하지만 맨 위 단추를 풀어놓은 김정은과는 달리 장성택은 단추를 모두 채웠다. 마치 면접하는 학생 모습이었다.

그 반대편, 김정은의 오른쪽에는 최룡해가 앉았다. 차수 계급을 단 군복 차림이었다. 김정은을 중심으로 '좌성택', '우룡해'인 모양새다. 김정은이 민간은 장성택, 군은 최룡해를 통해 통치하는 모습을 상징적으로 담아낸 사진이 아닐 수 없다. 그런데 반듯한 자세인 장성택과는 달리 최룡해는 다리를 약간 벌린 채 여유 있는 모습으로 팜플렛을 보고 있다. 최룡해가 김정은 옆에서 훨씬 자유스러운 태도를 취하고 있는 것이다. 아직까지 실질적인 권력에서 최룡해가 장성택을 넘을 수는 없겠지만 그만큼 최고 권력자에 다가가 있는 모습을 확인하게 해주는 장면이라고 할 수 있다.

최룡해는 김일성의 항일 빨치산 동지 최현의 둘째 아들이다. 1950년생으로, 어머니 김철호도 빨치산이었다. 부인은 무용수 출신이라고 전해진다. 김정은의 권력 기반이 김일성과 김정일이듯 최룡해의 권력 기반은 아버지 최현이다. 2012년 4월 8일자 《노동신문》은 4면 전체를 최현에 대한 찬양으로 가득 메웠다.[03] 최현의 사망 30주기를 기념하는 기사로, 내용은 최현이 철저한 김일성 충성파였다는 것이다. 한국전쟁 당시 최현이 용감하게 싸운 장병들에게 김일성 사진을 상으로 주면서 "이 사진을 간수하고 다니면 총알이 네 심장을 뚫지 못해"라고 말했다는 내용도 들어 있다. 또한 김정일 후계 결정 단계에서도 큰 공을 세웠다고 밝혔다.

그야말로 충성의 화신으로 대접받고 있는 것이다. 최현을 주인공으로 한 영화 〈혁명가〉와 〈민족과 운명〉도 만들어졌다. 그는 1950년대까지 사석에서 김일성에게 말을 놓을 수도 있는 유일한 인물이었다. 전쟁 중이던 1950년 말 후방으로 후퇴하던 최현이 김일성에게 기차를 보내달라고 했는데 약속한 기차가 나타나지 않았다. 최현은 전화로 "야, 일성이! 너 기차 왜 안 보내줘"라고 소리쳤다고 한다. 제대로 교육을 받지 못한 최현은 사석에서 "내가 가방끈만 좀 길었다면 지금 일성이 자리 내 거다"라는 말까지 했다고 한다.[04] 김일성보다 나이도 다섯 살 많고 빨치산 활동도 선배였기 때문에 이런 일이 가능했을 것이다. 체격이 우람하고 배짱이 좋아 전투에는 매우 능했고 북한 건국 이후 군 체제를 확립하는 데 크게 기여했다.

'충성의 화신' 최현을 찬양하는 것은 최룡해를 최고 지도부로 끌어올리는 작업과 맞물려 있다. 최현 찬양 기사가 실린 것이 4

월 8일인데 최룡해는 이틀 후인 10일에 열린 최현 사망 30주년 중앙추모회에서는 김영남과 리영호 사이에 자리를 잡고 앉았다. 이때 이미 군 총정치국장과 차수 자리에 올랐다고 보아야겠다. 같은 날 보고를 한 김정각이 차수이면서 인민무력부장이었으니 4월 초 이들에 대한 인사가 있었던 것으로 보인다. 이튿날인 11일 제4차 당대표자회에서 최룡해는 당 정치국 상무위원과 당 중앙군사위 부위원장에, 13일 최고인민회의 제12기 5차 회의에서는 국방위원에 임명됐다.

최룡해는 어릴 적부터 김정일과 가까이 살면서 친하게 지냈고 만경대혁명학원, 김일성대 경제학부를 졸업했다. 1980년 사회주의노동청년동맹 해외교양지도국장이 됐고 1986년에는 사로청 중앙위원회 위원장이 됐다. 이때 장성택이 당 청소년사업부 제1부부장이었기 때문에 그의 도움 없이 사로청 위원장이 될 수 없었을 것이다. 임수경이 참가해서 남한에도 잘 알려진 1989년 제13차 세계청년학생축전 당시 행사의 총책임을 맡았다. 장성택이 김정일의 지시로 당에서 청년 조직과 3대혁명소조 관련 일을 오랫동안 했기 때문에 장성택과 최룡해가 친할 수밖에 없는데 1989년에 장성택은 당 청년사업부장이었다.

1996년 사로청이 김일성사회주의청년동맹으로 개칭됐을 때 최룡해가 이 연맹의 중앙위원회 제1비서를 맡았다. 이 당시 장성택은 당 조직지도부 제1부부장이었다. 이 시기에 조직지도부 제1부부장이 세 명 있었는데, 리제강과 리용철, 장성택이었다. 리제강이 당 인사를, 리용철은 군 인사를, 장성택은 청년 조직을 비롯한 당 외곽 부문을 담당했다. 그러니 최룡해를 청년동맹 제1비서 자리에 앉힌 것도 장성택이라고 보아야 할 것이다.

장성택처럼 최룡해도 큰 고비가 있었다. 역시 파티가 문제였다. 1998년 평양볼링장 지하실에 특별실을 만들어 측근들과 파티를 즐기다 국가안전보위부의 감찰에 걸린 것이다. 집에 있는 쌀자루에 달러를 많이 숨겨둔 것도 발각됐다. 그는 평양 상하수도 관리소 당비서로 좌천됐다. 김정일과 워낙 친한 사이여서 이 정도 처벌에 그친 것이다. 그래서 두 사람이 의형제 사이였다는 얘기까지 전해진다.[05]

김정일, 장성택, 최룡해로 연결된 관계 때문에 최룡해는 김정은에게도 충성을 다하지 않을 수 없는 처지다. 그래서 그는 기회 있을 때마다 아버지와 같은 '충성의 화신'의 모습을 여실히 보여주고 있다. 2012년 7월 한국전쟁 정전을 기념하는 행사에서도 그는 "경애하는 김정은 동지께서는 일찍부터 위대한 김정일 대원수님과 선군 장정의 길에 함께 계시면서 인민군대를 선군혁명의 믿음직한 척후대, 억척의 지지점으로 강화하시고 우리 조국을 세계적인 군사 강국으로 위용 떨치게 하는 데 특출한 공헌을 하시였습니다"라며 김정은을 찬양했다.[06]

2012년 6월 열린 북한 문제 세미나에 참석한 한 탈북자가 북한에서 최룡해에 대한 평가가 어떤지를 질문받았다. "능력은 있는데 술과 여자를 너무 좋아한다고 소문이 나 있다"는 것이 대답이었다.⁰⁷ 북한 주민 일반에게도 이미 널리 알려진 이름이며 긍정과 부정이 엇갈린다는 얘기였다. 2003년 당 총무부 부부장에 기용됐고 2007년에 황해북도 도당 책임비서가 됐다. 그러다가 2010년 9월 당대표자회에서 중앙당 비서로 발탁됐다. 당 정치국 후보위원, 당 중앙군사위원 자리도 받았다. 2012년 4월 초에는 인민군 총정치국장으로, 4월 11일 당대표자회에서는 정치국 상무위원에 선출됐다.

인민군 총정치국장은 인민군 당위원회의 집행부로, 당 중앙위원회의 부서와 동일한 권한을 지닌다. 노동당 규약 49조가 이런 내용을 명시적으로 규정해놓았다. 당이 군을 지휘하도록 돼 있는 북한의 권력 체계에서 실제적으로 군을 통할하는 역할을 총정치국장에게 맡겨놓은 것이다. 총참모부는 육해공군의 작전을 지휘·통솔하는 군령권을 가지고 있다. 우리의 합참의장에 해당한다. 인민무력부는 군수와 재정 등의 군정권을 행사하며 우리의 국방부와 같은 기능을 한다. 그래서 북한군에서 핵심적인 자리는 이 세 기구의 수장인 총정치국장과 총참모장, 인민무력부장이다.

북한 역사에서 이 세 직책은 시대에 따라 그 서열이 변화해왔다. 건국 초기부터 1990년대까지는 인민무력부장의 권력이 가장 강했고 그다음으로 총참모장, 총정치국장 순이었다. 남한 사람들에게도 이름이 익숙한 오진우는 1967년 총정치국장이 됐고 1969년에 총참모장으로 자리를 옮긴 다음 1976년 인민무력부장에 취임한 뒤 1995년 사망할 때까지 19년 동안 그 자리를 지켰다. 김일성 유일 체계 수립에 장애 세력이었던 박금철을 중심으로 한 세력을 숙청한 갑산파 사건이 1967년 5월에 일어났는데 이 사건 직전 총정치국장으로 군의 당적 지배를 장악한 뒤 30년 가까이 '김정일을 위한 군 체계'를 유지하는 데 핵심적인 역할을 한 것이다. 실제 오진우는 갑산파 사건이나 1970년대 초반 김정일과 김성애의 권력 투쟁 과정에서 김정일을 도와 김성애 쪽의 비리를 수집, 축적하는 데 매우 큰 역할을 한 것으로 전해진다. 그의 아들 오일정은 인민군 상장으로 노동당 군사부장이다.

오진우의 경력이 지속적인 승진 과정이었음을 감안하면 권력 서열이 인민무력부장, 총참모장, 총정치국장 순서로 높았음을 알 수 있다. 하지만 오진우 사망 이후 달라졌다. 총정치국장은 오진우 인민무력부장이 사망 전까지 겸직한 자리였다. 오진우 사망 후 1995년 최광이 차수 계급을 달고 인민무력부장에 임명됐고 조명록이 같은 시점에 역시 차수가 되면서 총정치국장이 됐다. 총참모장은 김영춘이 역시 차수가 되면서 맡았다. 이 당시에는 혁명 1세대인 최광이 15세대인 조명록, 김영춘보다 약간 앞서 있었다. 그러나 1998년 조명록이 총정치국장직을 지닌 채 국방위원회 제1부위원장으로 사실상 김정일에 이은 2인자가 되면서 총정치국장의 위상이 인민무력부장보다 높아진다. 총정치국장, 인민무력부장, 총참모장 순서가 된 것이다.

2000년 인민무력부장에 김일철이 임명됐는데 당시 김영춘은 1995년부터 총참모장을 하고 있었다. 김일철은 1997년 차수가 됐고 김영춘은 1995년 총참모장이 되면서 차수가 돼 진급이 김일철보다 빨랐다. 게다가 김일철은 총참모장 경험이 없었다. 따라서 2000년대 초반부터 인민무력부장이 총참모장보다 위치가 낮아졌다. 이제 총정치국장, 총참모장, 인민무력부장 순서가 된 것이다.

결국 김일철은 2009년 인민무력부 부부장으로 강등됐고 2010년 9월 모든 공직에서 해임됐다. 리영호가 총참모장이 된 것이 2009년 2월인데 같은 해 9월 제3차 당대표자회를 통해 정치국 상무위원에 진출함으로써 총참모장의 입지를 훨씬 더 강화시켰다. 2012년 7월 리영호는 갑작스럽게 실각했지만 총참모장 자리를 현영철이 이어받고 당 중앙군사위원회 부위원장 직책까지도 대체해 총참모장의 권력 강화를 확인시켜주었다. 하지만 총정치국장 최룡해는 김정은과 장성택의 적극 지원을 받으면서 권력 서열 4위를 지키고 있다. 총정치국장, 총참모장, 인민무력부장이란 순서가 계속되는 셈이다.

북한에서 현지 지도는 김정은만 할 수 있다. 현장을 방문해 실정을 알아보고 관계자들을 격려하고 필요한 지시를 내린다. 주로 물자를 대주라는 지시다. 현지 지도와는 다른 '현지료해'가 있는데 현장에서 사정과 형편이 어떤지를 알아보는 일을 이른다. 이것이 허용되는 인물이 현재 최룡해와 최영림 총리다. 사정을 알아보는 것이니 현장에서 사람들을 만나고 격려하고 독려하는 일을 할 뿐이다. 물자를 현장에서 조달해주라는 지시는 할 수 없다. 가뜩이나 돈과 자재가 부족한 북한에서 물자를 마음대로 움직이는 일은 아무나 할 수 없다.

어쨌든 민간인으로 최룡해가 정치국장이 되고 총정치국의 제1부국장 김정각이 인민무력부장이, 총정치국 조직 담당 부국장 김원홍이 국가안전보위부장이 됨으로써 정치군인은 크게 세력을 확대했다. 반면에 2010년 9월 김일철이 공직에서 해임되고 2012년 4월 김영춘이 인민무력부장에서 물러난 데 이어 2012년 7월 리영호도 조기 실각했다. 김정은 시대가 되면서 야전 군인은 세력이 줄어든 상태로 그야말로 순수한 국방만을 책임지고 국가 운영 전반에 관련한 정책에서는 정치군인들의 역할이 크게 확대됐다.

### 군수 경제 통째로 움켜쥔 박도춘

박도춘은 당 중앙위원회 비서, 정치국 위원, 국방위원이며 군수산업 담당 비서를 맡고 있다. 그래서 김정은의 군부대 현지 지도에는 거의 빼놓지 않고 동행한다. 그동안 군수산업은 전병호 내각 정치국 국장과 주규창 당 기계공업부장이 맡아왔다.

군수산업 담당은 북한 권력 체계에서 매주 중요한 위치를 점해왔고 오랫동안 같은 자리를 지키는 경향을 보여왔다. 전병호는 1982년 제2경제위원장으로 군수산업 관련 요직을 맡은 이후 1986년 당 군수 담당 비서로 임명돼 2010년 9월까지 그 자리를 지켰다. 주규창도 1983년 당 기계공업부 부부장에 임명돼 군수의 주요 직책을 맡게 된 이후 줄곧 그 자리를 지키다가 2001년 당 군수공업부 제1부부장이 됐고 2010년 9월 당 기계공업부장으로 승진했다.

전병호는 고령1926년생으로 2010년 9월 군수 담당 비서 자리를 물러났는데 이 자리를 박도춘이 물려받은 것이다. 전병호는 2012년 들어 2월 15일 열린 김정일 출생 70주년 기념 보고대회에는 참석했지만 그다음 날 열린 금수산기념궁전의 '금수산태양궁전'으로의 개칭 기념행사와 광명성절 기념 공연부터는 참석하지 않아 건강에 문제가 있는 것으로 보인다. 주규창도 1928년생으로 이미 여든 살이 넘었기 때문에 박도춘의 손에 북한의 군수산업이 모두 넘어갔다고 보아도 될 것 같다.

박도춘은 1944년에 자강도 낭림군에서 출생했다. 김일성고급당학교를 졸업하고 당 중앙위 지도원, 부과장, 과장을 거쳐 2005년 출신 지역인 자강도 도당 책임비서가 됐다. 자강도는 군수공장이 많이 몰려 있는 지역으로, 전병호도 자강도 출신이다. 군수산업이 발달한 자강도 도당 책임비서로 실적을 쌓은 뒤 2010년 제3차 당대표자회에서 당 군수 담당 비서가 됐다. 당대표자회 직후 공개된 기념사진을 보면 김정일의 바로 뒤쪽에 두 사람이 호위병처럼 서 있는데 김정일의 왼쪽은 장성택, 오른쪽은 박도춘이었다. 그만큼 김정일에게는 중요한 인물이라는 의미다.

실제 북한에서는 군수산업을 중시해온 역사가 매우 깊다. 김일성은 북한을 건국할 당시부터 중공업 중시 정책을 폈는데 중공업의 핵심은 군수산업이었다. 1967년 갑산파 사건의 직접적인 원인도 이를 둘러싼 노선 갈등이었다. 김일성은 중공업 우선 정책을 지속해야 자주국방과 경제성장을 동시에 이룰 수 있다고 생각했지만 갑산파의 지도자 박금철은 인민경제를 살리는 쪽으로 방향을 돌려야 한다고 주장했다. 이런 상황에서 박금철과 그의 부인을 영웅화하는 연극이 만들어지고 박금철 일파가 세력화하는 경향을 보이자 김정일이 나서서 이들을 숙청했다. 당시 김정일이 스물다섯 살에 지나지 않았지만 1967년 5월 열린 당 중앙위 제4기 15차 전원회의에서 박금철을 비판하고 이들을 제거한 것이다.

김정일이 당시 나이가 어렸고 박금철은 김일성의 항일 빨치산 동료이면서 당 정치위원회 상무위원이었기 때문에 김정일이 이런 작업을 했다는 데 의문의 여지가 있기는 하지만 북한의 공식 자료들은 그렇게 밝히고 있다. 당시 김정일의 박금철 비판을 녹음해서 당 간부들에게 돌렸는데 이를 들었다는 증언도 있어서 결정적 증거 자료가 발견되지 않는 한 이를 부인하기는 어렵다.

여하튼 북한은 경제가 전반적으로 어렵지만 그나마 군과 관련한 산업은 살려야 군의 수요를 충족시킬 수 있고 내부적인 체제 단속에도 성공할 수 있다. 이 때문에 박도춘은 최고 지도자의 측근이며 실세인 것이다. 2012년 2월에 대장 칭호를 받았고 4월 제4차 당대표자회에서 정치국 위원에 진출했다. 그간의 선례에 비추어 보면 그가 앞으로 오랫동안 군수산업을 맡을 공산이 크다고 하겠다.

## 조선 노동당의 실력자들

### 장성택의 심복 문경덕

문경덕은 당비서 겸 평양시당 책임비서를 맡고 있다. 정치국 후보위원이기도 하다. 직전 평양시당 책임비서가 당 정치국 상무위원으로 공식 서열 3위인 최영림 총리다. 1957년에 평양 대성구역에서 출생해 김일성대학을 졸업했다. 당비서 가운데 가장 젊다.

문경덕 또한 최룡해와 같이 장성택 라인이다. 장성택이 당에서 청소년 사업을 담당할 때 사로청 간부 생활을 했다. 1991년 사로청에서 최룡해 중앙위 위원장 아래에서 부위원장을 맡았다. 이때 장성택이 당 청년·3대혁명소조부 부장이었다. 문경덕, 최룡해, 장성택으로 이어지는 위계가 이때부터 분명해진 것으로 보인다. 2002년 장성택이 서울을 방문했을 때도 동행했다. 2004년에 장성택이 좌천됐을 때 문경덕도 함께 처벌받았다가 2006년에 장성택이 복귀해 2009년 당 행정부장에 오르자 그 아래에서 행정부 부부장이 됐다.

북한 역사 60년을 세대별로 구분해본다면 1세대는 항일 빨치산 중심이었다. 김일성을 중심으로 최용건, 최현, 김일, 임춘추 등이다. 2세대는 청년기에 한국전쟁을 경험한 오극렬, 전병호, 연형묵 등이다. 한국전쟁 당시 유년기였던 김정일도 여기에 포함시킬 수 있겠다.

김정일 후계 체제를 다지는 데 중요한 역할을 한 3대혁명소조

운동의 주도 세력이 제3세대로, 장성택과 최룡해, 문경덕 등이 핵심이다. 그 이후 사회주의 동맹국을 잃고 극심한 식량난을 겪으면서 자라난 고난의 행군 세대가 4세대를 이룬다고 할 것이다. 4세대는 이제 군에 입대할 나이가 돼 아직은 큰 역할을 하기에 어리기 때문에 3세대가 김정은 시대의 주역들이라고 할 수 있는데 군부의 최부일, 경제 부문의 로두철, 외교 분야의 리용호 등도 3세대의 주요 인물들이다.

### 군 인사를 쥐락펴락하는 김경옥

제3차 당대표자회 하루 전날인 2010년 9월 27일 인민군 최고사령관 김정일이 명령 제0051호를 하달했다. 인민군 지휘부 인사들에게 군사 칭호를 주는 내용이었다. 이때 김정은, 김경희, 최룡해, 현영철 등이 대장 칭호를 받았다. 이들과 함께 대장을 받은 또 한 사람이 바로 김경옥이다. 당 중앙군사위원이기도 한 김경옥은 당 조직지도부 제1부부장으로, 군 인사와 감찰을 담당하는 인물이다. 전임자 리용철을 오랫동안 보좌해오다가 2010년 4월 리용철이 심장마비로 사망한 이후 그 자리를 맡아왔다.

    조직지도부에서 군을 담당하는 제1부부장은 그 자체로도 막강한 힘을 행사하는 직책이다. 조명록이 총정치국장과 국방위 제1부위원장으로 군을 통제할 당시에도 구체적인 인사 실무에는 리용철이 더 많은 권한을 행사했다는 탈북자들의 증언이 있을 정도다. 민간인인 김경옥에게 대장 계급까지 붙여주었으니 그가 군에 미치는 권력은 한층 강해졌다고 보아야 할 것이다.

주요 직책을 맡고 있지만 김경옥에 대한 정보는 알려진 것이 별로 없다. 나이가 몇인지, 출신지와 출신 학교가 어디인지 아직 모른다. 지위와 역할이 중대하고 1929년생인 리용철을 오랫동안 보좌해온 점으로 미루어 보면 현재 70대 초중반 정도라고 추정할 뿐이다.

김경옥은 1990년대부터 당 조직지도부 부부장을 맡아오다 2008년 12월 제1부부장으로 승진했다. 2008년 12월 29일자 《노동신문》에 실린 김정일 국방위원장의 국립교향악단 공연 관람 기사에서 그의 이름이 처음 등장했는데 리용철, 리제강과 함께 조직지도부 제1부부장으로 소개됐다. 이 보도로 조직지도부 제1부부장이 세 명인 점이 파악된 것이다. 김경옥은 리용철의 사망 이후 군에 대한 김정일·김정은의 현지 지도에는 대부분 동행해 그의 군에 대한 영향력을 확인할 수 있다.

김경옥은 황병서 부부장의 보좌를 받고 있는데 그 또한 민간인으로 김경옥과 같은 날 중장 계급을 받았고 2011년 상장 칭호를 얻었다. 정치국 후보위원이기도 하다. 1949년생으로 젊은 편인데도 2005년 당 조직지도부 부부장이 됐고 그 직전인 2004년 12월부터 김정은의 군 시찰을 수행한 자료가 나타나는 것으로 보아 역시 군에 대한 입김이 큰 것으로 짐작된다.

조직지도부는 본부당평양, 전당지방, 군사 부문을 담당하는 부분으로 나뉘어 있기 때문에 지금도 제1부부장이 세 명 있을 것으로 추정된다. 김경옥이 군사 부문을 맡고 조연준 제1부부장이 전당 부문을 맡고 있지만 현재 누가 본부당을 담당하는지는 아직 확인되지 않았다. 조연준은 1937년 함경남도 고원군 출생으로 김일성종합대학을 나왔다. 김일성종합대학 교수(북한에서는 교원이라고 한다)와 함경남도 도당위원회 조직비서 출신으로, 조직지도부 부부장으로 일하다가 2012년 1월 제1부부장으로 승진했고 2012년 4월 당 정치국 후보위원에 보선됐다. 정치국 후보위원이 된 직후 열린 최고인민회의 제12기 5차회의에서 주석단에 처음으로 오른 것으로 그의 권력 상승을 실감할 수 있다.

## 군부는 소장파가 실세

### 하루아침에 권력 서열 5위에 오른 현영철

현영철은 2010년 9월 27일에 김정은과 함께 대장 계급을 받은 다섯 명 가운데 한 사람이다. 나머지 네 명은 김경희, 최룡해, 김경옥, 최부일이다. 모두 실세들이다. 현영철은 2012년 7월 리영호 총참모장이 해임된 이튿날 바로 차수로 승진했다. 그리고 곧바로 인민군 총참모장이 됐다. 리영호가 갖고 있던 당 중앙군사위 부위원장직도 넘겨받았다. 7월 19일에 열린 김정은 원수 칭호 수여 평양시 경축대회 주석단을 소개하는 북한 언론 보도는 김영남, 최영림, 최룡해 다음으로 현영철을 소개해 서열 5위에 올랐음을 확인해주었다. 김정일 사망 당시 현영철은 장의위원회 서열 77위였다. 7개월 만에 그의 권력 서열이 72단계나 뛰어오른 셈이다.

현영철은 1951년생으로, 원로들이 많은 인민군 내에서 아주 젊은 편이다. 출생지나 출신 대학 등은 아직 모른다. 2002년 2월에 중장에 올랐고 2006년 평안북도 염주군에 있는 8군단 군단장이 돼 평안북도와 자강도에 있는 군수공장 방위에 주력했다. 2009년 4월 최고인민회의 제12기 대의원에 선출됐고 2010년 9월 대장으로 승진했다. 대장 승진과 함께 당 중앙위원에 임명됐다. 2012년 7월 17일 총참모장이 되면서 차수로 승진했다.

그러나 3개월 후인 10월 초에 대장으로 강등됐다. 노동당 창건 67주년인 10월 10일 금수산태양궁전을 참배하는 행사에 현영철이 대장 계급을 달고 나온 것이다. 10월 6일 북한군 병사 한 명이 상관 두 명을 사살하고 군사분계선을 넘어 귀순했는데 이에 대한 책임 추궁 차원에서 한 계급이 강등된 것으로 보인다. 더군다나 이 병사의 소속 부대가 총참모부 직할 부대. 지휘 계통의 전반적인 문책에 따라 강등되긴 했지만 총참모장이나 당 군사위 부위원장 등의 자리는 그대로 지키고 있기 때문에 이 일로 그의 지위가 크게 흔들린 것 같지는 않다.

김정은이 후계자로 공식화되고 대외에 공개된 2010년 9월 제3차 당대표자회 직전에 김정은과 함께 대장 계급을 받고 당대표자회에서 당 중앙위원에 선출됐다는 점은 이미 당시부터 김정은의 아주 가까운 측근이었다는 사실을 보여준다. 2012년 2월에는

'강성 국가 건설에 기여한 공로'로 김정일 훈장을 받았다. 3월에는 평안북도 대남규탄 군민대회에서 최고사령부 대변인 성명을 낭독하기도 했다.

　인민군 내 소장파인 현영철을 총참모장으로 기용한 김정은은 군 내부의 세대교체를 추진할 것으로 보인다. 많은 원로를 그대로 두고는 김정은 입장에서 북한군을 자신이 뜻하는 대로 끌고 가기가 어렵기 때문에 군 지도부의 연소화를 원하고 있을 것이다. 그래서 젊은 현영철을 기용했을 것이다. 김정은은 새로 기용한 현영철을 통해 강경파의 주장을 약화시키고 군의 자원을 인민으로 돌리고 제2경제를 관장하는 군의 권한도 내각으로 이관하는 작업에 속도를 낼 것으로 보인다. 따라서 인민군 내부의 숙청과 그에 따른 소장파 신진 인사의 등용은 얼마간 계속될 가능성이 높다.

**군사 이론과 연설의 달인 김정각**

김정각은 2012년 4월 인민무력부장에 올라 인민군의 군수와 재정을 책임지고 있다. 1941년 평안남도 증산군 태생으로, 김일성군사종합대학을 졸업했다. 1대대장, 군단 부사령관, 훈련소 참모장을 차례로 거쳐 1992년 상장, 2002년 대장으로 승진했고 2007년 군 총정치국 제1부국장을 맡았다. 당시 조명록 총정치국장이 병환 중이었기 때문에 실질적인 총정치국장 역할을 했다. 2009년 국방위원이 됐고 2010년 9월 제3차 당대표자회에서 정치국 후보위원,

당 중앙군사위원에 선출됐다. 2012년 4월 제4차 당대표자회에서 정치국 위원에 올랐다.

김정각은 1994년과 1995년에 북한군 친선 대표단을 이끌고 방중하고 2000년대 들어서는 북한을 방문하는 외국 고위 인사들을 영접하는 일을 맡아 외교 분야에도 밝다. 2007년 10월 남북 정상 회담을 위해 방북한 노무현 대통령을 평양 4·25문화회관 앞에서 영접했고 2009년 10월에는 중국 총리 원자바오溫家寶의 방북 행사에도 참석했다. 군사 이론에도 정통하고 원고 없이 두 시간 동안 연설할 정도로 웅변술도 뛰어난 것으로 전해진다. 김정일 장례식 때 영구차를 직접 호위한 여덟 명 가운데 한 명이었다.

### 김정은의 농구 코치 최부일

최부일은 군 총참모부 부총참모장을 맡고 있는데 김정은과 김정철의 농구 선생님으로 알려져 있다. 원래 그는 인민군 제1군단 소속 농구 선수였다. 김일성군사종합대학을 졸업한 뒤에는 인민군 체육지도위원장이 됐다. 김정일을 면담하는 기회에 "농구는 지능을 높여준다. 그래서 미국 중고생들은 농구를 배운다"라고 주장해 김정은 형제의 농구 코치가 됐다. 대표 선수들이 사용하는 평양의 체육관에서 김정은 형제에게 농구를 가르쳤는데 이들의 농구 실력이 좋아져 김정일의 마음을 샀다.[08]

최부일은 2010년 9월 김정은과 함께 대장 칭호를 받은 다섯 명 가운데 하나로, 2010년 10월 노동당 창당 65주년 기념 열병식에서 지휘관을 했다. 김정은이 처음으로 공개 연설을 한 2012년 4월 김일성 생일 기념 열병식에서도 열병 지휘관을 했다. 북한의 열병식은 새로운 무기를 선보이며 군의 결속을 도모하고 위력을 과시함으로써 북한 사회의 군에 대한 지지를 확대하는 수단으로 중시돼왔다. 김일성 정권 초기에는 주로 해방 기념일인 8월 15일에 열병식을 하다가 1970년대부터는 인민군 창군 기념일인 4월 25일과 정권 창건 기념일인 9월 9일 그리고 당 창건 기념일인 10월 10일에 열병식을 해왔다.

김정은 정권 들어서는 김정일과 김일성 생일에 대규모 열병식을 벌였다. 군부의 핵심 인물들은 대부분 열병 지휘관을 먼저 하고 그다음에 열병식에서 연설자로 나서왔다. 2012년 2월 16일 열병식에서는 열병 지휘관이 따로 없이 주요 지휘관이 충성 맹세를 했고 연설은 리영호 총참모장이 했다. 4월 15일 열병식에서는 최부일 부총참모장이 열병 지휘관, 리영호 총참모장이 연설자였다. 과거의 사례를 본다면 장성택의 큰형인 장성우는 1995년 10월 10일 당 창건 50주년 기념 열병식의 열병 지휘관을 한 적이 있고 현재 인민무력부장인 김정각은 1990년대 후반부터 2000년대 초반까지 세 차례 열병 지휘관을 했다. 최광, 오진우, 김광협, 최용건 등 과거 북한 군부의 최고 실력자들은 열병식 연설자로 몇 차례씩 나선 경험이 있다.

최부일의 나이는 아직 공개되지 않았다. 1992년 소장, 1995년 중장, 2006년 상장으로 승진했고 2010년 9월 대장이 된 뒤 당 중앙위원과 당 중앙군사위원이 됐다. 김정은과 사적인 유대가 깊은 만큼 군부 내 소장파 측근으로 제 역할을 할 것이다. 앞으로 승진과 직책의 변동을 잘 지켜봐야 할 인물 가운데 하나다.

### 대남 강경파 김영철

김영철은 정찰총국장을 맡고 있다. 정찰총국은 2009년 4월 공작기구 개편에 따라 국방위원회 소속으로 신설된 조직이다. 당 35호실와 당 작전부, 인민무력부 정찰국을 통합한 대남 공작 총괄 기구다. 김영철이 정찰총국장으로 임명된 뒤로 연평도 공격 등 강경 정책이 감행돼왔기 때문에 대남 강경파로 볼 수 있다.

김영철은 1946년 양강도에서 태어나 만경대혁명학원과 김일성군사종합대학을 졸업했다. 1968년 1월 푸에블로호피납사건 당시 군사정전위원회 연락장교로 판문점에 근무했다. 1989년 소장으로 승진하면서 대남 관련 직무를 계속했다. 1989년 2월부터 1990년 7월까지 남북 고위급 회담 예비회담에 여덟 차례에 걸쳐 북쪽 대표단으로 참여했다. 1990년 9월부터 1992년 9월까지도 남북 고위급 회담에 대표단으로 참석했다. 중장으로 승진해서는 2006년 3월부터 2007년 12월까지 남북 장성급 회담 북쪽 대표를 맡았다. 그래서 남쪽에도 얼굴이 많이 알려진 사람이다. 2010년 9월 제3차 당대표자회에서 당 중앙위원, 당 중앙군사위원이 됐고 2012년 2월 대장으로 승진했다. 대남 관계를 주로 해온 만큼 군부 인물 가운데서도 강성으로 알려져 있다.

## 공안 기관은 정보·보안통이 장악

### 군 정보통 김원홍

국가안전보위부장 김원홍은 1945년생으로, 김정일정치군사대학 출신이다. 2003년 인민군 상장으로 진급한 뒤 군 보위사령관을 맡아 2010년까지 그 자리를 지킨 군 정보통이다. 2009년 4월 인민군 대장으로 진급했고 2010년 9월에는 당 중앙군사위원에 임명됐다. 2011년 군 총정치국 조직부국장을 맡았고 2012년 4월 국가안전보위부장에 임명되면서 당 정치국 위원과 국방위원회 위원에도 올랐다. 우동측 국가안전보위부 제1부부장이 워낙 실세로 알려져 국가안전보위부장이 될 것으로 예상됐으나 예상을 깨고 김원홍이 국가안전보위부장에 임명됐다. 그만큼 김정은의 신임이 뒷받침되고 있다 봐야겠다.

실은 국가안전보위부장의 이름이 공식화된 것은 1987년 이후 처음이다. 김정일이 겸직해온 것으로 알려져 있고 2009년 1월 이후에는 김정은이 맡은 것으로 보인다. 그만큼 정권 차원에서 중요하게 여기는 직책이다. 북한은 경찰 조직인 사회안전부 내에 정보를 담당하는 정치보위부를 뒀는데 1973년 5월에 이를 분리해 국가정치보위부로 독립시켰다. 이것이 지금의 국가안전보위부다. 초대 부장에 김일성과 친척 관계인 김병하를 임명했다. 믿을 만한 사람을 정보 책임자로 두어 통치에 활용하겠다는 뜻이었다.

1973년 당시는 김정일의 승계를 위한 정지 작업이 한창일 때였다. 9월에 김정일은 당 조직·선전 담당 비서가 되고 이듬해인 1974년 2월 당 중앙위 제5기 8차 전원회의에서 당 중앙위 정치위원회 위원이 되면서 후계자가 됐다. 이 때문에 내부를 철저히 단속하면서 김정일 승계를 위한 지지 기반 확보 작업이 강화됐고 반대 세력에 대한 감시가 심화됐다. 사회 전반에 대한 승계 기반 확대 작업은 3대혁명소조가 맡았고 감시 활동은 국가정치보위부가 담당했다. 이런 과거에 뿌리를 둔 국가안전보위부는 여전히 북한 체제를 유지하기 위해 사회 내부의 불만 세력에 대한 감시·감찰 활동을 주 업무로 하고 있다.

어쨌든 국가안전보위부장의 이름을 공개하는 것은 의미가 크다. 정보기관은 본래 그 존재 기반이 비밀첩보 활동이지만 체제가 민주화되고 선진화되면서 조직의 고위직은 밝히고 수집한 정보도 공개해도 될 만한 부분은 공개하는 방향으로 발전해왔다. 남한의 국가정보원도 이런 흐름에 따라 이제는 원장과 차장의 이름뿐만 아니라 공개할 만한 자료들까지 홈페이지에서 제공한다. 북한은 그동안 보위부장의 이름을 공개하지 않고 다만 제1부부장은 공개해왔다. 때문에 김정일이, 후계 확정 이후에는 김정은이 보위부장을 맡고 있을 것으로 추정됐다. 이렇게 볼 때 북한이 보위부장을 공개리에 임명하는 모습은 체제를 이전보다 공개적으로 운영하겠다는 취지를 담은 것으로 볼 수 있다.

### 김정일의 오랜 측근 리명수

리명수는 인민보안부장, 남한으로 따지면 경찰청장을 맡고 있다. 인민보안부는 국가안전보위부와 함께 김정은 정권을 지켜주는 2대 공안 기관이다. 인민보안부는 원래 내각 소속이었지만 2010년 4월 국방위원회 소속으로 바뀌었다. 이때 부서 명칭도 인민보안성에서 인민보안부로 바뀌었다. 국방위 산하에 인민무력부와 국가안전보위부, 인민보안부를 둠으로써 3부의 유기적 연계를 꾀한 것이다. 내각이 아니라 국방위가 상위 기관이기 때문에 인민보안부의 위상이 훨씬 강화된 것이다. 인민보안부 산하에 있는 조선인민경비대도 그 명칭을 조선인민내무군으로 변경했다. 명칭에서 군으로서의 성격을 분명히 한 것은 사회통제 기능을 더욱 강화하겠다는 의미로 볼 수 있다.

인민내무군은 김정일 정권 들어 더욱 중시되는데 특히 주요 건설 현장에 인민내무군 병사들을 투입해 활용하고 있다. 인민내무군 3154부대의 경우는 병사들의 제대를 연기시켜가면서 희천발전소와 대동강 과일 종합가공공장, 김일성종합대학 전자도서관, 개선청년공원, 옥류관 료리전문식당 등을 건설했다. 그래서 2012년 7월 김정은은 이 부대에 특별 감사문을 전하고 병사들을 대학과 전문학교 등에 원하는 대로 보내주기도 했다.[09] 인민내무군은 주민에 대한 통제와 치안 확보뿐만 아니라 경제 현장에도 적극 동원되고 있는 것이다.

인민보안부장이 경찰청장에 해당하지만 북한의 경우는 인민에 대한 감시와 통제가 매우 중시되기 때문에 인민보안부장은 남한의 경찰청장보다 훨씬 많은 권력을 행사할 수 있는 자리다. 인민보안부로 명칭이 바뀐 것도 북한은 밝히지 않았다. 2010년 4월 5일 조선중앙TV가 평양시 10만호 주택 건설 소식을 전하는 과정에서 인터뷰 대상자의 소속을 '인민보안부 건설여단'이라고 밝히면서 알려지게 됐다.

리명수의 전임자 주상성은 2011년 3월 "신변 관계로 해임"됐는데, 당 정치국 위원과 국방위원까지 겸직하고 있던 주상성이 왜 갑자기 "신변 관계"라는 불분명한 이유로 자리를 잃게 됐는지 그 내막은 아직 명확히 알려지지 않고 있다. 다만 2011년 2월 말 김일성종합대학 퇴학생들이 만경대의 김일성 생가를 훼손하는 사건으로 문책된 듯하다.[10]

리명수는 1937년생인데 출생지와 출신 학교는 알려지지 않았다. 군 생활을 시작해 1992년 중장, 1995년에는 상장으로 진급했다. 1996년에는 총참모부 부총참모장이 됐고 이때부터 김정일의 군부대 시찰에 자주 수행해 그의 측근이 됐다. 2000년에는 대장에 오르고 2007년 국방위원회 행정국장을 맡으면서 김정일과 더욱 가까워졌다. 2010년 5월 김정일의 중국 비공식 방문에 동행하기도 했다. 국방위 행정국장을 줄곧 맡아오다가 주상성이 해임된 직후인 2011년 4월에 열린 최고인민회의 제12기 4차 회의에서 인민보안부장에 임명됐다. 그 전인 2010년 9월에는 당 중앙위원에 선출됐고 2012년 4월에 당 정치국 위원과 당 중앙군사위원, 국방위원이 됐다.

## 경제는 원로와 소장 세력이 공동으로

김일성의 오랜 비서 최영림

총리 최영림의 공식적인 서열은 김정은, 김영남에 이은 3위다. 내각 총리이면서 당 정치국 상무위원이다. 하지만 북한의 권력 구조에서 내각은 당과 군에 비해 실권이 약하기 때문에 최영림의 실제 힘은 공식적인 서열에 미치지 못한다고 봐야 할 것이다. 김일성의 비서 출신이기 때문에 김정은 입장에서는 그를 예우하는 것이고 다른 한편으로는 경제 부문을 오랫동안 맡아왔기 때문에 전문성을 인정해주는 것이라고 할 수 있다. 대체로 경제 관료가 그런 것처럼 추후 북한 경제의 부침에 따라 그의 운명도 엇갈릴 것으로 보인다. 경제가 쉽게 살아나지 않고 결정적인 실패 사례가 발생하면 최영림도 숙청될 가능성이 높다. 그의 전임 총리 김영일도 화폐 개혁이 실패한 데 책임을 지고 2010년 6월 경질됐다.

　최영림은 1930년 함경북도 경흥에서 태어나 만경대혁명학원과 김일성종합대학을 나왔다. 모스크바대학에서도 공부했다. 1남 1녀를 두고 있는데 모두 양자다. 6자회담과 북미 협상에서 영어 통역을 담당한 최선희가 양녀다. 최선희는 오스트리아와 몰타, 중국에서 공부했다고 한다. 2010년 외무성 미국국 부국장으로 승진했고 2011년 7월 6자회담 차석 대표가 됐다. 앞으로 핵 문제와 북미 관계 등에서 계속 중요한 역할을 맡을 것으로 보인다.

최영림은 1956년 당 조직지도부에서 경력을 쌓기 시작해 1971년에는 당 중앙위 부장에 올랐다. 이후 1973년 주석부 책임서기로 자리를 옮긴 뒤 10여 년 동안 김일성의 가신 노릇을 했다. 1984년 정무원 제1부총리를 맡았고 1992년 정무원 부총리 겸 금속공업부장이 됐다. 1985년 10월에는 당 정치국 위원이 됐다. 1980년대 초반부터는 경제 부문 직책을 지속적으로 맡아오다가 1998년 중앙검찰소장에 임명됐다. 2005년부터 최고인민회의 상임위원회 서기장직을 지내다가 2009년 평양시당 책임비서가 됐다. 2010년 6월 총리를 맡았고 2010년 제3차 당대표자회에서 정치국 상무위원에 올랐다.

최영림은 최룡해와 함께 현지료해가 허용되는 유이한 인물이다. 김영남은 새로운 주택 단지가 개발됐을 때 입주 가정을 방문하는 정도밖에는 하지 못하고 있다. 김정일 정권 말기인 2011년 2월부터 최영림의 현지료해가 확인되는데 김정일 입장에서는 경제 사정을 조금이라도 개선해서 김정은 정권의 안정에 도움을 주기 위한 조치였던 것으로 보인다. 그래서 최영림의 현지료해 대상은 모두 경제 현장이었다. 2011년 2월 희천발전소 건설 현장을 시작으로, 6월에는 함경북도의 공업 시설, 8월에는 황해남도와 평안남도의 농사 현장, 9월에는 또다시 희천발전소를 방문했다. 2012년에 들어서도 북청화력발전연합기업소를 시작으로 농업 현장과 공업 시설, 발전소 건설 현장을 계속 시찰하고 있다.

80세가 넘었고 김일성의 비서 출신인 최영림에게 개혁적 정책을 기대하기는 어렵다. 화폐개혁 실패 이후 경제의 안정된 관리가 필요했기 때문에 최영림이 등용됐다고 봐야 할 것이다. 김정은 입장에서도 우선 계획경제의 관리 차원에서 그를 계속 총리 자리에 두는 것이라고 할 수 있고 변화를 추구하는 시점에서는 일정 부분 변화가 있을 것으로 예상된다.

**민생 책임비서 곽범기**

곽범기는 당의 경제 담당 비서다. 박봉주 당 경공업부장과 함께 내각의 최영림 총리, 로두철 국가계획위원장과 호흡을 맞추고 있다. 2010년 6월부터 2012년 4월까지 함경남도 도당위원회 책임비서를 하면서 함경남도에 몰려 있는 섬유공업과 화학공업 부문에서 큰 성과를 냈다. 김정일은 생전에 이 성과를 "함남의 불길"이라고 부르며 북한 전 지역으로 전파할 것을 강조했다. 그러면서 곽범기는 북한 경제의 실세가 됐다. 섬유공업과 화학공업은 민생과 직접 관련된 것이다. 옷과 양말을 만들고 치약과 칫솔을 생산하는 것이 이 부문이다. 그런 일에 성과를 보인 곽범기를 경제 담당 비서로 앉힌 것은 인민 생활을 개선하는 데 기여하도록 하겠다는 의미일 것이다.

곽범기는 1939년생으로, 희천공업대학을 졸업했다. 1983년 희천기계공장 분공장 지배인이 됐고 1991년에는 정무원 기계공업부 제1부부장에 올랐다. 1993년에는 기계공업부 부장에, 1998년에는 부총리에 임명됐다. 2010년 함경남도 도당 책임비서가 된 뒤 당 중앙위원에도 선출됐고 줄곧 함경남도 도당 책임비서를 하다가 김정은 체제의 경제를 당 차원에서 지휘하는 비서 자리에 올랐다.

### 경제계획 책임진 테크노크라트 로두철

로두철은 1944년생으로, 최영림 총리, 곽범기 비서 등 원로들이 많은 경제 전문가 가운데 상대적으로 젊은 편이다. 2012년 첫날 《노동신문》 5면에 주요 인사들의 김정은 찬양문이 실렸다. 당에서는 비서 최룡해, 군에서는 총정치국 제1부국장 김정각, 내각에서는 부총리 로두철이 글을 썼다. 각 부분 핵심 인물들이 '김정은 동지를 받들어 2012년을 승리의 해로 빛내이자'라는 새해 각오를 밝히는 기회인데 내각에서 로두철이 대표로 나선 것이다. 이 세 사람은 2012년 4월 모두 승진하거나 요직을 맡았다. 최룡해는 당 정치국 상무위원과 군 총정치국장에, 김정각은 당 정치국 위원과 인민무력부장에 올랐고 로두철은 당 정치국 후보위원이 됐다. 이런 맥락에서 보면 로두철은 김정은 시대 경제정책 수립에서 핵심 역할을 맡고 있는 것이다.

로두철은 2003년 내각 부총리가 된 이래 지금까지 부총리를 유지하면서 2009년 국가계획위원장에 임명됐다. 김일성은 국가계획위원회를 비롯한 계획 기관을 "경제작전국"이라고 말한 적이 있다. 북한 경제 전반에 대해 총괄적 기획을 하는 곳이라는 의미다. 로두철은 최영림 총리를 받쳐주면서 북한 경제를 총체적으로 관찰·통제하는 역할을 맡았다고 할 수 있다. 2012년 4월 최고인민회의 제12기 5차 회의에서 젊은 경제 테크로크라트 세 명이 부총리에 임명됐는데 리승호와 리철만, 김인식이 바로 그들이다.

리승호는 1948년생으로, 김정일의 살림집 건설 현장 현지 지도에 몇 차례 동행한 점으로 미루어 주택 건설을 담당한 것으로 보인다. 리철만은 평안북도 농촌경리위원장 출신인 농업 전문가이며 김인식은 김책공대를 졸업한 1948생으로, 수도건설위원장을 겸직하면서 평양 지역 건설 사업을 맡고 있다. 김정은 시대가 공식 출범하면서 새롭게 부총리로 임명된 세 부총리가 분야별로 최영림과 로두철을 보좌하면서 통일적인 경제계획을 수립하고 집행하는 작업을 하는 것으로 보인다.

## 외교는 미국 전문가 세상

### 북한 외교의 역사 강석주

강석주를 빼고 현대 북한 외교사를 말할 수 없다. 1994년 6월 북핵 위기가 한창 고조했을 때 김일성이 지미 카터 전 미국 대통령의 방문을 받았다. 카터는 북한이 핵 활동을 중단하고 국제원자력기구 사찰관이 계속 체류할 수 있게 하라고 요구했다. 그러면 미국이 다시 고위급 회담을 열어 북한에 대한 지원 방안을 논의하겠다는 것이었다. 김일성은 이런 구체적인 내용에 대해서 잘 알지도 못했고 어떻게 해야 할지 판단이 서지 않았다. 그의 오른쪽에는 강석주 당시 외교부 제1부부장이 앉아 있었다. 김일성은 회담 도중 강석주와 7분 동안 얘기를 나눴다. 그러고는 김일성은 카터의 제안을 받아들였다. 강석주의 조언에 따른 것이었다.

그렇게 1차 북핵 위기는 결정적인 위기를 넘기고 1994년 10월 21일 제네바 기본합의에 이르게 됐다. 2009년 8월 빌 클린턴 전 미국 대통령이 미국 기자 두 명을 석방시키기 위해 평양을 방문해 김정일과 회담할 때도 김정일의 오른편에 자리한 사람이 강석주였다. 북한 외교의 주요 변곡점에 그가 있었고 이제 김정은 정권에서는 부총리로 외교를 총괄, 지휘하고 있다. 김일성, 김정일, 김정은 3대에 걸쳐 핵심 역할을 하고 있는 것이다.

강석주는 1939년 평안남도 평원군에서 태어나 평양외국어대학 영어과, 평양국제관계대학 불어과를 나왔다. 영어도 불어도 잘한다. 1980년까지 당 국제부에서 일하면서 과장까지 하고 1981년 주프랑스 유네스코 대표부에서 3등 서기관으로 근무했다. 1984년 외교부 부부장으로, 1987년 제1부부장으로 승진했다. 1993년과 1994년 사이에 벌어진 1차 북핵 위기 당시 북미 고위급 회담의 북한 수석대표로 미국 국무부 차관보 밥 갈루치Bob Galucci를 상대했다. 당시 두 사람은 서로 치고받고 하면서도 협상을 잘 진행해 "강-갈 라인"으로 불렸는데 1994년 10월 북미 관계 역사에서 두

고두고 평가될 '제네바 기본합의'를 만들어냈다.

1998년 외교부가 외무성으로 바뀔 때도 제1부상으로 직명만 바뀐 채 같은 자리를 유지했다. 2010년 부총리가 될 때까지 그 자리를 지켰다. 23년 동안 제1부부장을 한 것이다. 외무상을 할 수도 있었지만 그러면 외유를 많이 해야 하기 때문에 평양에서 중요한 의사 결정을 할 때 문제가 생길 수 있어 제1부상에 머물러 있었다는 얘기가 전해지기도 했다. 그만큼 그가 없이 주요 외교정책이 결정되기 힘들었다는 얘기다. 부총리가 되면서 정치국 위원에도 올랐는데 김정은이 외교 분야에 대한 식견과 경험이 없기 때문에 그에 대한 의존은 상당 기간 지속될 듯하다.

### 실질적 외교 대표 김계관

김계관은 외무성을 실질적으로 책임지는 제1부상 자리를 2010년 9월부터 맡고 있다. 강석주가 물려준 자리다. 박의춘 외무상이 있지만 그는 주로 해외에서 열리는 회의에 참석하는 일을 하고 제1부상이 핵심적인 협상, 상부와의 의견 조율 등의 주요 업무를 수행한다. 강석주가 제1부상 시절 그렇게 해왔다. 따라서 앞으로 있을 핵 문제 협상, 북미·북일 수교 협상은 강석주-김계관 라인이 맡을 것으로 보인다.

김계관은 1943년 평안북도 운산군에서 출생해 평양외국어대학과 평양국제관계대학을 나왔다. 강석주와 같은 코스로, 외교관으로는 엘리트 코스다. 평양외국어대학이 학부생들이 다니는 일

반대학이라면 평양국제관계대학은 외무성 간부들이 다니는 특수대학이다. 1960년대 내각 부수상을 지낸 정일룡의 사위이고 함경남도 도당 책임비서인 태종수와는 동서지간이다. 김계관은 1973년 알제리 주재 대사관 서기관으로 근무했고 1975년에는 외교부 과장으로 승진했다. 1991년 외교부 참사가, 1993년 1차 북핵 위기 당시에는 북미 고위급 회담 차석 대표가 됐다. 이때부터 미국과 핵 문제를 집중적으로 다루기 시작했고 수석대표인 강석주와 호흡을 맞추었다.

1995년 외교부 부부장으로 승진했고 1997년에는 남북한과 미국, 중국 사이의 4자회담 북한 대표직을 수행한 것을 시작으로 주요 다자회의 때 수석대표를 맡기 시작했다. 2004년부터는 북핵 문제 해결을 위한 6자회담 수석대표를 맡아 미국 국무부 동아시아·태평양 담당 차관보 크리스토퍼 힐Christopher R. Hill과 협상을 벌여 2005년 9·19공동성명, 2007년 2·13합의와 10·3합의를 만들어냈다. 외무성 제1부상이 되면서 그 자리를 리용호에게 넘겨주었다.

### 전문성 갖춘 실세 리용호

리용호는 김계관 밑에서 외무성 부상을 맡고 있다. 북한 외교와 관련해서는 강석주, 김계관, 리용호의 직계 라인이 형성돼 있는 셈이다. 2011년 7월 1차 남북 비핵화 회담 직전부터 6자회담 수석대표직을 수행하고 있다. 그래서 우리하고 직접 관계 있고 앞으로 회담이 열리면 가장 자주 만나게 될 인물이다. 그런 만큼 자세히 알 필요가 있는 인물이기도 하다.

리용호는 1956년생으로, 아주 젊은 편이다. 평양외국어대학 영어학부를 나왔다. 1990년대 초부터 핵과 미사일 등을 다뤄온 대미 전문가다. 노동당 중앙위 후보위원에 머물러 있지만 그동안 쌓은 경력으로 보아 외무성의 차세대 리더라고 할 만하다.

게다가 아버지가 노동당 조직지도부 부부장을 지낸 리명제다. 공식적으로는 조직지도부 소속이었지만 실제로는 김정일 서기실에서 일했다. 김정일 자녀들의 생일 기념행사를 준비하는 등 김정일 사생활과 관련한 일들을 모두 챙기는 일이 서기실의 업무다. 리명제는 서기실장, 즉 비서실장까지 지냈다. 서기실장의 공식 직함이 당 조직지도부 부부장이다. 이미 사망하긴 했지만 조직지도부 부부장까지 역임한 만큼 집안 자체가 평양 특권층에 속한다고 할 수 있다.

리용호는 이미 1차 북핵 위기 해결 과정에서도 중요한 역할을 했다. 1993년 3월 북한이 핵확산금지조약NPT 탈퇴를 선언한 이후 미국은 그해 6월 북미 간 고위급 회담을 열어 일단 탈퇴의 효력을 중지시켰지만 북한의 핵 시설에 대한 사찰을 둘러싸고 다시 갈등이 고조돼 그해 7월에 있은 2차 고위급 회담 이후에는 진전될 기미가 없었다. 1993년 10월 대화의 실마리를 찾기 위해 미국 하원 동아태소위원장 개리 애커먼Gary L. Ackerman이 방북했다. 미국 국무부 한국과 북한데스크 케네스 퀴노네스Kenneth Quinones도 함께 갔다. 방북단이 바로 큰 성과를 이루지는 못했지만 평양을 떠나기 직전 퀴노네스는 석 장짜리 메모를 건네받았다. 외교 현장에서 사용되는 이런 비공식 문서를 난페이퍼non-paper라고 하는데 당시 이를 작성한 사람이 리용호다.

퀴노네스에게 메모를 건네준 사람은 강석주 외교부 제1부부장이었지만 글씨체나 당시 핵 협상에서 나타난 북한 외교관들의 업무 분장으로 보아 리용호가 작성한 것이라는 게 퀴노네스의 짐작이다. 리용호는 당시 외교부 국제기구국 부국장이었는데 스웨덴 주재 2등 서기관 근무를 마치고 1988년부터 줄곧 국제기구국에 근무하면서 주로 국제 협상과 조약 체결 등과 관련한 업무를 담당했다. 북핵 문제 발발 이후에는 협상 과정에서 강석주를 지근거리에서 보좌했다.

나도 이 메모의 복사본을 퀴노네스에게서 받았다. 영어 필체가 깔끔하고 여성스러웠는데 그 내용은 "미국이 정치·경제 등 모든 문제를 한꺼번에 논의하기로 한다면 북한은 IAEA의 사찰에 응하겠다"는 것이었다. 이때 처음 북한이 이른바 일괄타결package deal을 제안한 것이다. 이 메모를 들고 퀴노네스는 한국과 미국을 오가면서 한미 사이의 의견을 조정했다. 결국 핵 문제뿐만 아니라 경제제재 해제, 관계 정상화까지 포함해서 포괄적으로 협상하기로 했다. '리용호 메모'의 일괄타결안이 그대로 실현된 것이다. 두 나라는 이런 방향으로 협상을 지속했다. 북한이 핵을 포기하는 대신 미국이 경제제재를 해제하고 경수로 지원을 책임지며 수교 협상까지 하기로 합의해 나온 결과가 1994년 10월의 제네바 기본합의다.

　리용호는 1995년 외교부 참사를 거쳐 2003년에는 영국 주재 대사, 2004년에는 아일랜드 주재 대사로 일했다. 핵 문제와 미국 문제에 대한 전문성과 함께 서구 국가에서 대사직까지 경험한 그가 우리의 가장 큰 관심사인 북핵 문제를 앞으로 어떻게 다룰지 주목해볼 만하다.

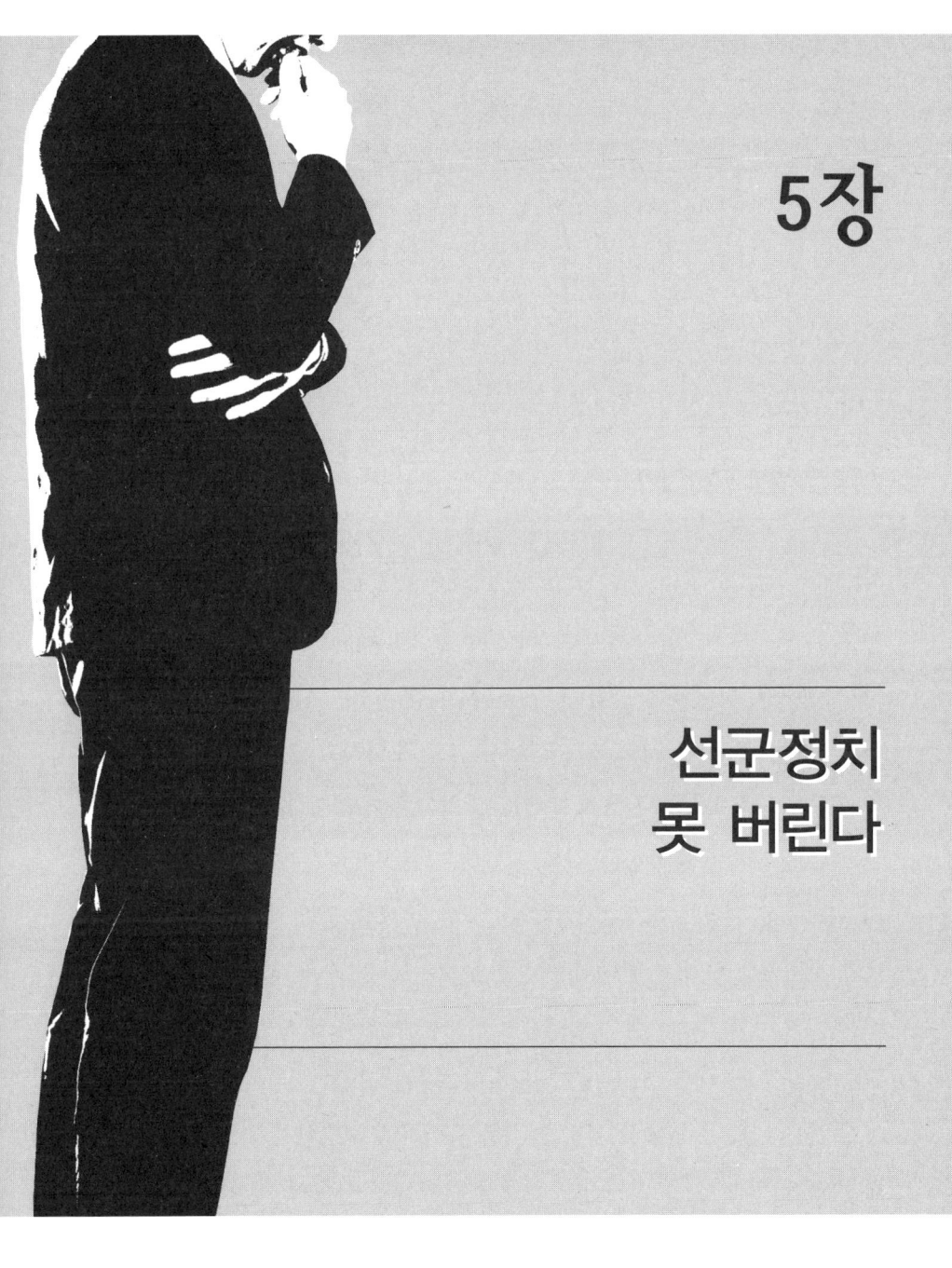

# 5장

## 선군정치 못 버린다

선군정치 못 버린다

## 선군정치란 무엇인가

선군정치先軍政治는 말 그대로 군을 우선시하는 통치를 말한다. 선군정치란 용어로 출발해 '선군 혁명 령도', '선군사상', '선군사상 교양' 등으로 다양하게 쓰였다. 기본적으로는 정치, 경제, 대남, 대외, 사회, 문화 등 사회 전 영역에서 군을 중시하고 군을 앞세워 위기를 극복하고 발전을 추구한다는 의미를 담고 있다.

2001년 신년 공동사설은 이와 관련해 선군정치를 "군사 선행의 원칙에서 혁명과 건설에서 나서는 모든 문제를 풀며 혁명 군대를 주력군으로 해 사회주의 위업을 밀고 나가는 우리 당의 혁명 방식"이라고 명료하게 정리했다. 그 내용이 군을 중시한다는 단순한 내용이기 때문에 나는 선군사상보다는 선군정치라는 용어가 선군 관련 논의에서 가장 적절한 용어라고 생각한다. 사상적 깊이가 있는 것은 아니지만 선군정치 나름의 사상적 체계와 의미를 설명할 때는 선군사상이라는 용어가 사용될 수 있을 것이다.

선군사상은 기본 원리와 원칙, 이론, 실행 방법을 체계로 갖추고 있다. 김일성이 군사 중시 차원에서 내세운 '총대철학'이 그 기본 원리, '군사선행'과 '선군후로'는 원칙, '선군정치'는 이론, '선군영도체계'는 구체적인 실행 방법이다.

선군사상의 기본 원리인 총대철학은 '혁명은 총대에 의해 개척되고 전진하며 완성된다'는 것이다. 군사선행 원칙은 혁명과 건설을 밀고 나갈 때 군사를 모든 사업에 확고히 앞세우는 것을 말하고 선군후로 원칙은 인민보다 군대를 혁명의 주력군으로 내세우는 원칙을 이른다. 선군정치 이론은 군사를 제일 국사로 내세우고 인민군대의 혁명적 기질과 전투력에 의거해 조국과 혁명, 사회주의를 보위하고 전반적 사회주의 건설을 힘 있게 다그쳐나가는 혁명 영도 방식이며 사회주의 정치 방식을 일컫는다. 선군영도체계는 김정일의 선군 혁명 영도를 실현하기 위한 영도 체계로, 전반적 혁명 무력에 대한 최고사령관의 유일적 영도 체계와 국방 중시 국가관리 체계를 포괄하는 방법이다."132쪽에 있는 표 '선군사상의 체계'는 이를 간결하게 정리한 것이다.

이런 선군정치의 논리를 가지고 북한은 지금까지 국방·경제 건설에 매진해왔다. 김정일은 "총대가 강하면 강대한 나라가 될 수 있다", "국방 공업은 나라의 부강 번영과 인민의 행복, 혁명의 승리적 전진을 담보하는 국가 정치의 첫째가는 중대사"라고 수시

| 구분 | 내용 | 구체적 의미 |
|---|---|---|
| 원리 | 총대철학 | 혁명은 총대에 의해 개척되고 전진하며 완성된다는 철학 |
| 원칙 | 군사선행 | 혁명과 건설을 밀고나가는 데서 군사를 모든 사업에 확고히 앞세우는 것 |
| | 선군후로 | 혁명의 주력군으로 인민보다 군대를 내세우는 원칙 |
| 이론 | 선군정치 | 군사를 제일 국사로 내세우고 인민군대의 혁명적 기질과 전투력에 의거해 조국과 혁명, 사회주의를 보위하고 전반적 사회주의 건설을 힘있게 다그쳐나가는 혁명 영도 방식·사회주의 정치 방식 |
| 실행방법 | 선군영도체계 | 김정일의 선군 혁명 영도를 실현하기 위한 영도 체계로 전반적 혁명 무력에 대한 최고사령관의 유일적 영도 체계와 국방 중시의 국가관리 체계를 포괄하는 것 |

**선군사상의 체계** 부승찬, 〈주체사상과 선군사상의 상관관계〉, 《사회과학연구》, 제19집 2호(2011), 130쪽에 있는 표를 간결하게 정리한 것.

로 역설하면서 국방력 강화에 힘을 쏟았다. 이런 바탕 위에서 군이 운영하는 '제2경제'가 활성화될 수 있었다. 군은 무역 회사와 공장, 기업소, 광산, 협동농장 등 군을 강화하기 위한 자원을 얻을 수 있는 분야라면 어느 것이든 손을 댔다. 그런가 하면 실제로 일을 제대로 해낼 수 있는 조직은 군밖에 없었기 때문에 아파트나 발전소, 다리, 문화 시설, 우상화 시설 등 온갖 건설 사업에 군이 동원됐다.

그런데 이토록 북한 사회를 군 위주로 끌고 가는 데 바탕이 되는 선군사상은 형식적으로 통일적 체계를 갖춘 듯하지만 내용에서는 매우 빈약한 면을 보인다. 철학적 원리와 사회·역사 원리, 지도 원칙의 이론적 체계를 갖춘 주체사상에 견주면 사상적 심도와 체계적 완성도가 떨어진다. 주체사상의 철학적 원리는 사람이 모든 것의 주인이며 모든 것을 결정한다는 것이고 이에 대한 사상적 체계를 나름대로 세웠다. 사회·역사 원리는 사회혁명의 주체는 인민대중이며 혁명과 건설을 추진하는 힘도 인민대중에서 나온다는 것으로, 이에 대해서도 체계를 갖춰 제시한다. 지도 원칙은 혁명과 건설에서 주인으로서 태도를 견지할 것을 요구하면서도 혁명적 수령관을 좇아 인민대중이 수령의 지도에 따를 것을 제시한다.

물론 현재의 주체사상은 그 근본적인 기능이 북한의 유일 지도체계의 사상적 도구로 전락했지만 이처럼 전일적 체계는 갖추고 있다. 하지만 선군사상은 이런 측면이 모자란다. 총자루에 혁명을 의존해야 한다는 원리인 총대철학이나 원칙으로 내세우는 군사선행과 선군후로, 이론으로 제시하는 선군정치, 그 실행 방법인 선군영도체계가 모두 군을 전면에 내세우고 군대를 혁명의 주력으로 삼아 사회주의혁명을 이룬다는 단순한 내용인 것이다. 하지만 김정일 정권에 이어 김정은 정권도 이런 내용을 기반으로 한 선군정치를 전 사회적으로 선전하면서 이에 인민들이 전면적으로 참여할 것을 요구하고 있다.

## 선군정치의 현재 위치

선군정치란 용어는 1997년 12월 12일자 《노동신문》에 처음 등장한다. 북한이 처한 어려움을 고난의 행군으로 극복할 것을 강조하면서 선군정치란 말을 처음 사용한 것이다. 당시는 북한이 절체절명인 상황에 있었다. 가장 큰 동맹 원조국인 소련은 붕괴했고 동구 사회주의 동맹국들도 모두 체제가 전환되는 과정을 거치면서 북한 경제는 급전직하했다. 이런 지구적 변환기에 사회주의를 고집하는 북한은 외교적으로도 고립될 수밖에 없었다.

이런 상황에서 군을 중시하고 군에 자원을 우선 투입하며 군을 중심으로 정치를 해야 한다는 선군정치를 제시한 것이다. 경제적으로는 군의 자원과 힘을 이용해 경제난을 완화하려는 것이고 대외적으로는 군에 힘을 실어줌으로써 외부적 위협에 흔들리지 않는 체제를 유지하려는 전략에서 나온 것이다. 북한 사회에서 군은 충성도와 조직성, 규율성, 단결력 면에서 가장 앞서 있는 집단이기 때문에 '군을 통한 생존 전략' 추구 차원에서 선군정치가 등장했다고 할 수 있다.

이후 1999년 신년 공동사설에서 '선군 혁명 령도'라는 용어를 사용하고 2000년 신년 공동사설부터는 선군을 핵심적인 부분으로 다루며 이에 대한 선전에 역점을 둔다. 2003년 신년 공동사설은 "공화국의 위력을 강화하기 위하여서는 선군사상에 기초한 당과 군대와 인민의 일심단결을 철통같이 다져나가야 한다"며 선군사상을 최초로 언급한다. 선군을 단순한 정치 방식에서 철학적 체계를 갖춘 사상 차원으로 끌어올리려는 시도가 시작된 것이다. 그로부터 6년 뒤인 2009년 신년 공동사설은 주체사상과 함께 선군사상을 위대한 지도사상으로 밝힌다. 2009년 개정 헌법도 선군사상을 주체사상과 함께 지도적 지침으로 제시해 주체사상과 선군사상을 같은 반열에 올려놓는다. 제3조에서 "조선민주주의인민공화국은 사람 중심의 세계관이며 인민대중의 자주성을 실현하기 위한 혁명 사상인 주체사상, 선군사상을 자기활동의 지도적 지침으로 삼는다"라고 규정한 것이다.

2010년 9월 제3차 당대표자회에서 30년 만에 개정된 당 규약 서문은 조선 노동당을 "위대한 수령 김일성 동지의 혁명 사상, 주체사상을 유일한 지도사상으로 하는 주체형의 혁명적 당이다"라고 규정해 주체사상만을 지배 이데올로기로 삼았다. 그러면서도 "조선 로동당은 선군정치를 사회주의 기본 정치 방식으로 확립하고 선군의 기치 밑에 혁명과 건설을 영도한다"는 항목을 두었다. 선군정치를 당 규약에 처음으로 끌어들이면서도 주체사상과 같은 지도사상으로 삼기보다 주체사상의 하위에 존재하는 실천 이데올로기와 같은 지위를 부여한 것이다.

그러다가 다시 2012년 4월 4차 당대표자회에서는 당 규약 서문을 "조선 로동당은 위대한 김일성-김정일주의를 유일한 지도사상으로 하는 김일성-김정일주의 당, 주체형의 혁명적 당이다"로 개정한다. 김정일주의, 즉 선군사상이 당 규약에서도 김일성주의, 즉 주체사상과 동격인 모양새를 갖추며 노동당의 지배 이데올로기로 공식적인 위치를 차지하게 된 것이다.

조선 노동당 규약에 나타나는 당 지배 이념의 변화를 살펴보면 선군정치의 위치가 더욱 선명하게 드러난다. 초기 조선 노동당의 지배 이념은 물론 마르크르레닌주의였다. 프롤레타리아가 주체가 된 혁명을 통해 모든 인민이 평등한 삶을 영위하는 공산 사회를 지향한다. 1956년 제3차 당대회에서 채택된 당 규약 제1조가 "조선 로동당은 마르크스레닌주의 학설을 자기활동의 지도적 지침으로 삼는다"라고 규정한 이래 1960년대 말까지는 마르크스레닌주의가 북한 사회의 통치 이념으로 기능했다.

1970년 제5차 당대회에서 개정된 당 규약 서문이 "조선 로동당은 마르크스레닌주의와 마르크스레닌주의를 우리나라 현실에 창조적으로 적용한 김일성 동지의 위대한 주체사상을 자기활동의 지도적 지침으로 삼는다"라고 규정하면서 주체사상이 마르크스레닌주의와 함께 통치 이념으로 나란히 자리 잡는다. 1967년 갑산파 숙청 이후 김정일이 주도하는 김일성 우상화와 유일사상 체계 확립 작업에 따른 것이다.

1980년에 이르러 주체사상은 북한 사회의 유일한 통치 이념이 된다. 1980년 10월 제6차 당대회에서 마련된 당 규약 서문은 "조선 로동당은 오직 위대한 수령 김일성 동지의 주체사상, 혁명 사상에 의해 지도된다"라고 규정했다. 그러다가 2009년 헌법에 선군사상이 주체사상과 함께 노동당의 지도적 지침으로 등장했다가 2010년 9월 제3차 당대표자회에서 개정된 당 규약 서문에서는 주체사상만이 유일한 지도사상으로 명기되고 2012년 4월 제4차 당대표자회에서 개정된 당 규약 서문은 다시 선군정치에 주체사상과 외관상 같은 위상을 부여한다. 노동당의 근본이념을 역사적 흐름에 따라 정리한다면 마르크스레닌주의, 마르크스레닌주의와 주체사상, 주체사상, 주체사상과 선군사상, 주체사상, 주체사상 과 선군사상 순서로 변화해온 셈이다.

### *선군정치의 실제 위상*

현재 선군정치 또는 선군사상의 지위는 외견상 당 규약 서문이 명시한 것처럼 주체사상과 함께 노동당의 지도사상이다. 주체사 상과 같은 가치를 지니며 노동당과 북한 사회의 통치 이데올로기 라는 지위가 부여된 것으로 보인다. 하지만 실질적 위상은 어떨 까? 결론부터 말하면 주체사상과 같은 위상을 부여하기 어렵다. 두 가지 이유를 들 수 있다.

첫째, 당 규약 서문의 내용 자체가 주체사상과 선군사상에 실 질적으로 다른 위상을 부여한다고 해석할 수 있다. 당 규약 서문 은 "조선 로동당은 위대한 김일성-김정일주의를 유일한 지도사상 으로 하는 김일성-김정일주의 당, 주체형의 혁명적 당이다"라고 명시했는데, '김일성-김정일주의'가 주체사상과 선군사상을 같은 비중으로 병렬해놓은 것을 말하는지 의문스럽다. '김일성주의와 김정일주의'로 표현하지 않고 '김일성-김정일주의'로 표기했고 '유 일한 지도사상'으로 밝힌 것은 김일성주의와 김정일주의가 병렬 적으로 존재하는 것이 아니라 합병된 형태이기 때문이다.

통치 이념은 유일성이란 특성을 띤다. 주체사상은 북한 역사와 함께한다고 할 만큼 여전히 북한 사회 전체를 지배하고 있다. 그런 점에서 김정은 정권이 아직 체계적인 형태로 제시하지는 않았지만 주체사상을 상위 개념에, 선군정치를 하위개념으로 두는 통합 이념을 새로운 지도사상으로 상정한 것으로 볼 수 있다. 실제로 북한도 "온 사회의 김일성-김정일주의화는 온 사회의 김일성주의화의 혁명적 계승이며 새로운 높은 단계로의 심화 발전이다"라고 말해[92] 김일성-김정일주의가 두 이념 체계를 이르는 것이 아니라 둘이 하나로 통합된 형태임을 시사한다.

둘째, 선군사상은 그 내용상 주체사상의 기본 원리를 구현하는 하위 담론이다. 북한은 지금도 기회 있을 때마다 "우리 시대의 가장 위대한 혁명 사상은 주체사상이다", "선군정치는 위대한 주체사상에 뿌리를 두고 있으며 가장 혁명적인 총대철학에 기초하고 있다"라고 언명한다.[93] 선군사상은 주체사상을 기초로 하면서 주체사상의 기본 철학을 구현하기 위해 총대철학을 원리로, 선군후로을 원칙으로, 선군정치를 이론으로, 선군영도체계를 실행 방법으로 내세우는 것이다.

결론적으로 본다면 선군정치는 노동당과 북한 체제에 통치 근거를 제시하는 순수 이데올로기로서의 위상에는 미치지 못하고 주체사상이라는 순수 이데올로기에 대한 실행 방안을 제시하는 실천 이데올로기로서의 위상을 확보한다고 보아야 할 것이다. 셔먼Franz Schurmann이 주장하는 것처럼 통치 이념의 구조상 순수 이데올로기pure ideology는 통일되고 의식적인 세계관을 개개인에게 제시하기 위해 고안된 관념의 집합a set of ideas이고 실천 이데올로기practical ideology는 개개인에게 합리적 행동을 위한 수단을 제공하기 위해 고안된 관념의 집합이다.

예컨대 인간 역사와 실제를 관찰하는 시각으로, 모든 정치적·사회적 갈등은 기본적으로 계급투쟁이라고 보는 마르크스레닌주의는 하나의 세계관이며 순수 이데올로기다. 또 변혁 운동을 위해서는 대중을 이끄는 당 조직이 필요하다는 레닌의 전위당 vanguard party 원칙은 실천 이데올로기다.[04] 순수 이데올로기가 없는 실천 이데올로기는 정당성을 확보할 수 없고 실천 이데올로기가 없는 순수 이데올로기는 세계관을 일관성 있는 행위로 구현할 수 없기 때문에 통치 이념은 이 둘이 모두 필요하다는 것이다.[05] 선군사상도 당 규약에 지도사상으로 규정돼 있지만 실제로는 주체사상의 하위담론으로서 김정은 체제에서 북한 주민들의 행동과 대내외 정책 수립의 지향점을 제시하는 도구적 기능을 수행한다고 할 수 있다.

## 지금도 계속되는 선군정치

2장에서 간략이 언급했지만 김정은 정권이 추진하는 발전 전략의 키워드는 '일심단결', '불패의 군력', '새 세기의 산업혁명'이다. '불패의 군력'은 강한 군의 유지를 말하는 것이다. 물론 김정은 정권이 '일심단결'과 '새 세기의 산업혁명'에 주력하면서 북한의 회생에 힘을 쏟고 있지만 '불패의 군력'도 수시로 역설하는 것은 선군정치의 원칙 또한 김정일 정권에 이어 견지될 것임을 의미한다.

실제로 김정은은 현지 지도를 여전히 군부대 중심으로 하고 있다. 2012년 들어 4월 초까지 진행된 김정은의 공개 활동은 모두 35회로, 그 가운데 군부대와 관련된 활동이 22회였다. 군부대 방문이 어떤 활동보다 많은 것이다. 군에 대한 중시가 김정은 정권에서도 그대로 이어지고 있음을 여실히 보여준다. 육해공군 부대를 수시로 돌아보면서 격려하는 일을 끊임없이 하는데 2012년 8월 중순에는 연평도와 마주하는 최전방 섬 무도와 장재도 섬 방어대를 목선을 타고 방문하기도 했다. 섬 방어대에 '영웅 방어대' 칭호를 주고 9킬로미터 전방에 있는 연평도를 바라보면서 전투 동원 준비 태세를 점검했다.[06]

2012년 신년 공동사설도 경공업과 함께 선군을 강조했다. "인민군대는 선군혁명의 기둥, 주력군이며 강성 국가 건설의 돌격대다"라며 "선군의 기치 높이 나라의 국방력을 백방으로 다져나가야 한다"고 밝힌다.[07] 신년 공동사설이 인민 생활의 향상에 대한 강조를 잊지 않고 있지만 어디까지나 '선군의 기반 위에서' 이를 이루어나갈 것임을 천명한 것이다.

나아가 김정은 정권은 김정일식 선군정치를 그대로 이어갈 것임을 공개적으로 밝혔다. 2012년 3월 25일자 《노동신문》 사설은 제목을 '위대한 김정일 동지의 유훈을 받들어 주체혁명의 새 승리를 이룩해나가자'라고 뽑았다. 여기서 강조한 것은 군을 중심으로 한 영도 방식이었다. "새해 첫날 근위서울류경수 제105땅크 사단을 시찰하신 데 이어 끊임없이 인민군 부대들을 찾으시는 경애하는 김정은 동지의 정력적인 령도 풍모는 위대한 김정일 동지의 빨찌산식 령도 방식 그대로다"라고 밝혀 김정일의 선군정치를 김정은 통치의 전범으로 삼겠다는 의지를 내보였다.[08]

2012년 4월 13일자 《노동신문》 사설은 "인민군대는 혁명의 기둥, 주력군이며 군사는 국사 중의 제일 국사다"라며 선군정치의 내용을 쉬운 용어로 설명했다. 북한에서 가장 중요한 일이 군에 관련된 일이며 군인을 우선 살리고 군에 우선 자원을 공급한다는 얘기를 하고 있는 것이다. 이처럼 북한은 기회가 있을 때마다 선군의 원칙과 내용을 다양한 형식과 표현으로 강조했다. 2012년 4월 15일 첫 공개 연설에서도 김정은은 선군을 잊지 않고 역설했다. 여기서도 김정은은 "우리가 선군조선의 존엄을 만대에 빛내고 사회주의 강성 국가 건설 위업을 성과적으로 실현하자면 첫째도, 둘째도, 셋째도 인민군대를 백방으로 강화해나가야 합니다"라고 말했다.[09]

이런 선언적인 언명에 그치는 것이 아니라 실제로도 국방력 강화를 꾸준히 추진한다. 북한은 2012년 7월 김정은에게 원수 칭호를 부여한 직후 《노동신문》 사설에서 "일찌기 총대와 인연을 맺으신 김정은 동지께서는 위대한 장군님과 선군 혁명 령도의 길을 함께 걸으시며 나라의 국방력 강화에 특출한 공헌을 하시였다"라고[10] 밝힌 점으로 미루어 군사 부문에 대한 실제적인 자원 투입은 계속되는 것으로 보인다. 아울러 북한은 군을 강화하기 위해 전민 무장화와 전국 요새화, 군민 대단결이라는 좀 더 구체적인 방안도 밝혔다.[11] 군 강화를 위해 인민의 협력과 지지까지 확보하겠다는 의지를 보인 것이다.

제3차 당대표자회 직후인 2010년 9월 29일자 《노동신문》에 정치국 위원 열일곱 명, 후보위원 열다섯 명 가운데 김정일과 김경희를 제외한 서른 명의 정보가 공개된 것은 그것 자체가 처음이어서 관심을 끌었지만 그 내용에서도 음미해볼 부분이 있다. 이 정보는 생년월일, 입대일, 학력, 주요 경력 순으로 돼 있다. 입대일이 여전히 매우 중시되고 있음이 이런 부분에서 확인된다. 당 고위 간부들은 모두 군에서 복무했고 그러니 군은 그만큼 중요하다는 사실을 의미하는 것이다. '군사는 제일 국사'라는 선군정치 이론과 '군대는 곧 당이고 국가이며 인민'이라는 선군사상 원리를 정치와 사회 전 영역에 적용하고 있음을 보여주는 것이기도 하다.

외부 연구자들이 선군정치의 연원을 탈냉전기 사회주의국가의 붕괴, 그에 따른 경제적 어려움, 김일성 사망, 1차 핵 위기 이후의 국제적 고립 등에서 찾는다. 북한도 이를 인정한다. 북한은 "여러 나라들에서 사회주의가 좌절된 것을 기화로 극도에 달했던 미제의 반공화국 압살 책동을 짓부시기 위한 투쟁은 지난 조국해방전쟁에 못지않은 전대미문의 총포성 없는 전쟁이였습니다.

위대한 김정일 동지께서는 선군정치를 전면적으로 펼치시고 조미 핵 대결과 사회주의 수호전을 현명하게 이끄시여 반제·반미 대결 전의 새로운 승리의 시대를 열어놓으시였습니다"라며 탈냉전 격동 속에서 체제 안전을 도모하기 위해 선군정치를 시작했음을 밝힌다.[12]

그런데 1990년대 초반에 한꺼번에 닥친 이런 역경은 지금도 북한에 현재진행형으로 상존해 있다. 그런 만큼 선군정치의 조속한 약화는 기대하기 어렵다. 오히려 김정은 정권은 짧은 승계 기간과 김정은의 카리스마 부재, 지속적인 경제난으로 안정성을 더 보강해야 하는 상황이다. 이를 위해 북한에서 상대적으로 사상 면에서 덜 이완돼 있고 잘 조직화돼 있으면서 통제가 쉬운 군을 중시하고 앞세우는 선군정치가 계속될 것이다.

더욱이 김정은 정권은 김정일 정권과 마찬가지로 선군사상의 전국적 일색화 운동에 더욱 박차를 가하고 있다. 주체사상의 선례를 통해 알 수 있듯이 통치 이념의 발전과 관련한 북한식 패턴이 존재한다. 우선 최고 지도자가 정치 담론을 제기하고 이 담론에 대한 설명과 해석의 권한을 얻은 지식인들이 담론에 권위를 부여하는 형식으로 진행된다. 다음으로 관영 매체들이 담론의 확대·재생산 작업을 진행한다. 그 이후 전국적 보편화 과정을 거치고 다시 최고 지도자가 이론적 체계를 완성함으로써 당과 국가의 공식 이데올로기로 자리 잡는다.[13]

이런 패턴에 비추어 보면 선군정치는 현재 북한 매체들의 확대·재생산 단계를 거쳐 전국적 보편화 과정에 있다. 이후에는 김정은에 의한 이론적 체계화 과정을 거칠 것으로 보인다. 그러면 선군정치는 형식뿐만 아니라 내용까지 갖춘 통치 이데올로기로 떠오를 것이다. 하지만 그럼에도 선군정치가 주체사상을 완전히 대체해 당과 국가의 유일 지도사상이 될 가능성은 적다. 주체사상의 하위 담론이라는 태생적 한계와 내용의 단순성이라는 내적 한계 때문이다. 어쨌든 내용을 채운 통치 이데올로기로 자리 잡기까지 선군정치와 선군정치적 정책이 더욱 강화되고 활성화될 것임은 두말할 필요가 없을 것이다.

그렇다고 해서 북한이 선군에 모든 것을 몰아넣는 정책을 펴기는 어렵다. 군 이외에는 아무것도 없다는 식은 아니라는 얘기다. 인민군도 스스로 "인민을 돕자"라는 구호를 외치고 있다. "총대를 중시하여야 사상 중시도 확고히 견지할 수 있고 경제 강국도 건설할 수 있다"라고 강조하며[14] 경제를 건설하는 데 군이 적극 나서고 선군과 경제성장을 동시에 추구함을 알 수 있다.

요컨대 현재 북한은 위기 타개를 위해 군이 주요 역할을 하되 민생 기여에도 소홀함이 없도록 함으로써 군민의 대단결 속에서 발전을 추구하고 있다. 따라서 북한이 어떤 언어를 구사하는지를 보는 것보다 실제로 어떤 조치를 취할지를 관찰하는 것이 북한의 변화를 정확하게 읽어내는 길일 것이다.

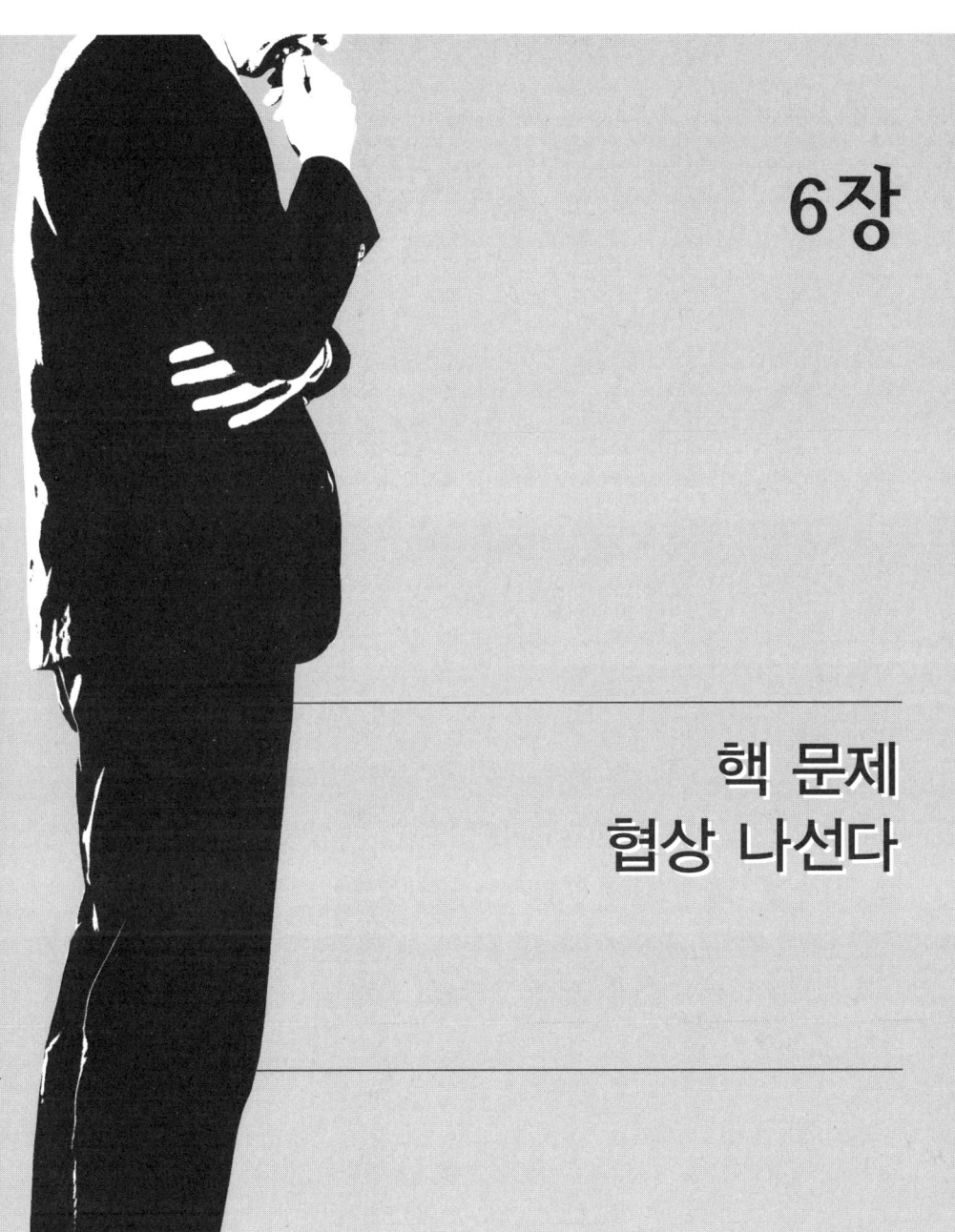

6장

핵 문제
협상 나선다

핵 문제 협상 나선다

## 핵 문제의 현재

북한은 지금까지 2006년 10월 9일, 2009년 5월 25일 두 차례 핵실험을 했다. 힐러리 클린턴Hillary Clinton 미국 국무장관이 말했듯이 북한은 이미 핵무기 한 개 내지 여섯 개를 가지고 있는 듯하다.⁰¹ 더 많을 수도 있다. 미국의 핵안보연구소인 과학국제안보연구소 ISIS는 2012년 8월 16일에 발표한 보고서에서 북한이 핵무기를 여섯 개에서 열여덟 개 보유한 것으로 추정했다.⁰² 북한 핵 문제를 관찰하고 분석하는 기관마다 다르긴 하지만 대체로 북한이 핵무기를 여덟 개 내외 가지고 있을 것으로 본다. 그런데도 북핵 협상은 열리지 않고 있다. 그러는 사이 북한의 핵 능력은 점점 강화되고 있다.

북한에 100메가와트MW 규모 경수로가 건설 중인데 이 경수로가 완성되면 매년 핵무기 하나를 만들 수 있는 플루토늄이 생산된다. 국제원자력기구IAEA는 이 경수로 공사가 2012년 상반기 동안 '상당한 진전significant progress'을 이루었다고 밝혔다. 실제로 건물에 돔이 설치되고 냉각 시스템까지 갖추었다. 하지만 아직 원자로의 핵심 시설인 핵증기공급계통NSSS; nuclear steam supply system을 설치하지는 못했다. NSSS는 원자로에서 만들어진 열에너지를 증기로 바꾸는 역할을 해서 "원전의 두뇌"로 불린다. 이를 설치하려면 수준 높은 기술이 필요하다. 북한이 이 정도 기술까지 갖추었는지 아직 확인되지 않고 있다. 그래서 중국의 도움이 필요한 상황인데 이것이 가능할지는 두고 볼 일이다. 하여튼 그동안 북한이 보여준 이력으로는 어떤 식으로든 7, 8년 내에 이 경수로를 완성할 것이라는 게 국제 전문 기관의 전망이다.

북한은 기존 플루토늄탄 개발과 함께 우라늄탄 개발에도 나설 가능성이 있다. 이미 진행하고 있는지도 모른다. 북한은 2010년 11월 12일 핵 문제 전문가인 미국 스탠퍼드대 국제안보협력센터 소장 지그프리드 헤커를 영변으로 초대해 우라늄 농축 시설을 보여주었다. P2타입 원심분리기 2,000여 기가 저농축 우라늄을 만드는 과정을 보여준 것이다. 저농축 우라늄은 연료용이다. 문제는 다른 곳에 유사 시설이 더 있을 가능성이 있고 이런 시설을 갖추면 마음먹기에 따라 고농축 우라늄을 만들어내기가 쉽다는 것이다. 원심분리기로 더 농축하기만 하면 되기 때문이다. 천연 우라늄은 대부분 우라늄238$U^{238}$로 구성돼 있고 핵분열성을 띤 우라늄235$U^{235}$는 0.7퍼센트 정도밖에 함유돼 있지 않다. 이 농도가

2퍼센트에서 4퍼센트면 연료가, 100퍼센트 가깝게 높이면 원자폭탄이 되는 것이다. 저농축이 가능하면 고농축은 시간이 좀 더 들 뿐이다. 위에서 언급한 ISIS의 보고서는 2016년까지 북한이 핵무기 48기를 가질 수도 있다고 전망한다. 미국이나 한국이나 여유 있는 처지는 아닌 것이다.

2012년 7월 2일자 《도쿄신문》이 조선 노동당의 내부 문서를 입수했다며 그 내용을 공개했다.[03] 김정일 사후인 2012년 2월에 작성된 간부 교육용 자료였다. 김정일이 사망 전에 북한이 운영한 우라늄 농축 프로그램과 관련해 "민수 공업에 이용하기 위해 시간을 들이는 것이 아니다"라고 말했고 "대량의 핵무기를 생산하라"고 지시했다는 내용이 들어 있다. 북한은 그동안 우라늄 농축이 전력 생산을 위한 것이라고 말해왔는데 그 말이 거짓말이라는 내용이었다.

일본 신문들은 통상 북한을 위험한 국가, 비정상적인 존재로 보이도록 하는 데 기여할 만한 기사를 좋아한다. 그래서 북한 체제와 김정일·김정은 주변에 대한 취재를 한국 언론보다 더 열심히 한다. 6자회담을 할 때도 김계관이 움직이는 동선을 정확히 파악해 오토바이를 타고 다니면서 촬영했다. 김정일이 중국을 방문했을 때 김정일의 열차를 따라다니면서 찍는 것도 일본 언론이다. 그러다보니 오보가 많다. 확인이 더 필요한데 그러지 않고 기사를 쓰는 일이 가끔 있다. 그런 일본 언론에 이와 같은 문건은 더 없이 좋은 먹잇감이 아닐 수 없다. 하지만 우선 이 문건이 진짜인지 면밀한 검토가 필요할 것이다. 김정일이 실제로 그런 언급을 했다고 하더라도 전체적인 맥락에서 문자 그대로 받아들여야 할지, 아니면 김정은 정권 초기 노동당 간부들의 긴장을 촉진하기 위한 것이었는지 확인해야 할 것이다.

그런데 설혹 그것이 사실이라고 하더라도 그다지 이상한 일이 아니다. 북한은 이미 핵을 감추고 비밀스럽게 실험하는 단계를 넘어버렸다. 북한은 현재 핵확산금지조약NPT 탈퇴 국가이고 두 차례나 핵실험을 했다. 북미 간의 대화나 6자회담도 안 되고 있다. 핵탄두 소형화와 대량화를 추구하고 있음은 보지 않아도 분명하다. 북한으로서는 추후 협상에서 자신의 입지를 강화하기 위해서라도 더 많은 핵, 더 첨단화된 핵을 만들려 할 것이다.

문제는 김정일이 핵의 대량화를 지시했다는 《도쿄신문》의 보도와 북한의 대외적인 메시지가 다르다는 점이다. 이는 추후 상황 전개에 따라 북한의 정책이 변화할 수 있음을 나타내는 것이다. 북한은 2012년 신년 공동사설에서 핵 문제를 거론하지 않았다. 이는 《도쿄신문》 보도와는 완전히 다른 맥락이다. 핵 보유국임을 재차 표명함으로써 체제의 내부 단속을 가속화할 만한 시점인데도 언급이 없었다. 어려운 시기에 외부 세계와의 퇴로 없는 대결만으로는 위기 타개의 가능성이 낮다는 판단 때문일 것이다. 이런 측면은 북한이 국제사회와 대화하려는 사전 준비 작업의 일환으로 볼 수 있다. 따라서 향후 북한과 미국 사이에 대화가 열리느냐, 그 대화가 어떻게 전개되느냐에 따라 김정은 정권이 핵 문제를 다루는 태도 또한 달라질 것이다.

## 언제 협상에 나올까

핵에 대한 북한의 관심은 오래됐다. 1952년에 농업과 공업, 의학 분야에 활용할 목적으로 원자력연구소를 설립해 원자력을 연구하기 시작했다. 1960년대부터는 핵에너지 연구에도 관심을 쏟았다. 1962년 소련의 지원을 받아 영변에 연구·실험용 원자로 IRT-2000형 1기 공사를 시작해 1965년 완성했다. 열 출력 2메가와트 규모였는데 이것이 북한이 만든 첫 원자로다. 이후 꾸준히 연구를 진행해 결국은 핵실험을 두 차례나 하는 단계까지 왔다.

냉전 초기 소련과 중국에 의존하던 북한은 1960년대 소련과 중국의 분쟁이 심화되면서 어느 한쪽에 지나치게 의존하지 않는 독자적인 체제를 구축해나갔다. 주체사상은 이에 관한 사상적 기반을 마련하기 위한 것이었다. 북한 핵은 다양한 의미를 내포하고 있어 국내 정치적 의미와 함께 독자적 주체 노선의 군사적 상징인 측면도 있다. 북한이 대외적으로 내세우는 부분 또한 독자적 힘의 상징과 미국의 위협에 대한 억지력으로서의 핵이다. 그렇기 때문에 핵 협상이 쉽지 않은 것이다.

하지만 북한의 핵을 없애기 위한 핵 협상은 꾸준히 이어져왔고 1994년 합의와 이에 따른 오랜 이행 기간도 있었다. 2005년

9·19공동성명도 1994년 합의의 연속선상에서 발표된 것이다. 김정은 체제가 시작된 뒤에도 북한과 미국은 이미 핵 관련 합의를 이루었다. 2012년 2월 29일 북한이 추가 핵실험과 장거리 미사일 발사, 우라늄 농축 활동을 임시 중단하는 대가로 미국이 식량 24만 톤을 지원하기로 약속한다. 북한의 3단계 로켓 발사로 합의가 이행되지 않았지만 합의해본 경험이 있다는 사실은 중요하다.

그렇다면 북한이 어떤 조건에서 미국과 핵 협상을 하고 최종적으로 협상 타결에 이를 수 있을까? 이와 관련해 2012년 4월 15일 김정은의 첫 공개 연설이 가이드라인을 제시하고 있다. 그는 "강성 국가 건설과 인민 생활 향상을 총적 목표로 내세우고 있는 우리 당과 공화국 정부에 있어서 평화는 더없이 귀중하다"며 대외 정책의 기본적인 목표가 평화임을 강조했다. 경제를 부흥시키자면 대외적 환경이 안정돼야 한다는 것이다. 하지만 여기엔 전제가 있다. 그는 같은 연설에서 "우리에게는 민족의 존엄과 나라의 자주권이 더 귀중하다"라고 밝힌다. 자주권 주장은 북한의 고유한 민족주의적 성향에서 나온 것이다.

주체사상도 사람이 세계의 주인임을, 자기 운명의 주인임을 자각하고 사회·역사와 자기 운명을 자주적으로 개척해나가려는 사상이다. 독립적·독자적 사회주의국가를 건설하겠다는 이념적 지향이 대외 정책에 반영돼 자주성은 하나의 국가 정체성이 됐다. 따라서 핵 문제의 협상도 자주성이 보장되는 조건에서만 가능한 것이다.

구체적으로 말하면 자주성은 북한 체제의 안전이 보장되고 내정에 대해서도 간섭받지 않는 것을 뜻한다. 비핵화를 전제로 내세우면서 북한을 시쳇말로 '홀딱 벗기려는' 접근은 곤란하고 서로 존중하면서 줄 것을 주고 받을 것은 받자는 의미다. 결국 기본적 조건이 충족될 때 김정은은 핵 협상에 나올 것이고 이런 단계를 거쳐서 비로소 북한이 핵을 포기하는 단계로도 발전할 수 있을 것이다.

## 북한 핵은 정권 안보를 위한 것

국가가 핵무기를 개발하는 이유를 설명하는 모형은 크게 보면 세 가지다.[04] 첫째는 안보 모형security model이다. 외부의 핵 공격에서 국가의 생존을 확보하기 위해 핵무기를 만든다는 것이다. 안보라고 하면 일반적으로 국가 안보national security를 말하는 것이다. 따라서 안보 모델이 설명하는 것도 국가 자체의 안보에 대한 담보가 핵 야망의 원인이라는 내용이다.

둘째는 국내 정치 모형domestic politics model이다. 국내의 다양한 정치적 행위자들이 외부의 위협을 나름대로 해석하고 그에 따라 행동하기 때문에 핵무기가 만들어진다는 것이다. 자신의 입지와 이익을 강화할 수 있는 수단으로 핵무기를 인식하고 이렇게 인식한 집단이 관료정치적 쟁투에서 승리하면 핵무기가 생산된다는 뜻이다.

셋째는 상징/규범 모형symbol/norms model이다. 국가가 자신의 현대성을 상징적으로 나타내기 위해서 핵을 개발하는 것이고 핵무기 개발을 자제하는 경우는 국제 규범을 지키고 있음을 내세우려 할 때라는 것이 이 모형의 설명이다. 스코트 세이건Scott Sagan이 설명하는 이 세 가지 모형 이외에도 협상 모형bargaining model, leverage model이 있다. 다른 나라와의 협상에서 영향력 제고 수단으로 활용하기 위해 핵무기를 만든다는 모형이다.

북한의 경우는 통상 안보 모델을 적용해 분석한다. 미국의 위협에 대응하는 방어적 차원에서 핵무기를 개발했다는 것이다. 이스라엘은 주변 중동 국가에 대응하기 위해, 파키스탄은 인도에 대한 방어 수단으로 핵무기를 개발했다고 볼 수 있다. 인도는 정부와 정치권의 의사도 물론 반영됐지만 과학자들이 인도 과학 발전의 상징으로 핵무기를 개발하는 과정을 진행하다 결과적으로 핵무기를 만들게 됐다고 볼 수 있다.

북한은 좀 더 깊이 볼 필요가 있다. 미국과의 적대 관계가 지속됐고 국가 방위라는 요소도 작용했지만 북한이 실제로 핵무기 개발 단계로 나아간 더 중요한 동인은 '정권 안보'라고 할 수 있다.[05] 핵 개발 원인 가운데 정권의 보전을 위한 의지가 가장 강하게 작용하기 때문에 정권 안보 모형regime security model이라고 할 수 있다. 한 국가가 주장하는 안보의 내용을 깊이 보면 그 국가 자체의 안보보다는 당시 그 국가의 운영을 책임진 정권의 안보를 의미할 때가 많다. 북한이 핵무기를 개발하면서 내세운 안보도 그런 측면에 매우 강하다.

먼저 1차 북핵 위기가 어떻게 발생했는지 살펴보자. 1980년대 후반에서 1990년대 초반에 소련과 사회주의 동맹이 사라져가는 탈냉전 상황에서 북한은 이들의 지원이 끊김으로써 극심한 식량난에 처한다. 엎친 데 덮친 격으로 1993년에 기근이 본격화됐다. 북한 정권의 위기 상황이었다.

1993년 3월 8일 북한은 준전시 상태를 선포하고 3월 12일 핵확산금지조약 탈퇴를 선언한다. 1989년 프랑스의 상업 위성 SPOT2가 영변의 핵 시설을 공개하면서 북핵 문제는 국제 문제로 떠올랐지만 북한과 국제원자력기구 사이에는 대화가 그런대로 진행 중이었다. 핵무기를 만들겠다는 북한의 의도가 분명하게 드러나지 않았기 때문에 협상이 가능했던 것이다.

북한이 비밀스러운 핵 활동을 해왔다는 증언도 많이 있지만 북한이 명시적으로 핵무기 개발 의도를 표현하기 전까지는 상황 변화에 따라 핵 발전이 될 수도 있고 핵무기 개발을 염두에 둔 실험일 수도 있고 정말로 핵무기가 될 수도 있는 유동적인 상태였다. 그런 점에서 북한이 핵확산금지조약 탈퇴는 선언한 시점이 중요한데 이때 북한은 핵무기 개발 의도를 공식화한다. 핵무기 확산을 억제하기 위한 국제적인 제도인 핵확산금지조약을 버리고 독자적인 길로 나아가는 것은 바로 핵무기를 만들겠다는 것과 같은 뜻이기 때문이다.

어쨌든 북한은 주민들의 굶주림이 본격화하는 1993년 초에 핵확산금지조약 탈퇴를 선언했다. 정권의 위기 상황에서 국제적 긴장을 만들어내고 이를 활용해 국내적으로 체제의 내부 결속을 다지기 위한 조치가 필요했던 것이다. 위기와 긴장을 조성한 직후인 4월 9일에 김정일이 국방위원장에 추대된다. 핵 위기와 핵 위기가 조성한 북미 간의 긴장 상황 속에서 김정일은 권력 이양을 위한 주요 과정을 진행한 셈이다. 다시 말해 김일성-김정일 정권의 공고한 유지를 위한 것이었다.

북미 협상이 난항인 가운데 1994년 5월 북한은 5메가와트 원자로에서 폐연료봉을 꺼내는 작업을 시작한다. 추출한 폐연료봉을 재처리해서 플루토늄을 만들겠다는 의도였다. 이때부터 6월 카터가 방북해 협상을 타결할 때까지 긴장이 최고조에 달한다. 1994년은 기근이 가장 심한 해였다. 1994년은 식량 생산이 1989년에서 1992년 사이 평균 생산량의 20퍼센트에도 못 미치는 극한 상황이었다.[06] 이런 상황에서 김일성은 북한 핵 문제의 원인은 미국의 대북 적대 정책과 남한에 배치한 핵무기 때문이라고 역설한다.[07] 내부적 필요에 따라 핵 위기의 원인을 외부로 돌린 것이다. 하지만 실제로 남한에 배치된 전술핵무기는 1991년에 모두 미국으로 철수됐다.

1994년 5월과 6월의 위기를 거쳐 북핵 문제는 제네바 기본합의를 통해 해결됐다. 북한은 핵을 포기하는 대신 미국은 북한에 대한 경제제재를 해제하고 경수로 2기를 제공하며 북미 수교 협상도 진행할 것을 약속했다. 북한은 정권의 생존에 절대적으로 필요한 경제적 지원과 에너지 지원, 미국과의 외교 관계 정상화를 얻고서야 비로소 핵을 포기한 것이다. 요컨대 1990년대 초 김일성 정권의 절체절명인 상황에서 핵은 북한 주민의 결속에 활용됐고 미국으로부터 정권 유지에 필수 불가결한 품목을 얻어내는 데 이용된다. 쉽게 말하면 1차 북핵 위기는 북한의 정권 유지 맥락에서 발생한 것이다.

2006년 1차 핵실험도 북한의 어려운 내부 사정과 그에 따른 정권의 위기의식이 중요한 원인으로 작용했다. 북한은 6자회담 과정을 통해 2005년 9·19공동성명에 합의했다. 9·19공동성명은 핵 프로그램을 폐기하고 대신 경제제재 해제와 경제적 지원, 경수로를 받는다는 것을 내용으로 하는데 1994년에 맺은 제네바 기본합의와 같은 것이었다. 하지만 이는 지켜지지 않았다. 마카오에 있는 은행 BDA Banco Delta Asia에 대한 금융 제재가 문제였다. 미국은 북한 자금 2500만 달러가 입금돼 있는 BDA를 돈세탁 우려 대상으로 지정했고 그에 따라 무더기 출금 사태를 우려한 마카오 당국이 BDA에서의 예금 인출을 금지한 것이다. 문제는 2500만 달러의 성격이었다. 당시 남한 정부는 이 돈을 김정일의 통치 자금으로 분석했다.[08]

당시 KBS 정치외교팀에서 외교안보데스크를 맡고 있던 나는 천영우 6자회담 수석대표와 점심을 같이할 기회가 있었다. 그 돈이 어떤 돈인지 물었다. 김계관 6자회담 북한 수석대표가 그 자금에 그렇게 매달리는 것으로 보아 이 돈이 최고 권력층의 것으로 보인다는 게 천영우 대표의 대답이었다. 김정일 돈이라는 얘기였다. 당연히 미국이 김정일의 통치 자금을 붙잡고 있는 것에 북한은 분개한다.

게다가 2006년 7월에는 북한 남서부 곡창지대에 대규모 홍수가 닥쳐 쌀값이 37퍼센트나 폭등했다.[09] 핵 문제 해결을 통한 경제 상황 호전은 금융 제재에 대한 미국 재무부의 강경한 입장 때문에 난망했다. 그래서 7월 5일 북한은 장거리 미사일 시험 발사를 실시한다. 주민의 관심을 돌리면서 어려운 내부 상황을 타개하기 위한 것이었다. 그런데 이 미사일 시험 발사로 상황은 더 악화됐다. 미사일 시험 발사에 대한 대응으로 남한이 쌀과 비료 지원을 중단한 것이다. 금융 제재, 쌀값 폭등, 남한의 지원 중단 등으로 점점 더 어려워지는 내부 환경에서 북한은 자주의 상징이 필요했다. 그 선택은 2006년 10월 9일 핵실험으로 나타났다.

2009년 2차 핵실험은 어떤가? 역시 정권 유지와 직접 관련이 있다. 이때는 김정은 승계가 핵심이었다. 김정일이 뇌졸중에서 회복돼 2009년 1월에 김정은을 후계자로 정하는데 아직 어리고 이렇다 할 경험이 없는 김정은을 최고 권좌에 앉히기 위해서는 역시 위기 상황이 필요했다. 김정일이 국방위원장에 취임한 1993년 4월과 같은 환경이 필요했던 것이다.

북한은 2008년 8월 김정일이 쓰러진 이후 내부 통제를 강화해 10월에는 시장을 열흘에 한 번씩만 열도록 했다. 2008년은 1990

년대 대기근 이래 가장 식량난이 심한 해였는데 시장에 대한 단속까지 강화돼 주민 생활은 더욱 악화됐다.[10] 2009년 초에는 외제 상품을 거래하지 못하도록 했다. 북한의 공장들은 오래전부터 제대로 돌아가지 않았다. 연료 부족 때문이었다. 그나마 중국에서 지원해주는 원유로 군수공장을 돌리는 정도였다. 옷, 양말, 치약, 칫솔 등 모든 생필품이 부족했다. 주민들은 일상용품을 시장에서 조달하는데 이것이 대부분 중국산이다. 중국산이 없으면 북한 주민도 견디기 힘들 지경이다. 그런데 이 중국제 상품을 포함한 외제 상품을 못 사고 못 팔게 한 것이다. 시장이 살아나면 주민이 동요할지 모르기 때문에 이를 막기 위해서는 시장 기능을 축소시키는 방법밖에 없었다.

가중되는 어려움 속에서 경륜이 부족한 김정은으로서는 주민들의 단결을 도모하고 주민들에게 강한 임펙트를 줄 수 있는 업적이 필요했다. 이를 위한 방안이 2009년 5월 25일 2차 핵실험이다. 물론 북한 핵의 원인을 일면적으로 파악하기는 곤란하지만 정권 안보를 위한 측면이 매우 강함을 확인할 수 있다.

그렇다면 안보 모형은 설득력이 전혀 없는 것인가? 물론 북한 핵의 원인을 분석할 때 안보 모형은 여전히 나름대로 근거와 힘이 있다. 하지만 두 가지 맹점도 있다. 첫째 북한이 미국을 위협으로 간주한 것은 한국전쟁 때부터로 역사가 매우 오래다. 그런데 왜 1993년에 북핵 문제가 본격화되고 2006년 10월에 이르러서야 핵실험을 했느냐 하는 점이다.

김일성은 한국전쟁 때 미국의 핵 공격을 심히 우려했다. 한국전쟁이 끝난 뒤 미국은 1958년부터 한국에 핵무기를 배치하기 시작했다. 1970년대 후반에는 그 수가 1,000기에 가까웠다. 이처럼 미국의 위협이 최고조에 달할 때는 정작 본격적인 핵 개발을 하지 않았다는 점은 안보 모형의 설명력을 매우 약하게 한다. 안보 모형대로라면 자국의 안보에 대한 적대국의 위협이 강하고 이에 대한 억지력이 핵의 형태로 필요할 때 핵무기는 만들어지는 것이기 때문이다.

이 논리대로라면 북한은 북미 관계와 남북 관계가 경직되고 미국의 핵무기가 한반도에 가장 많았던 1970년대 후반에 핵 개발에 나섰어야 하는 것이다. 하지만 북한은 그렇게 하지 않았다. 왜 그럴까? 당시 북한의 국내 정치가 상대적으로 안정돼 있었기 때문이다. 경제 사정도 나쁘지 않았고 김일성의 카리스마로 정권의 지지 기반도 탄탄했다. 그러니 핵무기 개발을 서두를 이유가 없었던 것이다.

둘째는 북한이 미국의 구체적인 정책을 위협의 근거로 제시하고 안보 모형은 이를 근거로 북한의 안보 우려가 핵 개발로 이어졌다고 설명하지만 그 위협의 근거가 구체적이지 않았다는 것이다. 북한은 특히 부시 행정부가 2001년에 제시한 핵태세검토보고서NPR; Nuclear Posture Review가 핵 공격을 허용하고 2002년에 만든 국가안보전략NSS; National Security Strategy이 적대국에 선제공격을 가능하게 함으로써 미국의 위협이 구체화됐다고 주장한다. 이것 자체가 미국의 가공할 만한 대북한 위협을 보여주는 것일 뿐만 아니라 이런 요소가 북미 간의 대결을 가속화해 2006년 핵실험으로 이어졌다는 것이 안보 모델의 주장이다.

물론 부시 행정부의 대외 정책이 대결과 갈등의 세계관을 기반으로 한 매우 현실주의적인 것이었음은 분명하다. 이런 부분은 비판을 받아 마땅하다. 하지만 이런 정책은 북한을 목표로 구체적인 행동을 추구했다기보다는 북한을 비롯한 이란과 시리아 등에 대한 포괄적인 경고와 경계의 성격을 띤 것이었다. 대화의 계기가 마련되자 부시 행정부도 2005년에는 협상에 임해 북한과 9·19공동성명을 만들어내기도 했다. 따라서 미국 정부의 대북 정책이 핵무기를 생산하도록 했다고 보기에는 무리가 있다.

미국의 위협이 북한으로 하여금 핵 개발에 나서게 한 결정적인 요소는 아니었다고 봐야 할 것이다. 핵 개발이 실제로는 정권 유지와 보전에 목적이 있으면서도 대외적으로는 미국의 위협을 이유로 들먹였다는 설명이 이치에 맞겠다. 북한은 지금도 여전히 미국이 북핵 문제의 근원을 제공했고 따라서 협상도 미국과 해야겠다는 태도를 견지하고 있다. 북한이라는 직접 당사자가 이런 입장이기 때문에 협상의 당사국은 북한과 미국이 될 수밖에 없다. 문제는 양자 사이에 대화의 계기가 마련되기가 쉽지 않다는 점이다. 그래서 북한에 압력을 행사할 지렛대가 있고 미국·한국과도 대화가 가능한 중국의 역할이 북핵 협상과 관련해서 항상 중요한 요소로 인식되는 것이다.

## 중국은 북핵 해결에 적극 나서지 않는다

그렇다면 중국은 북한 핵 문제 해결을 위해서 얼마나 노력할까? 중국은 북한에 대해 기본적으로 '핵은 불가능, 선군정치는 불간섭, 개혁·개방은 지원'이라는 입장이다. 북한이 국제사회에 강한 도발 세력으로 남는 것을 중국은 원하지 않는다. 그래서 북한이 핵을 가지는 것에 대해 반대한다. '북한 핵 문제를 해결하라'는 중국에 대한 국제사회의 요구도 커지고 있어 이에 대해 반응해야 하는 처지기도 하다. 그러면 중국은 북핵이 완전 폐기되도록 하기 위해 필사적으로 노력할까? 그렇지 않다. 이유는 두 가지다.

첫째, 중국은 자신의 영향력을 증대하기 위해 북한이 너무 나가지 않으면서도 문제를 약간 일으켜주는 상태로 남기를 원한다. 그래야 북한 문제 해결을 위해 세계가 관심을 계속 쏟고 그 가운데 북한에 유일하게 지렛대 노릇을 할 수 있는 중국의 가치가 높아진다. 이런 상황이 동북아 초강대국의 지위를 추구하는 중국으로서는 동북아에서 자신의 지도자적 위치를 확보하는 데 매우 유리한 것이다. 2003년 6자회담이 열리기 전까지 중국은 동북아 다자회의에서 강한 영향력을 행사하지 못했다. 하지만 6자회담 시작 이후 미국, 한국, 일본은 누구 할 것 없이 모두 중국만 쳐다보고 있다.

둘째, 중국은 북한과 미국이 가까워지는 것을 원치 않는다. 핵 문제 해결은 북미 관계를 빠르게 개선시킬 것이다. 난관은 있겠지만 연락사무소를 거쳐 대사관이 평양과 워싱턴에 들어서는 단계로 차근차근 발전할 것이다. 북한도, 미국도 궁극적으로 원하는 것은 이것이다. 이는 중국 입장에서는 친미 세력이 중국 코앞까지 진출하는 꼴이다. 동북아에서 영향력을 확대하려는 중국이 동맹국 북한을 잃고 오히려 미국과 가까워진 북한이 중국과 국경을 맞대는 상황을 꺼리는 것은 너무 당연하다. 이런 이유들로 미루어 보아 "한반도의 비핵화를 원한다"라는 중국의 대외적인 언명이 비핵화를 위해 고군분투하겠다는 의미는 아니다. 오히려 중국은 적절한 선에서 북한을 관리하는 방향으로 전략을 구사할 것이다.

## 북한-미국 직접 협상이 왕도

협상이 성공하기 위해서는 당사자가 적은 게 좋다. 다자 협상보다는 양자 협상이 타결 가능성이 높다. 그만큼 이슈 집중력이 높고 해결해야 할 문제에 얽힌 방정식이 저차원이 되기 때문이다. 북핵 문제도 협상이 결과를 낳았을 때는 모두 북미 양자가 담판했을 때다. 1994년 제네바 기본합의가 그랬고 2005년 9·19공동성명, 2007년 2·13합의 등도 모두 북미 양자가 타협해 가능했다. 부시 행정부 1기(2001년 1월 20일부터 2005년 1월 19일까지) 동안 미국은 철저하게 양자 회담을 거부해 북미 관계는 악화일로를 걸었고 결국

2006년 10월 9일 북한의 첫 핵실험으로 이어졌다. 추후 북핵 협상도 양자 회담으로 가는 게 가장 효율적인 방안일 것이다.

미국도 되도록 북한과 협상하길 원한다. '핵 없는 세계nuclear-free world'는 오바마의 역점 정책이기도 하다. 그에게 노벨 평화상을 안겨준 것도 이 정책이었다. 그만큼 북한 핵을 주요 문제로 인식하고 있다. 물론 무조건 협상하겠다는 것은 아니지만 북한이 추가 도발을 하지 않는다는 약속만 하면 6자회담을 열겠다 생각하는 것으로 보인다. 내심은 양자의 접촉을 통해서라도 일정 정도 진전을 이루고 싶어 한다. 김정일 사후 바로 북한과 접촉을 벌여 북한이 핵 활동을 중단하는 대신 미국이 식량을 지원하겠다는 2·29합의가 나온 배경에는 이런 속내가 담겨 있는 것이다.

문제는 이명박 정부의 강경한 자세다. 남북 비핵화 회담을 통해 북한이 비핵화 의지를 분명히 보여야 6자회담을 재개할 수 있다는 원칙을 유지하고 있다. 천안함, 연평도 사건과 관련해서도 북한이 책임 있는 태도를 보여야 6자회담을 열겠다는 것이 이명박 정부의 원칙이다.

그렇다면 회담의 구체적인 방안에 대해 중국은 어떻게 생각할까? 중국은 최근 들어 경제적 자신감을 바탕으로 주요 외교 문제에서도 적극적인 입장을 보이고 있다. 이는 중국의 젊고 능력 있는 외교관들의 적극적 지지에 바탕을 둔다. 그런데 젊은 관료들도 북미 양자 회담을 지지한다. 이들은 중국에 의지해 지원을 얻어내면서 계속 문제를 일으키는 북한을 지지하지 않는다.

김성환 외교안보 수석도 커트 캠벨Kurt Campbell 미국 국무부 동아시아·태평양 담당 차관보를 만나 이런 부분을 설명한 적이 있다. 위키리크스가 공개한 비밀문서에 이에 대한 부분이 들어 있다. 2009년 7월 20일 김 수석은 캠벨을 만난 자리에서 중국 소장 관료들의 양자 회담 지지 입장을 거론하면서 중국의 소장 관료들은 북한이라는 짐을 벗어버리기를 원한다고 설명했다." 중국 관료들이 평양을 들락이면서 6자회담에 나올 것을 요구하지만 한편으로는 북한과 미국 사이의 양자 협상이 재개되도록 노력하고 있다는 얘기다. 중국이 북핵 문제의 조속한 완전 해결을 위해 진력하지 않을 것이란 분석과 문맥상으로 통하는 얘기이기도 하다. 어쨌든 중국의 속내도 이렇다면 결국 핵 문제의 해결을 위해서는 북미가 만나는 길밖에 없을 것이다.

## 오바마 재선은 어떤 영향이 있을까

문제 해결의 방향은 문제의 근본에 접근할 때 찾을 수 있다. 앞에서 언급한 대로 북한이 핵을 개발하는 데 가장 크게 작용한 요소는 정권 안보다. 따라서 핵을 없애는 것은 이 수요를 충족시켜줄 때 가능하다. 핵을 줄이고 없애는 것이 국제사회의 지향점이지만 이를 강제할 수는 없는 일이다. 핵을 보유한 나라가 존재하고 핵확산금지조약을 탈퇴할 수 있는 권한을 핵확산금지조약 자체가 보장하고 있는데 국제사회의 도움과 협조라는 이익을 포기하고 핵을 개발하겠다는 국가를 막을 수 있는 방법은 없다. 설사 공격한다고 해서 핵 야망이 없어지는 것은 아니고 그 공격이 정당한 것도 아니다.

우크라이나와 남아프리카공화국이 보여주듯이 핵을 포기하는 것은 핵 없는 세계를 주요한 국가이익으로 내세우는 세력이 협상에 나서야 가능하다. 지금은 미국이 그 세력이다. 따라서 미국이 핵 야망을 가진 국가들을 관리해야 하는 것이다. 북한이 원하는 것은 정권 안보다. 그러니 불가침조약을 체결하고 그것으로 부족하다면 주변국의 보장을 추진해야 한다. 북한 정권이 비정상적이고 비민주적이어서 미국 정부나 남한 정부가 안전을 보장하고 싶지 않다는 것이라면 핵 문제의 해결은 난망하다. 정권의 성격은 체제 내부의 문제며 외부에서 정권의 교체나 변화를 추진하지 않는다는 확약은 얼마든지 가능하다. 오히려 국제 관계의 기본적 규범 가운데 하나인 불간섭nonintervention 원칙을 지켜야 한다. 하물며 비핵화를 위해서라면 불가침·불간섭 약속은 얼마든지 해도 좋은 것이다.

2012년 4월 북한이 헌법을 개정하면서 서문에 "핵 보유국"임을 명시했지만 이것이 핵을 영원히 보유하겠다는 의미는 아니다. 북한 헌법은 우리처럼 개정이 어렵지도 않다. 최고인민회의에서 의결하면 개정할 수 있다. 따라서 헌법에 명시한 것은 협상 국면에서 그들의 협상력을 강화하기 위한 수단으로 읽을 수도 있다.

정권 안보의 보장뿐만 아니라 북한의 추가적인 양보를 위해서는 보상 또한 더 늘려야 한다. 북한은 정권 안보를 보장받으면 비핵화를 약속하고 벌써 만들어놓은 핵무기는 폐기 단계로 가야 한다. 여기에 추가로 북한이 핵발전소를 짓는 것도 막으려면 그에 상응하는 보상을 해야 한다. 핵의 평화적 이용은 국가의 고유한 권한이고 이를 막는 것은 주권 침해다. 북한 핵 문제를 해결할 협상도 이런 기본 인식을 가지고 접근해야 할 것이다.

오바마 행정부는 클린턴 행정부만큼 적극적이지는 않지만 북한과 협상할 용의가 있다. 6자회담을 열어서 해결하는 것이 좋다고 생각한다. 하지만 이명박 정부가 걸어놓은 대북 화해 조건들이 걸림돌이다. 금강산 관광객 피살 사건과 천안함·연평도 사건에 대한 북한의 사과가 그것이다. 미국은 핵 확산을 막는 게 가장 큰 관심사지만 한국과 대북 정책에서 보조를 맞추겠다는 생각도 하고 있다.

오바마가 대통령에 재선했으니 문제가 해결될 가능성이 있다. 한반도에 살면서 미국 선거까지 신경 쓰면서 오바마가 이기기를 기원해야 하는 상황이 답답했지만 해방 이후 줄곧 한반도 문제에 지대한 영향을 끼쳐온 미국이 여전히 민족문제 해결에 또 남북한 관계 개선에 매우 중요한 요소로 작용하고 있음을 새삼 실감하지 않을 수 없었다.

# 7장

## 미국과 수교할까

미국과 수교할까

## 대외 관계의 핵심은 북미 관계

북한은 건국 이래 끊임없이 미국과 갈등하면서 지내왔다. 실은 건국 이전부터 이런 관계가 시작됐다. 해방 직후 미군정은 남한에 있는 공산 세력을 거세게 탄압했고 공산주의자들은 여기에 맞서기 위해 북한과의 연계를 강화했다. 결국 박헌영은 미군정의 압박을 피해 북한으로 넘어갔다. 얄궂게도 그런 박헌영이 숙청될 때 받은 혐의는 미제의 간첩이라는 것이었다. 한국전쟁 당시에는 미국 공군의 융단폭격이 북한을 폐허로 만들었는데 이것이 미국을 철천지원수로 여기는 반미 감정의 근원이 됐다.

여전히 북한을 지탱하는 기둥이 두 개 있다면 하나는 북한 주민들의 김일성에 대한 존경심이고 다른 하나는 미국에 대한 적대감이다. 그러면서 북한은 북미 관계가 발전하지 않는 것도 전적으로 미국 책임이라고 본다. 미국이 북한에 대한 적대 정책을 쓰기 때문에 북미 관계가 나쁘다는 것이다.[01] 게다가 북한은 미국을 한반도 통일의 저해 세력으로 인식하고 있다. "미국은 외세를 배격하고 우리 민족끼리 힘을 합쳐 자주 통일을 이룩하는 것을 달가워하지 않으면서 온갖 방해 책동을 다하고 있다"라든가[02] "우리 민족을 둘로 갈라놓은 외세가 조선의 통일을 달가워할 리 만무하다"라고 주장한다.[03] 일본과 함께 미국은 북한이 추구하는 자주적 사회주의국가 완성과 통일이라는 목표를 방해하는 제국주의 세력으로 간주되고 있다.

그러면서도 북한은 그 어떤 나라보다 미국과의 관계에 신경을 많이 쓴다. 외무성의 실세는 모두 미국통이다. 물론 영어도 잘한다. 강석주가 그랬고 제1부상 김계관, 부상 리용호 모두 대미 관계 전문가다. 북한이 이렇게 대미 외교를 중요하게 여기는 이유는 무엇일까? 첫째, 미국이 세계 패권국인 만큼 미국만이 북한 체제의 안전을 보장해줄 것이라고 믿기 때문이다. 둘째, 미국이 북한에 필요한 경제적 지원을 해줄 수 있다고 보기 때문이다. 경제제재 해제와 경수로 발전소, 대규모 식량 지원도 미국이 주도해야 가능하다고 믿는 것이다. 그래서 북한은 미국과 수교하고 싶어 한다.

2012년 3월 초 미국을 방문한 외무성 부상 리용호는 "우리의 새 지도자는 미국과의 다툼을 원치 않는다"고 말했다. 대미 정책의 속내를 피력한 것이다. 그는 "미국이 우리와 동맹을 맺고 핵우산을 제공하면 당장이라도 핵무기를 완전히 포기할 용의가 있다"라고까지 말했다.

　핵우산은 한 나라가 핵을 안 가지는 대신 다른 나라의 핵 보호를 받는 것을 말한다. 핵 공격을 당할 때 핵 보호 제공국이 자신을 보호해줄 수 있다는 절대 신뢰가 전제되지 않으면 안 되는 일이다. 그래서 관계가 매우 돈독한 동맹국 사이에서만 가능하다. 1990년 한소 수교 이전까지만 해도 북한은 소련의 핵우산 아래에 있었다. 그것이 한소 수교로 사라지면서 핵 개발을 구체화해나간 것이다. 적대 관계에 있는 미국을 향해 핵우산 제공을 요구하며 핵 포기 가능성을 언급했다는 것은 단순히 선전전으로만 보기에는 중대한 언명이다.

　이 발언에 북한의 장기적인 전략이 담겨 있다고 봐야 한다. 다시 말해 북한이 개발한 핵무기는 그 자체가 목적이 아니라 북미 수교를 위한 수단이라는 측면이 있음을 밝힌 발언이다. 북한이 핵무기를 개발한 이유가 오직 북미 수교 때문인 것은 물론 아니다. 앞장에서 설명한 대로 김일성이 세운 정권 자체를 보전하려는 목적이 가장 중요한 이유다. 하지만 북한은 북미 수교를 위해 핵무기도 협상 테이블에 올려놓을 수 있음을 리용호의 발언을 통해 표명한 것이다.

　북한은 6자회담에 앞서 평화 체제를 위한 회담을 먼저 열 것을 주장하기도 하는데 사실은 이것도 같은 맥락이다. 미국과의 관계를 풀어보겠다는 주장이다. 지금의 정전 체제가 평화 체제로 전환되기 위해서는 평화조약이 필요하고 미국과 중국은 한국전쟁의 당사국이기 때문에 조약의 당사국 또는 보증국으로 참여해야 한다. 이런 조약의 체결 과정은 북미 간의 새로운 관계 형성을 위한 논의의 장이 될 것이고 평화조약 자체는 남북 관계뿐만 아니라 북미 관계도 전쟁에서 평화로 전환시킬 것이다. 이렇게 되면 사실상 북한 핵은 의미가 없어지고 비핵화 단계로 넘어갈 수 있다.

문제는 평화조약 협상에서 북한이 미군 철수를 선결 요건으로 주장한다는 점이다. 평화 체제 회담은 진행되지 않으면서 북한의 정치 선전장이 될 가능성이 농후하다. 그래서 남한과 미국은 6자 회담을 통한 비핵화가 먼저고 그다음 비핵화의 진전에 따라 평화 체제를 논의하자고 주장하는 것이다.

## 북미 수교, 체제 안정을 위한 목표

젊은 김정은으로서는 북한을 지속적으로 끌어갈 만한 안정적인 기반을 마련하는 것이 쉽지 않은 일이다. 미국과의 관계도 정권의 안정이라는 관점에서 김정은은 보고 있을 것이다. 두 가지 방법이 있다. 하나는 대결 관계를 지속하는 것이고 다른 하나는 관계를 개선하는 것이다.

적대 관계를 계속 유지하는 전략은 우선 체제 결속을 얻어내기는 쉽다. 하지만 그 미래가 매우 어둡다. 경제제재와 국제적 고립을 감수해야 한다. 경제제재의 역사는 깊다. 전쟁에는 늘 따라다닌 것이 경제제재이기도 하다. 전방에서 공격에 성공하고 적의 후방을 경제적으로 봉쇄할 수 있다면 전쟁은 이길 수 있다. 또 직접적 적대국에 대해서는 전쟁과 경제제재를 함께하면서 이 적대국을 돕거나 도울 수 있는 간접적 적대국에 대해 경제제재를 하기도 한다.

하지만 많은 경우 경제제재는 효과가 없었다. 나폴레옹 전쟁 때 나폴레옹이 영국 점령에 실패하자 대륙봉쇄령을 내려 영국과의 거래를 일체 중단시켰다. 하지만 러시아가 이를 위반했다. 당시 공산품 생산 능력이 떨어졌던 러시아는 영국에서 값싼 공산품을 들여오지 않으면 물자 부족을 견딜 수가 없었다. 영국과 몰래 무역을 하다 들키는 바람에 모스크바로 나폴레옹이 진격했다. 나폴레옹은 모스크바 원정에 실패해 결국 유럽을 제패하겠다는 꿈을 접어야 했다. 이처럼 각국의 처지와 상황이 다르기 때문에 경제제재는 지키기 어려울 수밖에 없다. 쿠바도 1959년 건국 이후 계속 제재를 받고 있지만 살아 있다. 제재하겠다는 약속을 어기고 협력하는 나라가 있기 때문이다.

경제제재가 다양한 통로로 무력화되는 모습을 실감나게 보여준 나라가 이라크다. 이라크는 1990년 쿠웨이트 침공 이후 미국이 주도하는 유엔의 경제제재를 받았다. 하지만 이 조치가 이라크의 일반 시민의 생활고를 가중시킨다는 국제 여론이 비등해 1996년 유엔은 이라크의 석유 수출을 일부 허용했다. 식량과 의

약품을 살 수 있는 정도만 허용한 것이다. 이것이 '석유-식량 연계 프로그램'이다.

하지만 여기에도 구멍이 있어서 후세인 이라크 대통령은 이 통로를 이용해 석유를 몰래 팔아 18억 달러를 챙긴다. 이라크에 들어가는 식량과 의약품을 검사하는 업무는 코테크나라는 스위스 업체가 맡았는데 이 업체도, 이 업체를 관리하는 유엔도 일을 엉망으로 했다. 더욱이 유엔 사무총장 코피 아난의 아들 코조가 코테크나에 고용돼 있었다. 유엔의 경제제재가 독재자의 배를 불리고 유엔의 부패로까지 연결된 것이다.

이윤을 쫓는 기업들은 경제제재에 별 관심이 없다. 다만 국제 관계에서 발생하는 현상을 돈벌이로 연결시키려 노력할 뿐이다. 2012년에도 세계적인 대형 은행 두 곳이 국제 경제제재 대상국과 거래한 사실이 밝혀졌다. 영국의 HSBC은행은 경제제재를 받는 이란, 북한과 거래해서 벌금 20억 달러약 2조 2700억 원를 부과받았고 역시 영국계 금융 그룹인 스탠다드차타드도 지난 10년 동안 이란과 2500억 달러약 284조 원에 이르는 자금을 거래해온 것으로 드러났다. 이런 일들이 무정부 상태인 국제사회의 특징이기도 하다. 리비아에 대한 경제제재는 어느 정도 효과를 거뒀다. 경제제재를 못 이겨 리비아 통치자 카다피는 핵을 포기하고 미국과 관계를 개선하는 쪽을 선택했다. 물론 이후 카다피 정권은 민중 봉기로 무너졌다.

북한도 오랜 경제제재로 어려움을 겪고 있다. 물자의 수입은 물론 국제금융거래가 금지돼 있고 외국인 투자도 많은 제약을 받고 있다. 제재의 망에 중국이라는 커다란 구멍이 뚫려 있는 것은 사실이지만 경제제재로 난관이 있는 것도 엄연한 북한의 현실이다. 미국과의 대결 정책을 계속 지향한다면 제재를 떨치고 새로운 국가 발전 전략을 실행하기는 어려운 일이다.

그렇다면 남은 선택은 미국과 관계를 개선하는 것이다. 이것이 가능하다면 인도적 지원을 포함해 미국의 원조를 직접 받을 수 있어 우선 식량난 해소에 큰 도움이 될 것이다. 경제제재 해제에 따른 국제 거래 활성화, 외국인 투자 등으로 외화난에 숨통이 트일 수 있다. 경제의 안정은 곧 정치의 안정이다. 북한 경제의 일정한 개선은 김정은 정권의 공고화에도 적극 기여할 것이다.

하지만 북미 관계가 개선되고 북미 수교로 가는 길에는 많은 난관들이 똬리를 틀고 있다. 핵 문제는 물론이고 미사일 협상도 성사돼야 한다. 미국은 핵 못지않게 핵의 발사체인 미사일에 대해서도 민감하다. 동맹국 한국에 대해서도 양국 간 합의된 지침에 따라 탄도미사일 사거리 300킬로미터, 탄두 중량 500톤이라는 매우 엄격한 기준을 오랫동안 적용하다가 2012년 9월 많은 논란 끝에 탄도미사일 사거리를 겨우 800킬로미터로 늘렸다. 미국의 입장에서 미사일의 사거리는 동북아 질서에 직접 영향을 끼친다. 예컨대 한국이 중국 베이징까지 날아갈 수 있는 사거리 1,000킬로미터 이상인 탄도미사일을 개발하면 중국을 자극해 동북아시아에서 군비 경쟁을 촉진할 것이다.[04] 중국은 이미 대륙간탄도미사일까지 보유하고 있기 때문에 이해하기 어려운 주장이지만 미국의 생각은 그렇다.

북한의 미사일에 대해서도 미국은 아주 민감하다. 장거리화되면 그 자체가 미국을 위협할 수 있는 것이지만 더 큰 위험은 북한이 미사일을 이란이나 시리아 같은 이른바 불량 국가rogue state에 수출할지 모른다는 점이다. 그래서 미국은 북한이 미사일을 생산하지도, 수출하지도 못하게 하려는 것이다.

북한과 미국의 미사일 협상이 대단원의 막을 내릴 뻔한 적이 있다. 2000년 미국이 북한 국방위원회 제1부위원장 조명록을 초청하고 미국 국무부 장관 올브라이트Madeleine Albright가 평양을 방문하면서 화해 분위기가 한껏 올랐다. 이때 중요한 협상이 바로 미사일 프로그램 폐기와 북미 수교였다. 핵 폐기 당시만 해도 제네바 기본합의에 따라 진행 중이었기 때문에 미사일 문제를 해결하려 했던 것이다.

협상이 순조롭게 진행되다가 막판에 김정일이 "싫다" 하는 바람에 성사되지는 않았다. 김정일이 미사일을 포기하고 북미 수교로 가는 길을 왜 거부했는지 명확하게 밝혀지지는 않았다. 미국 외교관이 평양에 상주하고 북한이 대외에 개방되면서 발생하게 될 북한 체제의 이완과 그에 따른 정권의 기반 동요를 김정일이 염려했던 것으로 보인다. 어찌 됐든 당시의 북미 협상은 양측이 어떻게 접근하느냐에 따라 미사일 문제도 얼마든지 해결 가능함을 충분히 보여줬다.

북한은 1998년과 2006년, 2009년, 2012년 네 차례에 걸쳐 장거리 로켓 발사 실험을 했고 그 기술이 향상되는 면을 보이고 있기 때문에 협상이 쉽지는 않을 듯하다. 하지만 김정은에게 필요한 것은 북한이라는 국가의 생존과 자신의 정권을 유지하는 일이다. 또한 그에게 가장 약한 고리는 경제 문제다. 이 양자 사이에 얼마든지 연결점이 있을 수 있다. 2000년 당시 북한은 미사일 프로그램을 포기하는 대가로 30억 달러를 요구했던 것으로 전해진다. 김정은 정권은 민생에 비중을 두는 모습을 보이고 있기 때문에 이런 점에 주목하면서 협상 기회를 잡는다면 미국이나 북한 모두 윈윈 할 수 있는 길이 있을 것이다. 2012년 신년 공동사설에서 북한은 관례적으로 해오던 미국에 대한 비난을 하지 않았다. 김정은 정권의 대미 정책의 기조는 미국과의 심한 대치는 피하면서 대화의 기회를 보는 것이라고 할 수 있겠다.

## 불신 제거가 가장 큰 과제

북한의 대외 정책은 자주성이 핵심이다. 자주를 중심으로 평화와 친선을 대외 정책의 이념으로 제시한다. 김정은이 첫 공개 연설에서 자주권을 강조한 것도 대외 정책의 핵심을 강조하는 차원이었을 것이다. 냉전 당시에는 자주, 친선, 평화 순으로 강조됐다. 마르크스레닌주의 사상을 바탕으로 한 사회주의국가들 사이의 친선 관계가 자주성 다음으로 중요한 명제였고 그다음 순서로 타국과의 평화로운 관계가 중시된 것이다. 이 순서는 냉전이 해체되면서 자주, 평화, 친선으로 바뀌었다.[05] 자주성은 그대로 최우선인 원칙으로 유지하면서 그다음으로는 세계 국가들과 평화로운 관계를 유지하는 것이고 그다음으로 사회주의국가 사이의 친선 관계가 강조된 것이다.

그런데 북한이 2012년 들어서 이 순서를 다시 자주, 친선, 평화로 돌려놓았다. 신년 공동사설이 "우리는 앞으로도 우리 당의 자주, 친선, 평화의 리념을 변함없이 견지하며 우리나라의 자주권을 존중하는 세계 모든 나라들과의 선린 우호 관계를 확대, 발전시켜나갈 것이다"라고 밝힌 것이다.

이는 중국과 러시아, 쿠바, 베트남과의 관계를 더욱 탄탄하게 다지고 특히 불황에 빠진 세계경제에 그나마 큰 활력소 역할을 하고 있는 중국과의 관계 속에서 체제가 생존할 수 있는 길을 찾겠다는 의미로 보아야 할 것이다. 그렇다고 이것이 자본주의국가와의 관계를 등한시하겠다는 신호는 아니다. 냉전 시대에도 자주성과 사회주의국가 사이의 친선이 우선적으로 중시되긴 했지만 자본주의국가와의 관계를 무시한 것은 아니었다. 1980년 제6차 당대회에서 김일성은 자본주의국가와의 관계를 강조했다. 사회주의국가와 비동맹 국가에 대한 외교가 먼저지만 북한의 자주성을 인정하는 한 자본주의국가와의 선린 관계도 중요하게 다루어야 함을 역설한 것이다.[06] 냉전 동안 자본주의국가들과 활발한 외교

관계를 형성하지는 못했지만 당시부터 북한의 대외 관계 방침이 '닫힌 정책'만은 아니었음을 알 수 있다.

그러다가 냉전이 해체되면서 사회주의 소련과 동구의 동맹국들을 잃고 체제 생존의 위기에 처한 북한은 이념보다 실리에 바탕을 둔 외교로 전략을 수정했다. 진영 외교를 탈피하고 전방위 외교로 나아간 것이다. 이런 기본적인 방침을 바탕으로 북한은 중국·러시아와는 전통적 우호 관계를 더욱 다지고 미국과 일본, 서구 국가와 관계를 개선하면서 동남아·아프리카 국가와의 자원 외교를 강화하고 국제기구에 대한 외교 활동도 확대해 국제적 지위 향상을 도모하고 있다. 실리 외교를 추구하는 지금의 북한에 미국과의 관계 개선은 중국과의 우호 관계 유지만큼이나 중요하고 시급한 과제라고 할 수 있다.

북미 수교의 가장 직접적인 걸림돌은 물론 핵 문제지만 더 근본적이고 중요한 문제는 상호 불신이다. 1차 북핵 위기도 결국은 원만하게 해결됐으나 그 합의가 지켜지지 않아 2차 북핵 위기로 이어졌다. 합의가 안 지켜진 것은 깊은 불신 때문이다. 1994년 10월 제네바 기본합의 직후 미국 중간선거에서 클린턴의 민주당은 공화당에 졌다. 두 나라는 북한이 핵개발을 포기하는 대신 미국은 경수로가 완성될 때까지 매년 중유 50만 톤을 공급하기로 합의했는데 민주당이 패배하면서 차질이 생겼다. 공화당이 장악한 하원에서 제때 예산을 승인해주지 않았기 때문이다. 중유를 공급하긴 했지만 늦어지고 북한이 생각한 것만큼 원활하게 이뤄지지 않았던 것이다. 그러면서 북한도 차츰 핵 물질로 의심되는 물질을 들여오고 이를 미국에서 인식하면서 불신은 깊어졌다.

이런 불신이야말로 핵 협상과 수교를 어렵게 하는 이유다. 북한이 선호하는 것처럼 6자회담보다 평화 체제 협상을 하면 사실 문제가 일괄타결식으로 해결될 수 있다. 평화협정을 체결하기 위해서는 당연히 비핵화가 선행돼야 하기 때문에 핵과 수교 문제가 한꺼번에 풀릴 수 있다. 하지만 미국과 남한은 앞서 설명한 대로 북한의 미군 철수 전략을 염려한다. 한마디로 북한의 평화 체제 협상 주장에 신뢰를 주지 못하는 것이다.

특히 북한은 한때 남북한과 미국이 참여하는 평화협정을 주장하기도 했지만 최근에는 남한을 완전히 배제한 채 북한과 미국 사이의 평화협정을 주장하고 있다. 이에 대해 미국은 6자회담을 먼저 진행해 북한이 핵을 없애는 단계로 가야 평화협정 협상을 할 수 있다는 원칙을 견지한다. 실은 2005년 9·19공동성명이 그런 내용을 담고 있다. 북한의 핵 프로그램을 단계적으로 폐기하면서 북한에 대한 경제 지원을 하고 평화 체제 협상도 한다는 것이었다. 이런 9·19공동성명의 틀을 가지고 한동안 6자회담이 진행되다가 2008년 12월 이후 회담이 중단돼 핵 폐기와 평화협정 협상 문제가 진전되지 않고 있다.

6자회담이 중단된 것도 북한과 미국 사이의 신뢰 부족 때문이었다. 9·19공동성명 이후 핵 폐기 과정을 단계적으로 진행하기 위해 북한은 핵 시설에 대해 방대한 자료를 제공했다. 하지만 이

것을 검증하는 것이 문제였다. 미국은 이 문서를 바탕으로 현장을 방문해 관련자들을 인터뷰하겠다고 했다. 북한은 미국의 요구에 따랐다. 그래야 검증이 가능한 것이기도 했다. 하지만 미국은 여기서 더 나아가 현장에서 시료를 채취하겠다고 나왔다. 핵 시설 주변의 토양 등을 수거, 반출해서 면밀히 분석해보겠다는 것이었다. 이를 북한이 지나친 요구라며 거부하는 바람에 검증이 중단된다.

북한이 제공한 것, 북한이 앞으로 검증에 응할 태도 등에 대해 미국은 믿지 못했고 북한은 미국의 요구가 핵 폐기만을 위한 것인지 북한을 더 압박하기 위한 수단인지 의심했다. 양국 관계가 외교 정상화 단계로 들어서지 못하게 막는 가장 큰 장애물이 바로 신뢰 부재다.

## 미국이 먼저 수교 제안해야

물론 수교에 전제되는 것이 비핵화다. 미국이 이를 요구하고 있다. 하지만 비핵화가 진행된다고 해도 수교 협상이 일사천리로 진행되지는 않을 것이다. 1994년 합의한 북미 제네바 기본합의 제2조 2항은 "쌍방은 전문가 협상에서 영사 및 기타 실무적 문제들이 해결되는 데 따라 서로 상대방의 수도에 연락사무소들을 개설한다"라고 돼 있고 3항은 "미합중국과 조선민주주의인민공화국은 상호 관심사로 되는 문제들의 해결에서 진전이 이루어지는 데 따라 쌍무 관계를 대사급으로 승격시킨다"라고 규정돼 있어 이에 따라 협상을 진행했다. 북한 외교관이 워싱턴으로, 미국 외교관이 평양으로 들어가 연락사무소 개설 문제를 협의했다.

미국 국무부 외교관들은 평양에서 연락사무소로 사용할 건물까지 물색해놓았다. 예전에 동독이 대사관으로 쓰던 아주 큰 건물이었다. 2004년에 나는 당시 미국 국무부 한국과 북한데스크로 협상을 담당한 케네스 퀴노네스를 만난 적이 있는데 그때 이 건물 사진을 볼 수 있었다. 북한과 미국은 이 건물의 임대, 연락사무소 인원 등 매우 구체적인 문제까지 협의했다. 협상이 진행되던 중에 이번에도 역시 북한의 태도 변화로 연락사무소가 설치되지 못했다. 2000년 미사일 협상 당시에도 그랬지만 북한이 미국 외교관의 평양 거주를 부담스러워했기 때문에 협상은 결실을 보지 못한 것이다.

미국과의 외교 관계를 진전시킬 수 있는 아주 좋은 기회가 두 차례나 있었음에도 이를 살리지 못할 만큼 북한은 미국과 서방 세계에 자신의 깊숙한 부분을 보여주는 것을 싫어한다. 이는 핵 문제와 신뢰 문제에 못지않은 난관이 될 것이다.

서로 믿지 못하고 서로 부담스러워하는 관계가 변화하기 위해서는 오랫동안 교류하고 협력하는 관계를 지속하는 것이 가장 중요하다. 그 교류는 경제, 문화, 스포츠와 같은 비정치적이고 비군사적인 분야에서 먼저 이루어져야 한다. 그러다가 관계가 발전하면 정치적·군사적인 문제도 논의하고 해결하는 것이 현실성 있는 방안이다. 이것이 기능주의functionalism 국제 관계 이론이다. 비논쟁적 영역경제에서 상호 관계가 계속되면 논쟁적 영역정치으로 협력이 넓어진다는 것이다. 하지만 기능주의는 영역 확대가 저절로 이루어진다고 가정하는 데 문제가 있다.

이를 보완해서 나온 것이 신기능주의neofunctionalism이다. 비논쟁적 영역에서 논쟁적 영역으로 이행하는 데는 복잡한 정치화politicization 과정이 개입하며 이를 더 원활하게 하기 위해서는 기능적 협력의 제도화가 중요하다는 주장이다. 북미 간의 교류도 경제 영역을 출발점으로 문화적 영역으로 확장시키고 그 과정에서 상호 관계를 규정하는 규범을 형성해가면서 정치·군사 영역으로 협력을 확대할 때 실효적인 성과를 얻을 수 있다.

비핵화와 평화 체제의 순서와 관련해서 북한이 평화 체제 협상장에서 미군 철수를 우선적으로 주장하면 회담의 성격이 변질될 우려가 있기 때문에 비핵화가 선행하는 것이 옳다. 하지만 비핵화와 북미 수교만을 놓고 볼 때 그 선후 관계는 어떤가? 수교 협상은 반드시 핵 폐기 이후 또는 핵 폐기가 어느 정도 진행돼야 가능한 것인가? 미국은 핵 폐기가 우선이라고 주장한다. 핵 폐기가 진행되면 그에 따라 관계 정상화 문제도 차근차근 논의할 수 있다는 것이다. 한국도 물론 이 원칙을 지지한다.

하지만 발상의 대전환도 해볼 만하다. 어려운 일이겠지만 '비핵화가 모든 것의 전제'라는 생각을 바꾸기만 한다면 미국 입장에서 수교 협상을 먼저 해서 나쁠 것은 없다. 북한과 꾸준히 대화할 수 있다는 이점도 있다. 그런 협상의 과정에서 핵 문제도 함께 얘기할 수 있다. 핵 문제보다 수교 협상이 먼저 진행될 수 있다면 이를 진행시키면 된다. 그래서 수교로 가면 양국은 공식 회담을 할 기회가 훨씬 많아질 것이고 양국 관계도 훨씬 제도화될 것이다. 제도화되면 양국의 의사와 정보를 얻기 위한 노력이 줄어들기 마련이다. 이것이 신뢰 회복의 길이 될 수 있다.

양국이 상대방 수도에 대사를 파견하는 단계로 발전한다는 것은 상호 인정mutual recognition 단계로 들어선다는 것을 의미한다. 마틴 와이트Martin Wight나 헤들리 불Hedley Bull과 같은 영국학파 석학들이 주장하는 것처럼 상호 인정은 양국 관계가 국제사회international society로 발전하기 위한 기반을 확보하는 것이다. 그 기반 위에서 서로 교류하면서 공동의 규범과 제도를 만들어나간다면 진정한 질서와 정의가 갖추어진 국제사회를 이룰 수 있다. 물론 이 과정 어딘가에서 핵 문제 협상은 시작되고 관계가 어느 정도 발전하느냐에 따라 어딘가에서 해결될 것이다.

문제는 이와 같은 선택을 미국 행정부가 할 수 있는가 하는 점이다. 정권 차원에서 그런 창의력을 발휘할 만한 여유가 있을까? 미국 국내 여론이 핵을 가지고 있는 북한과 수교하는 것을 지지하겠는가 하는 점도 해결돼야 하는 문제다. 게다가 남한 쪽에서 반대도 많을 것이다. 무엇보다 북한 핵의 잠재적 공격 대상이 한국이라고 생각하는 보수 세력의 반대가 심할 것이다. 하지만 북핵 협상의 효과적인 진행과 핵 프로그램의 항구적 폐기를 위해서 충분히 논의해볼 만한 가치가 있는 방안이다.

역설적인 것은 이 방안에 대해 북한이 반대할 가능성이 있다는 것이다. 앞서 말했듯이 1994년 제네바 기본합의 이후와 2000년 당시 초기 단계의 연락사무소 설치 협상도 미국 외교관 평양 주재에 대한 북한의 경계심 때문에 좌초됐다. 이런 선례에 비추어 선先수교 협상을 미국이 제안해도 북한이 선뜻 응하지 않을 가능성이 높다. 하지만 미국으로서는 핵 문제의 근본적인 해결을 위해 그리고 적대국 북한을 수교국 북한으로 변화시키기 위해 적극 추진해볼 만한 접근법이 아닐 수 없다.

8장

중국 의존 탈피할까

## 심화하는 중국 의존

중국은 북한에 꾸준히 식량과 석유를 지원해왔다. 북한의 목줄 역할을 해온 것이다. 그렇다면 중국은 북한을 얼마나 지원하고 있을까? 중국은 지원 사실은 인정하지만 구체적인 내용은 공개하지 않고 있다. 무상 지원을 받는 북한의 자존심을 건드리고 싶지 않고 기본적으로 북중 관계의 역사와 성격상 그 정도 도움을 주고받는 것은 아주 당연하다고 여기기 때문이다.

그 규모는 언론의 취재로 어느 정도 드러났다. 대략 식량 10만 톤과 석유 50만 톤, 2000만 달러에 상당한 물품이 매년 무상으로 북한에 지원된다.[01] 2011년에는 식량 9만여 톤, 석유 50만여 톤이 지원됐다. 식량과 석유를 제외한 물품의 종류는 북한의 요청에 따라 매년 달라진다. 중국의 주석이나 총리가 방문할 때 또는 북한에 큰 재난이 발생할 때는 따로 지원된다. 이와 같은 중국의 지속적인 지원은 북한이 오랜 식량난과 에너지난, 외화난이라는 3난 속에서도 그럭저럭 버텨내게 하는 자산이었다.

무상 지원뿐만 아니라 북한의 무역 또한 중국에 의존하고 있다. 북한의 대중국 무역 의존은 어제 오늘 일이 아니지만 그 속도가 너무 빠르다. 남북한 교역을 제외한 2011년 북한의 대외무역 총액은 66억 6960만 달러였다. 2010년보다 32퍼센트 증가했다. 이 같은 증가 대부분은 중국과의 교역이 차지했다. 2011년 북한의 대중국 무역액은 56억 2920만 달러로 2010년보다 62.4퍼센트나 늘었다. 전체 무역에서 차지하는 비중은 84.4퍼센트나 된다. 중국 외에는 거래가 거의 없다고 해도 과언이 아니다. 2010년에는 중국이 차지하는 비중이 68.6퍼센트였는데 1년 사이 15.8퍼센트포인트나 증가한 것이다. 수출입을 구분하면 중국에 대한 수출은 11억 8790만 달러에서 24억 6420만 달러로 두 배 이상 증대했고 수입은 22억 7780만 달러에서 31억 6500만 달러로 40퍼센트 정도 늘었다.

주로 수출되는 것은 광물, 수입되는 것은 식량이다. 2011년 북한의 대중국 광물성 연료와 에너지 수출은 11억 4910만 달러로, 2010년보다 189퍼센트가 늘어났다. 자원의 중국 유출이 얼마나 심한지를 적나라하게 보여준다. 북한이 중국에서 사온 곡물은 1억 230만 달러로 2010년보다 71.2퍼센트 증가했다. 중국이 곡물과 원유는 여전히 우호 가격으로 저렴하게 제공하기 때문에 액수로 따지면 큰 규모가 아닌 것처럼 보이지만 이를 양으로 계산하면

규모가 엄청나다. 게다가 수입 규모 또한 크게 증가하고 있다.

반면에 유럽연합, 러시아와의 교역량은 감소했다. 2011년 9월 기준으로 볼 때 유럽연합과의 무역 총액은 2010년 같은 기간보다 43.4퍼센트 줄어든 1억 460만 달러, 러시아와의 무역 총액은 8.9퍼센트 감소한 9180만 달러에 머물렀다.

교역만이 아니라 북중 협력 사업과 중국의 투자도 매우 활성화되고 있다. 특히 함경북도는 점점 중국의 일부가 돼가는 느낌이다. 중국은 2020년까지 30억 달러를 투자해 나진항에 7만 톤 규모인 4호 부두와 공항, 화력발전소를 건설하기로 했다. 지린성 투먼에서 나선시까지 철도를 놓는다. 이런 공사가 마무리되면 5, 6호 부두도 건설해 중국이 50년 동안 사용하기로 했다.

중국은 1, 3호 부두에 대한 사용권도 확보했으니까 2호 부두를 제외한 나진의 모든 부두를 장기간 사용하게 되는 셈이다. 2012년 9월에는 중국이 역시 함경북도에 있는 청진항도 확보했다. 청진항의 3, 4호 부두를 30년 동안 공동 관리·이용하기로 한 것이다. 중국은 지금까지 확보한 나진항과 청진항뿐만 아니라 나진 바로 북쪽에 있는 선봉항, 함경남도 단천항, 강원도 원산항까지 노리고 있다. 중국의 동북3성 지역에서 외부로 움직여야 하는 물동량은 연간 1300만 톤에 이른다. 이 규모는 점점 늘어난다. 이런 수요를 충족시키기 위해 중국은 북한의 항만 요지를 차근차근 차지해나가고 있는 것이다.

북한의 중국 의존 현상은 이명박 정부 들어 훨씬 심해졌다. 김대중·노무현 정부 당시 북한에 매년 지원되던 식량 40만에서 50만 톤이 끊어졌고, 2010년 천안함 사건 이후 5·24조치로 북한과의 교역도 금지됐다. 2009년 5월 25일 북한의 2차 핵실험 이후 채택된 유엔 안보리 결의 1874호는 북한의 대외 거래를 더욱 옥죄었다. 이런 배경 속에서 북한은 생존을 위한 길을 중국에서 찾는다. 그 결과 중국과 북한 사이에서 교역이 더욱 빠르게 증가하고 있는 것이다.

2012년 7월 25일 평양 능라인민유원지가 완공돼 준공식이 열렸다. 김정일과 김정은이 공사 중 여러 차례 방문하면서 지대한 관심을 표시한 곳이다. 남한의 서울대공원 같은 곳이다. 북한은 인민들의 삶의 질을 개선한다는 명분에 부합하는 이 유원지 공사에 군을 동원해 박차를 가해왔다. 김정은이 어린 시절 어머니 고영희와 함께 도쿄 디즈니랜드에 간 적이 있는데 고영희가 "공화국에도 이런 게 있으면 좋겠다"는 말을 했다고 한다. 김정은 부자가 이 유원지에 특별히 신경을 쓰는 이유 중 하나일 것이다.

준공식 자리에 북한의 주요 인물들이 모두 참여했고 주북한 대사들도 참석했다. 그중 관심을 끄는 인물은 주북한 중국 대사 류훙차이劉洪才였다. 그는 바이킹과 비슷한 회전매라는 놀이기구를 김정은 바로 오른쪽에 앉아 탔다. 그 오른편에는 김경희가 앉았다. 김정은과 김경희 사이에 류훙차이가 앉은 것이다. 김정은과 함께 활짝 웃는 모습을 보여주었는데 이 장면은 주로 흑백으로만 제작되는 《노동신문》에 컬러사진으로 실렸다. 북한 주민들이 이런 모습을 보아도 크게 거부감이 없다는 의미일 것이다.

　이 장면은 과거 김일성이 중국을 방문했을 때 덩샤오핑鄧小平이 젓가락으로 음식을 집어서 김일성 입에 넣어주던 모습을 상기시킨다. 북한과 중국의 아주 친근한 관계를 상징적으로 표현해준 것이다. 우리 대통령과 주한 미국 대사가 놀이기구를 함께 타는 모습을 연출했다면 친미 논란을 낳을 수도 있을 텐데 북한과 중국 사이는 그런 사이를 넘어서고 있다고 보아야 할 것이다.

　1946년 마오쩌둥毛澤東이 만주 지역에서 장제스蔣介石 군에게 격렬한 공격을 받을 때 김일성이 많은 물자와 무기를 보내 도왔다. 그에 대한 답으로 마오쩌둥은 한국전쟁 당시 대규모 군을 보내 김일성을 도왔다. 마오의 장남 마오안잉毛岸英도 한국전쟁에서 목숨을 잃었다. 마오안잉은 중국인민지원군 사령관 펑더화이彭德懷의 러시아어 통역관으로 참전했는데 1950년 11월 25일 미군의 공격을 받고 사망했다. 평안북도 동창군 대유동 동굴에 마련된 펑더화이 사령부에 근무하다 미군 전투기의 네이팜탄 공격을 받은 것이다. 동굴의 입구에 가까운 쪽에 사무실이 있고 숙소는 더 깊은 곳에 있었다. 사무실에서 일하던 마오안잉은 공격을 피하지 못했다.

　일제강점기에는 김일성이 중국 공산군에 편입돼 항일운동을 한 깊은 역사적 연대를 가지고 있다. 이런 바탕 위에서 형성돼 있는 북한과 중국의 관계는 그동안 말 그대로 피로 맺은 혈맹 관계를 유지해왔다.

## *6자회담 최대 수혜국은 중국*

북한 핵 문제 해결을 위한 다자간 대화의 틀로 기능해온 6자회담은 애초 3자회담으로 시작했다. 북한과 중국, 미국의 회담으로 시작한 것이다. 2002년 10월 미국 국무부 동아시아·태평양 담당 차관보 제임스 켈리James Kelly가 평양을 방문했다. 켈리는 북한이 고농축우라늄HEU 프로그램을 진행한다는 증거가 있다며 북한에 이를 시인하라고 압박했다. 첫날 협상장에 나온 김계관 북한 외무성 부상은 부인으로 일관했다.

둘째 날에는 외무성 실세인 강석주 외무성 제1부상이 나왔다. 북한은 그날 새벽까지 고위급 논의를 한 끝에 강석주가 켈리를 상대하도록 한 것이다. 그 자리에서 강석주는 '고농축 우라늄보다 더한 것도 가질 수 있다'는 식으로 강수를 들고 나왔다. 미국은 이 말을 북한이 시인한 것으로 해석했다. 이에 따라 북한은 핵 프로그램을 재가동한 것이 됐고 2차 북핵 위기는 그렇게 시작됐다.

북미 간의 갈등이 격화되면서 2003년 1월 10일 북한이 핵확산금지조약 탈퇴를 선언하자 중국이 적극 중재에 나섰다. 1차 북핵 위기 당시에도 중국의 역할은 컸다. 1994년 6월 카터 전 미국 대통령이 평양에 들어가 협상에 성공을 거둔 데는 중국의 힘이 개입돼 있었다. 1994년 5월 북한이 5메가와트 원자로에서 핵연료봉을 꺼내기 시작하면서 1차 북핵 위기가 고조됐다. 미국은 북한에 대한 강력한 제재와 군사적 공격까지 고려했다. 이런 한반도 위기 상황에서 중국은 북한에 메시지를 보냈다. '북한이 계속 위기를 고조시키면 미국의 제재 강화 조치에 중국도 동의할 수밖에 없다'는 내용이었다. 이 메시지로 북한은 카터를 받아들였고 그와 협상에 들어간 것이다.

2차 북핵 위기에 맞닥뜨린 이후 중국은 1차 북핵 위기 당시보다 훨씬 더 적극적이고 능동적이고 공개적인 모습을 보여줬다. 북한, 미국, 한국과 빈번하게 접촉하면서 대화의 장을 마련하기 위해 동분서주했다. 전통적으로 미국과의 직접 대화를 고집해온 북한도 중국의 설득에 다자 대화를 수용하지 않을 수 없었다.

그래서 2003년 4월 북·중·미 3자 회담이 열린 것이다. 이는 8월의 6자회담으로 연결됐고 6자회담은 북핵 문제 해결의 메커니즘으로 자리 잡았다. 첫 회담 때부터 중국은 의장국으로 각국의 의견을 조정하려 노력했고 이후 북한이 회담 참가를 거부할 때마다 고위급 인사를 파견해 북한을 6자회담으로 끌어내는 역할을 해왔다.

물론 중국은 북한의 핵무장을 막기 위해, 북한 정권의 불안정화를 막기 위해 핵 문제에 적극 개입한 것이다. 중국이 이토록 적극적인 역할을 할 수 있는 것은 경제성장에 따른 자신감 덕분이다. 뚜렷한 경제 공동체나 안보 공동체가 없는 동북아 환경에서 6자회담은 동북아 공동체가 형성될 수 있다는 가능성을 시험해볼 수 있는 기회기도 하다. 중국이 6자회담에 그토록 적극적인 것도 이를 염두에 둔 것이라고 할 수 있다.

　아직까지 동북아 국가들은 강한 민족주의를 배경으로 갈등을 빚고 있다. 경제 공동체를 넘어 정치 공동체로 발전한 유럽연합과 달리 한국, 중국, 타이완 등 주요 동북아 국가들은 민족주의적 성향이 강하다. 20세기 초 일본의 지배에 억눌린 민족주의가 일본의 패망으로 융성하기 시작해 경제적 성장과 함께 확대, 강화된 것이다. 존 미어샤이머John Mearsheimer가 지적하듯이 제1차 세계대전의 주요 원인이 게르만족과 슬라브족의 과잉 민족주의hyper-nationalism였는데 동북아는 이런 비극적 역사를 반면교사로 삼지 못한 채 여전히 민족주의 융성의 한가운데에 있는 것이다.

　게다가 각국이 협력체 구성을 통한 절대적 이익absolute gain보다는 협력을 통해서 발생하는 이익의 차이, 즉 상대 국가가 얻게 되는 상대적 이익relative gain에 지나치게 신경 쓰기 때문에 동북아 공동체는 여전히 난망한 상황이다. 특히 중국의 성장으로 중국과 일본의 경쟁이 심해지면서 이들 국가의 상대적 이익에 대한 우려는 공동체 형성에 큰 장애 요소로 작용하고 있다. 일본은 협력을 통해 중국이 가져갈 이득의 상대적 크기, 그로 인한 경제와 안보상의 능력 향상을 걱정하고 중국 역시 일본에 발생할 상대적 이익이 일본의 군국주의화로 연결될 것을 우려한다. 이런 요소들 때문에 동북아 협력체의 발전은 앞으로도 많은 시간이 필요하다.

　이런 상황에서 중국은 6자회담과 같은 기회에 자신의 지도력을 보이면서 장기적 관점에서 동북아 공동체가 형성되기를 기다린다고 할 수 있다. 실제로 그런 의미가 담긴 6자회담을 통해 동북아에서 중국의 영향력은 빠르게 증대됐고 그러면서 북한에 대한 정치적인 입김도 강화돼왔다.

천안함 사건을 두고 유엔 차원에서 제재가 논의될 때마다 중국이 북한을 적극 두둔하는 것에서 확인했듯이 이제 중국은 북한의 정치적 후견인 역할도 맡고 있다. 김정은 정권이 아직 안정되지 않은 상황이기 때문에 이런 현상은 쉽게 약화될 가능성은 적다. 핵 문제를 해결할 길을 찾기 위해서는 한국도 예전처럼 한·미·일 공조 체제만을 내세우기보다는 어떻게 중국을 설득하고 한중의 이해를 조화시킬지를 고민해야 하는 상황이라 하겠다.

## 의존의 균형 추구

중국이 북한에 꾸준히 지원하고 있지만 그것이 확실한 보장 속에서 진행되는 것은 아니다. 북한이 중국의 만류에도 2012년 4월 13일 장거리 로켓 시험을 강행하자 식량 지원을 4월 말로 늦추었다. 북한이 춘궁기 가뭄이 심해 식량 사정이 매우 안 좋았는데도 대북 경고 차원에서 조치를 취한 것이다.

중국은 이런 경고 조치를 가끔 실시해왔다. 2차 북핵 위기가 시작된 이후 북한을 6자회담으로 끌어내기 위해 중국은 2003년 북한에 원유를 공급하는 송유관을 사흘 동안 폐쇄하기도 했다.

고장을 이유로 내세웠지만 실제로는 북한을 압박하기 위한 것이었다. 전력이 모자라 지금도 군을 동원한 수력발전소 건설을 국가의 주요 사업으로 추진하는 북한 처지에서 사흘 동안이나 석유 공급이 중단되는 사태는 주요 산업 시설 가동이 전면 중단되는 대재난에 해당한다. 실제로 당시 송유관 폐쇄로 북한 산업이 1년 이상 후유증을 앓았다고 한다.

이런 상황들을 경험하면서 북한도 나름대로 대응 방안을 생각했을 것이다. 중국에만 생명 줄을 대는 것은 국가 자율성에 심대한 타격을 주는 것이고 긴급사태 대응 측면에서 매우 취약할 수밖에 없는 것이다. 그래서 북한은 중국을 우선으로 하면서도 러시아에 대한 외교에도 신경 쓰고 있다. 2002년 8월과 2011년 8월에 김정일이 러시아를 방문한 것도 그런 차원이다.

북한은 남북한과 러시아 3국을 잇는 시베리아횡단철도TSR와 한반도종단철도TKR 연결 사업을 통해 러시아와의 관계 강화를 꾀하고 있다. 또 시베리아와 한국을 연결하는 가스관 연결 사업도 통과료로 연 1억 달러를 확보할 수 있기 때문에 긍정적으로 검토하고 있다. 문제는 남북 관계다. 북한과 러시아, 한국과 러시아 사이에서는 두 가지 사업이 구체적으로 협의돼왔고 실제로 걸림돌도 별로 없다.

하지만 이명박 정부 내내 남북한은 대화다운 대화, 협의다운 협의 한 번 제대로 해보지 못했기 때문에 이들 사업에 대해서도 내실 있는 협의를 하지 못하고 있다. 어쨌든 북한으로서는 러시아가 원하는 것을 들어주면서 경제적인 실리도 챙기고 러시아와의 관계를 더욱 강화하겠다는 의사가 있다.

역사적으로 보아도 북한은 중국과 러시아 사이에서 균형을 추구해왔다. 해방 직후에는 소련군 주둔으로 소련에 주로 의존했지만 한국전쟁 당시 중국군의 지원을 얻어냄으로써 중국에 대한 의존을 확대한다. 이후 1960년대 문화대혁명 당시에는 홍위병의 김일성 비판으로 중국과 일정한 거리를 둔다. 대신 스탈린을 비판한 흐루쇼프가 물러나고 브레즈네프 정권이 들어서면서 1970년대에는 소련과의 거리를 좁힌다. 1980년대 중소분쟁이 해결돼가면서 소련과 중국을 등거리에 두고 우호관계를 유지한다.

1991년 소련이 망하면서 중국에 기울기 시작한 북한의 외교 관계는 2000년 2월 구소련과의 동맹조약을 대체하는 우호선린협력조약을 체결하고 7월에 푸틴 러시아 대통령이 방북함으로써 러시아와의 관계를 회복한다. 중국과 소련러시아 사이에서 '의존의 균형balance of dependence'을 찾으면서 나름대로 주체적 자립을 추구해온 것이 북한의 역사다.

핵은 다양한 정치적 의미를 띤다. 북한과 같은 약소국, 외교적으로 고립된 국가의 경우는 더욱 그렇다. 국가 안보와 정권 안보를 위한 수단으로도, 필요하면 협상의 도구로도 활용될 수 있다. 특히 북한의 핵은 정권을 지키겠다는 주요 목적에 봉사하면서도 대외적으로는 미국의 위협을 명분으로 만들어졌다. 그만큼 북한이 핵을 개발한 이유와 그것이 얻어내고자 하는 목적이 여러 가지라는 것이다. 미국과의 관계에서 북한 핵이 의미하는 바는 미국의 직접적 위협에 대항하기 위한 것이라기보다 북한이 미국과 일정한 관계를 만들어내고 협상이 열릴 때 지렛대로 활용하기 위한 것으로 보는 게 더 옳을 것이다.

미국 대외 정책의 주요 부문을 차지하는 것이 대량살상무기 WMD의 확산 방지다. 여기에 거스르는 국가는 미국과 적대적인 관계에 놓인다. 미국은 이 상대와 전쟁을 하든지 협상을 해서 대량살상무기의 확산을 막을 것이다. 그런데 미국 역사에서 핵무기를 가진 나라를 군사적으로 공격해서 핵무기를 제거하거나 이 나라를 무력화시킨 적은 없다.

북한이 착안한 점이 바로 이것이다. 핵무기를 가지면 미국의 공격을 피하면서 협상의 기회를 찾을 수 있다는 계산으로, 결국은 미국과 협상하겠다는 것이다. 북한의 외교적 지평을 미국으로 확대하겠다는 생각이 들어 있다. 다시 말해 미국을 핵 게임에 끌어들여 중국에 대한 편향을 어느 정도 개선하겠다는 뜻이다.

그렇다면 그저 대화를 통한 미국과의 관계 개선을 추구하면 될 텐데 북한은 그렇게 어려운 길을 택했을까? 여기엔 북한 체제를 구축한 김일성과 항일 빨치산 세력의 의식이 작용했다. 일제와 전투하고 일제에 쫓기고 노림수에 동료들 잃은 경험이 있는 이들은 일본을 제국주의 세력으로 보고 있으며 일본에 대한 적대감과 불신이 기본적으로 깔려 있다. 일본은 군사 대국화와 해외 팽창의 야망을 실현하려 하며 미국은 일본과 '주종 관계'를 구성하고 '상전'으로서 일본을 돕는다고 믿는다.⁰² 미국의 태평양 전략를 태평양 연안 국가에 대한 "지배와 간섭, 착취와 략탈, 침략과 전쟁 도발을 강화"하는 것으로 인식한다.⁰³

게다가 한국전쟁 때는 미국이 북한의 적대국이었다. 북한은 미군의 융탄폭격을 겪었다. 1950년 11월 30일 미국 대통령 트루먼Harry Truman의 "우리는 핵무기를 포함한 모든 무기를 사용할 수 있습니다"라는 발언 이후 김일성은 핵 공격에 대한 공포를 떨치지 못했다. 따라서 자유롭고 평등한 상태에서 미국과 대화로써 무언가 균형적인 관계를 만들어내기는 불가능하다는 것이 북한의 판단이다. 그래서 핵을 매개로 한 협상을 선택했다고 볼 수 있다.

안보 정책이나 경제정책과 관련성은 적지만 중국 고유명사 표기법과 관련해서도 중국에 지나치게 치우치는 것을 피하려는 북한의 의도가 관찰된다. 2012년 9월 1일부터 북한은 중국 인명과 지명을 우리식 한자 독음으로 표기하기 시작했다. 중국 국가 주석 후진타오胡錦濤의 이름을 적을 때 '후진타오'라고 하지 않고 '호금도'로 적기 시작한 것이다. 따라서 시진핑習近平은 '습근평'으로, 원자바오溫家寶는 '온가보'로, 지린성吉林省은 '길림성'으로 표기를 바꿨다. 북한은 원래 '호금도'식으로 표기했다가 2011년 7월부터 현지 발음을 존중하는 식으로 바뀌었다. 중국이 중국 발음대로 써달라고 요구하기도 했지만 2010년 5월과 8월에 김정일이 잇따라 방중하면서 중국과의 관계가 좀 더 가까워지고 후계 문제에 중국의 지원을 기대한 북한이 대중국 선린책으로 중국의 요구를 수용한 것이다.

북한의 외국어 표기법은 현지음을 중하는 것을 원칙으로 한다. 러시아는 '로씨야'로, 멕시코는 '메히꼬'로 표기하는 것도 현지 발음대로 적는다는 원칙에 따른 것이다. 이 원칙에서 중국만을 예외로 해왔는데 이를 고쳐서 2011년 7월부터 중국 인명, 지명도 현지 발음대로 적기로 했다가 13개월 만에 다시 바뀌어 우리 식 한자 독음으로 표기한다.

정치와 군사 등 상위 정치high politics와 직결된 문제는 아니지만 이런 언어생활과 관련한 부분에서도 '우리 식'을 고집하는 모습이다. 또한 이는 중국의 요구가 있더라고 북한에서 필요하다고 생각하고 주민들이 원하는 것이라면 들어주지 않을 수 있음을 보여주는 실재적인 사례이기도 하다. 경제적·외교적으로 중국에 기울어가는 것을 경계하는 차원에서 취한 조치로도 읽힌다.

북한이 중국에 대한 의존에서 벗어나 균형을 맞추려 하는 것은 북한의 핵심 세력들이 현실적으로는 중국에 의존하면서도 내심으로는 중국을 불신하기 때문이다. 김정일도 중국을 불신했다. 위키리크스는 김정일이 2009년에 방북한 현대그룹 회장 현정은에게 중국을 믿지 않는다고 직접 말했다고 밝혔다.[04] 중국은 통상 북한에 대한 우호적인 태도를 취하면서도 핵이나 장거리 미사일 등 대량살상무기와 관련한 문제에 대해서는 완고하게 북한의 개발 전략을 저지하려 하기 때문일 것이다. 특히 핵 문제에 관한 한 중국과 미국은 상당 부분 이해를 같이한다. 미국이 핵확산금지조약 체제를 주도하고 있지만 중국 또한 핵확산금지조약에 따라 공식적으로 핵무기를 보유할 수 있는 나라다. 미국과 중국, 러시아, 프랑스, 영국은 이 조약에 따라 핵무기 보유의 권한이 있는 핵클럽을 형성하고 있다. 핵확산금지조약은 이들 5개국 외에는 기본적으로 핵무기를 가질 수 없고 대신 5개국은 핵 감축을 위해 노력하면서 핵 비보유국의 평화적 핵 이용은 돕도록 돼 있다. 따라서 중국도 핵확산금지조약의 수혜국이며 핵확산금지조약의 완결성을 유지하기 위해서는 미국과 함께 북한의 핵 개발은 막아야 하는 처지다. 그러니 북한 핵에 대한 태도는 완강하고 그런 점이 북한을 섭섭하게 하는 경우가 있을 수 있다.

북한이 중국 의존 일변도에서 벗어나고 싶어 하는 데는 이와 같이 의존의 균형, 이를 통한 국가 자율성의 확대, 중국에 대한 불신 등 많은 요인들이 작용한다. 따라서 북한의 대외 관계는 큰 틀에서 중국과 협력을 지속하면서 러시아와의 관계도 강화하고 장기적으로는 미국과의 관계도, 일본과의 관계도 정상화하는 방향으로 나아갈 것이다.

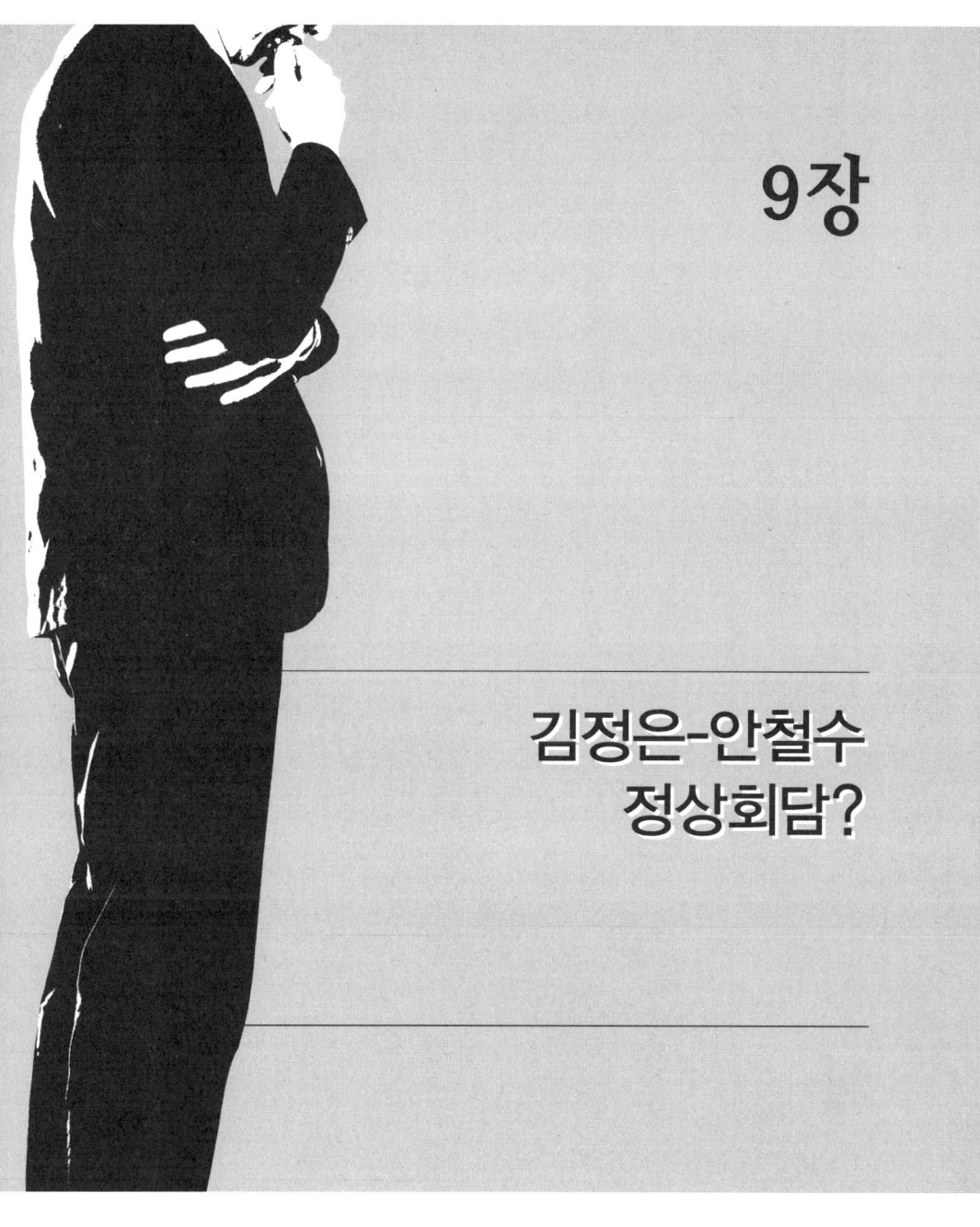

# 9장

## 김정은-안철수 정상회담?

## 금강산 관광 재개 나선다

남북 관계와 관련해 북한이 우선 관심을 두는 부분이 금강산 관광 재개다. 현금을 얻을 수 있는 일이기 때문이다. 그래서 북한 당국은 2010년 2월 당국 간 실무 회담에서 박왕자 씨 총격 사망 사건에 대해 "유감을 표시한다" 밝혔고 김정일은 2009년 8월 방북한 현대그룹 회장 현정은과 함께 발표한 보도문에 "모든 관광 편의와 안전을 보장한다"라고 했다.

하지만 이명박 정부는 당국 간 협상을 통한 현장 조사와 사과, 재발 방지 약속, 신변 안전 보장이라는 세 가지 조건을 주장하면서 강경 자세를 굽히지 않았다. 김정은 정권도 금강산 관광을 재개하고 싶어 한다. 관광은 북한 입장에서 가장 손쉽고 위험 부담이 적은 사업이기 때문에 적극적으로 나설 것으로 보인다.

북한은 2010년과 2011년 신년 공동사설에서 남북 관계 개선과 대화와 협력 추진 등의 의사를 피력했지만 2012년에서는 "남조선 보수 집권 세력은 시대의 흐름과 민심의 지향에 역행해 친미 사대와 동족 대결, 북침 전쟁 책동을 강화했다"면서 적대감을 적나라하게 표현하며 남한 정부를 신랄하게 비난했다. 《노동신문》을 비롯한 북한 매체는 수시로 이명박 정부를 원색적으로 비난해왔다. 6·15공동성명 기념일인 2012년 6월 15일자 《노동신문》 사설도 "악랄한 반통일 대결 책동으로 6·15 이후 좋게 발전하던 북남 관계를 위기에 몰아넣은 리명박 역적패당은 지금 최악의 통치 위기를 모면하고 보수 정권을 연장하기 위해 반공화국 대결 소동에 더욱 피눈이 돼 날뛰고 있다"라고 맹비난했는데[61] 이런 논조가 이명박 정부 임기 동안 계속 이어졌다.

북한은 여전히 2012년 4월 개정된 조선 노동당 규약 서문에 "조선 로동당의 당면 목적은 공화국 북반부에서 사회주의 강성국가를 건설하며 전국적 범위에서 민족 해방, 민주주의혁명의 과업을 수행하는 데 있으며 최종 목적은 온 사회를 김일성-김정일주의화해 인민대중의 자주성을 완전히 실현하는 데 있다"라고 밝히면서 사회주의 체제를 남한으로 확산시키겠다는 의지를 피력했다. 하지만 이는 명목에 지나지 않는다.

북한은 1990년대 대기근 이후 체제의 생존에 모든 자원과 노력을 쏟아부었다. 때문에 한반도의 공산화보다는 체제의 생존으로 일차적인 국가 목표가 바뀌었다고 보아야 옳을 것이다. 그러면서 북한은 남북 관계와 통일 문제를 거론할 때는 항상 7·4공동성명을 출발점으로 삼는다. 그중에서도 자주, 평화, 민족 대단결이라는 통일의 3대 원칙을 논리적 바탕으로 삼는다. 북한 통일론의 기반이 바로 이 3대 원칙이다. 이 원칙이 "격폐됐던 북남 사이의 다방면적인 대화와 협상, 화해와 협력"을 가능하게 해주었고[02] 이 원칙의 구현 형태가 6·15공동선언과 10·4선언이라는 인식이다.[03] 7·4공동성명이 남북 관계의 기본 원칙이고 6·15공동선언은 실행 원리, 10·4선언은 실천 강령이라는 구도를 갖추고 있는 셈이다. 따라서 6·15공동선언과 10·4선언을 지켜가는 것이 현 시점에서 남북 관계가 나아가야 할 바람직한 방향으로 본다.

이처럼 중요한 6·15공동선언과 10·4선언을 이명박 정부가 무시했기 때문에 이명박 정부의 대북 정책은 지원과 협력보다 압박을 내세운 것이라고 북한은 판단한다. 김정일 사망 이후 조문을 전면 허용하지 않은 것에 대해서도 불만이 크다. 여기에 그동안 이명박 정부가 보여준 행태로는 남북 관계가 진전될 가능성이 없다고 판단해 차기 정부를 기다려보겠다는 전략도 작용하고 있다.

하지만 이런 적대감과 반감이 대남한 감정과 정책의 전부는 아니다. 2012년 4월 15일 김정은은 첫 공개 연설에서는 "진정으로 나라의 통일을 원하고 민족의 평화, 번영을 바라는 사람이라면 누구든지 손잡고 나갈 것이며 조국 통일의 역사적 위업을 실현하기 위해 책임적이고도 인내성 있는 노력을 기울일 것"이라고 밝혀 적극적인 태도를 보였다. 차기 정부가 금강산 관광을 비롯한 경제협력 문제에 적극성을 보인다면 남북 교류에 능동적으로 나서겠다는 의사 표시로 볼 수 있다. 협력을 위해서는 무엇을 우선하고 무엇을 뒤로 미루어야 하는지에 대한 전략 또한 분명하다.

이명박 정부를 공격한 2012년 6월 15일자 《노동신문》 사설은 후반부에 민족 대단결을 강조하면서 "온 겨레는 조국의 통일을 위해 사상과 주의·주장의 차이를 뒤로 미루고 북남 공동선언의 기치 밑에 단결하고 또 단결하여야 한다"고 강조했다. 남북 간의 기존 합의를 지키는 문제를 먼저 다루자는 것이다. 특히 10·4선언의 내용이 북한의 항만과 도로에 대한 개발 지원을 중심으로 하기 때문에 북한은 남한의 지원을 목표로 이런 주장을 폈다고 볼 수 있다.

하지만 이를 대화의 가능성에 대한 사전적 신호로 볼 수도 있다. 그런 신호를 단서로 협력할 기회로 만들어내는 것이 남북한의 협력과 통일 분위기를 형성하는 데 결국은 기여할 수 있음은 물론이다. 그래서 대북 정책이라고 하는 것도 집권 세력이 무엇을 선택하느냐 하는 문제이며 이 선택에는 북한을 보는 시각, 통일에 대한 신념 등 이념이 개입하지 않을 수 없는 것이다.

## 이명박 정부의 이상한 대북 정책

북한이 남북 관계 개선에 나설 만한 이유는 충분하다. 무엇보다도 경제 회생이다. 인민의 생활을 개선하고 이들이 허리띠를 졸라매지 않도록 하기 위해서는 경제를 살리는 길밖에 없다. 장기적 발전 계획은 물론이고 당장 식량난을 완화하기 위한 대책을 마련해야 하는데 대외 지원을 받는 것이 가장 현실적인 방안이다. 구체적인 방법으로는 중국의 지원 확대, 핵 문제 해결을 통한 미국의 지원 확보, 일본과의 관계 개선에 따른 지원 확보, 남북 관계 개선에 이은 남한의 대규모 식량과 비료 지원 등이 있을 수 있다.

중국은 꾸준히 북한을 지원하고 있다. 김정일 사망 직후에도 식량과 석유를 대규모로 무상 지원하는 등 김정은 정권 안정화 차원에서 원조를 계속하고 있다. 핵 문제 해결을 통한 지원은 '핵 문제 해결'이라는 풀기 어려운 과제를 전제로 한다. 일본과의 관계 개선도 일본인 납치 사건이라는 북한과 일본 사이의 난제가 가로놓인 형국이다. 남북 관계 개선은 북한의 태도에 따라 비교적 쉽게 이루어낼 수 있는 것이고 김대중·노무현 정부 때 매년 쌀 40만에서 50만 톤이 지원된 예로 본다면 그 규모도 매우 클 수 있다. 이런 점에서 북한이 남북 관계 개선을 추구할 가능성은 매우 높다.

인민의 생활 개선 측면 이외에 다른 차원에서 북한이 남북 관계 개선에 나설 수도 있다. 북한이 남북 관계를 개선할 때는 개선된 남북 관계를 국내적으로 이용할 가치가 높을 때였다. 미국과 중국의 관계가 데탕트 시대에 접어들고 동북아 질서의 해빙 무드를 맞던 1972년에 북한은 국제적 고립을 피하기 위해 7·4공동성명에 합의했다. 1991년 남북기본합의서 체결은 탈냉전 과정에서 많은 사회주의 동맹국을 잃어버린 상황에서 체제의 안보를 확보하기 위한 것이었다. 2000년 정상회담도 오랜 경제난에서 벗어나기 위해 개성공단을 개발하고 남한의 지속적인 지원을 확보하겠다는 북한의 의도 때문에 가능했다.

북한 정권은 김정일 시대를 거치면서 전형적인 가산제家産制 형태 권위주의 체제로 전환됐다. 가산제적 독재국가는 특권과 권력으로 얻을 수 있는 독점적 이익, 즉 렌트의 분배를 매개로 한 독재자와 엘리트의 인적인 후원 관계를 통해 운영된다. 인적인 후원이 주로 정치·경제적 특권을 기반으로 이뤄지기 때문에 정권의 경제력이 고갈되거나 최고 통치자의 장악력이 떨어지면 체제 위기는 의외로 쉽게 올 수도 있다. 북한의 경우 김일성 정권 당시만 해도 김일성과 후원 세력의 유대를 유지시킨 요소로 특권과 이익 이외에 항일 투쟁 과정에서 형성된 강한 동지적 연대 의식과 진정한 사회주의국가 건설이라는 이념적 공감이 존재했다. 하지만 김정일 정권을 거치면서 이런 요소는 많이 희석됐고 지금 김정은 정권에서 이런 요소를 찾기는 어렵다.

표현을 좀 달리 해보면 북한 체제는 사장교斜張橋 모형이라고 할 수 있다.[04] 최고 지도자가 주탑으로 중심을 잡고 권력 엘리트들은 상판으로 주탑과 연결된다. 이 주탑과 상판을 연결하는 케이블이 필요한데 이것이 최고 지도자의 정치력과 자원이다. 김정은 정권은 권력 엘리트를 단단하게 묶어두고 이들의 지원을 꾸준히 확보하기 위해 이들을 경제적으로 계속 보상해주어야 한다. 후원 세력에게 이익을 배분하기 위해서는 그만한 물적 자원이 있어야 하는 것이다. 이에 필요한 자원을 얻기 위한 방책으로 남한과의 관계 개선이 북한 입장에서는 매우 유용한 전략이다. 이때 남한 정부의 자세가 향후 남북 관계에 매우 중요한데 북한은 어떤 식이든 자신의 일정한 목적을 성취하기 위해 접근하는 것이지만 이를 의식하고 북한의 접근을 배격할 필요는 없을 것이다.

남한 정부의 태도가 이명박 정부처럼 '원칙 있는 남북 관계', '북한에 끌려다니지 않는 남북 관계'를 지향하는 것이라면 남북 경색은 면하기 어렵다. 이명박 정부가 그동안 '원칙 있는 남북 관계'를 하겠다고 주장해왔지만 그 원칙의 내용은 남북 관계의 진전에 기여하는 것이 아니었다. 하나를 주면 하나를 받는 것, 대북 지원 시 북한이 먼저 요청하도록 하는 것과 같은 조건은 원칙이 될 수는 없다. 게다가 위키리크스가 공개한 비밀문서를 보면 이명박 정부는 남북 관계에서 친북을 탈피하고 미국과의 신뢰를 회복하는 것을 더 중요한 목표로 세워놓았다.

2009년 3월 31일 김숙 국정원 차장이 캐슬린 스티븐스Kathleen Stephens 주한 미국 대사를 만난 자리에서 이명박 정부의 두 가지 대북 정책 목표를 설명했다. 첫째는 남한이 이전 정부의 친북 성향에서 벗어나는 것, 둘째는 북한 문제와 관련해 한미 간의 신뢰를 회복하는 것이다.[05] 북한과의 관계 개선이라는 본래 목적은 사라지고 이전 정부의 정책 추진 정향을 벗어던지는 것을 목표로 삼았을 뿐 아니라 너무나 엉뚱하게도 미국의 신뢰 회복이 대북 정책의 목표가 된 것이다. 그야말로 주객전도가 아닐 수 없다. 남북 관계의 진전은 뒤로 한 채 한미 관계의 진전이 남북 관계 운영의 주요 관심이 돼 있다는 것인데 달리 말하면 한미 관계에 조금이라도 부담이 될 것 같으면 남북 관계 진전은 버리겠다는 얘기가 되는 셈이다. 이러니 남북 관계가 후퇴하는 건 당연한 일이다. 바람직한 목표는 장기적 관점에서 남북 관계를 증진시키는 것이어야 한다. 북한의 본래 의도가 어떻든 이를 남북 관계 발전이라는 목표에 봉사할 수 있는 계기로 활용한다면 남북 간의 화해 분위기를 만들어내는 좋은 기회가 될 수 있을 것이다.

### 남북대화 전문가가 없다

2009년 3월 북한은 최고인민회의 12기 대의원 687명을 새로 뽑았는데 여기서 대남 관계 전문가들이 빠졌다. 노무현 정부 때 남북 대화에서 핵심 역할을 한 최승철 당 통일전선부 부부장을 비롯해 박창련 국가계획위원회 부위원장, 정운업 민족경제협력위원회 위원장, 백용천 내각 사무국 부장 등이 대의원에 선출되지 못했다. 최고인민회의 대의원은 국가기관 고위직의 기본 요건과 같은 것이다. 당과 군부의 주요 인물들도 대의원으로 선출된다. 따라서 여기서 빠지면 주요 포스트에 가지 못한다. 숙청된 것으로 판단할 수 있다. 남북대화 전문가의 숙청은 한미 간의 비밀 전문에서도 확인된다.

청와대 통일 비서관을 지내고 막 통일부로 돌아간 엄종식은 통일부 남북회담 본부장을 맡기 직전인 2009년 4월 14일에 주한 미국 대사관 조셉 윤 정치 참사관을 만났다. 이 자리에서 엄종식은 그해 말 남북대화가 재개될 가능성은 50대 50 정도라면서 북한의 대남 관계 전문가들이 모두 숙청되거나 자리를 잃어 대화를 어떻게 재재할지를 조언할 사람이 없다고 말했다. 또 군인들이 이 자리들을 차지했다고도 털어놓았다.⁰⁶

최승철은 2007년 남북 정상회담을 위해 노무현 대통령이 군사분계선을 걸어서 넘어갈 때 북쪽 대표로 노 대통령 부부를 맞은 인물이다. 이명박 정부 들어 남북 관계가 급속도로 악화되자 정책 판단 잘못을 이유로 숙청된 것으로 전해진다. 정운업은 부패 혐의가 있었다고 한다.

문제는 남한에도 남북 관계 전문가가 사라졌다는 것이다. 통일부와 국정원에 전문 부서가 있기는 하다. 이들은 기술적인 차원에서 남북대화에 대비하고 있다. 하지만 남북 관계에서 중요한 것은 중량감 있는 남북 관계 전문가가 북한과 일정한 채널을 유지하는 일이다. 김대중 정부에서는 김보현 국정원 3차장이 이런 역할을 했다. 북한 전금철 아태평화위 부위원장과 채널을 유지하면서 금강산 관광객 억류 사건을 해결하고 당국 간 공식 회담을 만드는 구실을 했는데 이명박 정부에서 이런 전문가, 채널이 사라진 것이다.

하지만 새로운 환경이 되면 북한의 입장은 달라질 것으로 보인다. 특히 북한 권부의 전 분야에서 핵심 역할을 하는 장성택은 기본적으로 실용적이고 남북 경협에 긍정적이다. 남한에 다녀간 경험도 있기 때문에 남북 관계를 개선할 호기를 맞기만 하면 관계를 발전시킬 가능성이 얼마든지 있다. 그런 점에서 남한 대통령이 누가 될 것인지가 그 어느 때보다 중요한 문제로 다가온다.

## 박근혜의 수동적 대북 정책

최근 김정은의 생각은 온통 경제로 가득 차 있다. 중국 고위 관계자를 만나서도 경제 이야기를 한다. 그의 최측근 장성택을 중국에 파견해 북중 경제협력 방안을 집중 협의하기도 했다. 경제를 살려야 한다는 당위성을 김정은 이상 절감하는 사람은 북한에 없다. 정권을 받치는 기둥 두 개가 안보와 경제 아닌가?

북한의 동기가 충분하다면 남한에 어떤 정부가 들어서는지가 남북대화에서 매우 중요한 요소가 아닐 수 없다. 어떤 정부가 들어서도 이명박 정부보다는 나을 것이라는 생각은 있다. 하지만 그 이상이어야 할 것이다. 남북 관계를 개선하는 것은 남한 정부의 의무이기도 하다. 우리 헌법 66조 3항은 "대통령은 조국의 평화적 통일을 위한 성실한 의무를 진다"라고 분명히 밝힌다. 그렇다면 현재 유력한 대선 후보 가운데 김정은과 대화하면서 남북 관계를 더욱 발전적으로 끌고 갈 인물은 누구일까? 대통령이 될 가능성이 높은 박근혜, 문재인, 안철수의 대북 정책을 살펴보자.

지금까지 다양한 통로로 대북 정책을 많이 얘기해온 인물은 새누리당 대선 후보 박근혜다. 박근혜가 추구하는 대북 정책의 핵심은 '균형'과 '신뢰'라고 할 수 있다.[07] 협력을 추진하면서도 억지와 안보의 중요성을 함께 강조한다. 또 한반도를 갈등의 공간에서 신뢰의 공간으로 변화시키려면 남북한이 상대방에게 기대하는 바를 이행하게 하는 '신뢰 외교'가 필요하다고 본다. '신뢰'와 관련해 그는 남북 간의 합의 준수를 강조한다. "역대 정권의 7·4남북공동성명이나 남북기본합의서, 6·15남북공동선언은 기본적으로 다 지켜져야 한다"는 입장이다. 그러면서도 "10·4공동선언 같은 경우는 이행에 있어 재정이 많이 소요되고 국회 동의도 받아야 하고 민간이 할 일도 있고 그렇기 때문에 기본적으로 합의한 걸 지킨다는 틀은 우리가 하지만 세부적인 것은 여러 가지 동의도 받고 조정해야 될 것"이라고 밝혔다. 옳은 얘기다.

하지만 합의를 준수하기만 한다고 신뢰가 쌓이는 것은 아니다. 이를 위해 무엇을 어떻게 해야 하는지 구체적인 방안이 중요한데 박근혜의 정책에는 그런 것이 보이지 않는다. 사실 보수와 진보를 가르는 부분도 이런 구체적 방안이다. 대북 문제를 두고 일어나는 우리 사회 갈등도 남북 관계를 신뢰 관계로 발전시키기 위한 정책과 조치 때문에 일어난다. 그런데 박근혜한테서는 이런 부분에 대한 입장을 찾아보기 어려울 뿐만 아니라 이런 부분에 대한 질문에는 늘 모호한 대답으로 일관한다.

'균형' 부분은 좀 더 구체적이다. 안보와 교류·협력 간 균형, 남북 관계와 국제 공조 간 균형을 추구하겠다는 것이다. 실제로 남북한의 교류·협력에 관해서는 "국민의 안전에 대한 보장을 확실히 받고 재개한다면 정부보다는 민간에서 사업 타당성을 검토해서 거기에 맞춰 민간이 주도하는 게 좋겠다"라고 밝히기도 했다. 정부가 적극 주도하거나 지원하는 것에 대해서는 부정적이다. 금강산 관광 재개와 관련해서도 북한의 책임 있는 조치가 선행돼야 한다는 생각이다.

천안함·연평도 사건에 대해서는 2011년 9월 1일 "북측에서 우리 국민이 납득할 만한 조치가 없다면 아무리 노력해도 의미 있는 남북 관계를 이뤄나가기는 어려운 일"이라고 했다가 2012년 8월 22일 기자회견에서는 "수많은 젊은 장병들이 희생된 끔찍한 일인데 아무 일 없이 하자는 것도 정부로서는 무책임한 일이지만 계속 이런 상태로 가는 것도 문제"라고 말했다. 북한 당국의 공식적인 사과를 요구하면서 대화 통로를 열어보겠다는 생각이 있는 것으로 보인다.

하지만 핵 문제와 관련해서는 강경하다. 2012년 9월 4일 박근혜는 중국 전인대 상무위 부위원장 천즈리陳至立 일행을 만난 자리에서 "남북 간 경제 교류는 가능하며 언제든 협력할 수 있지만 난제는 북핵"이라면서 "북한 핵을 머리에 이고 있는 상태에서는 불안해서 교류·협력을 할 수 없다는 입장"이라고 말했다. 교류·협력과 핵 협상의 병행 추진과 같은 전향적인 방안은 염두에 두지 않고 있는 것이다.

2012년 9월 10일에는 중앙글로벌포럼 축사를 통해 "안정적인 남북 관계와 지속 가능한 평화를 만들기 위해 진화하는 대북 정책을 추진해야 한다"면서 "북한 지도부가 핵무기를 포기하고 주민들의 삶의 질을 근본적으로 개선할 수 있는 결단을 내려야 한다"라고 밝혔다. 그 구체적 의미에 대해 축사의 초안을 쓴 윤병세 전 청와대 통일외교안보 수석은 "북한이 고립 국면을 탈피하려는 변화에 나설 경우 박 후보도 집권 시 그에 상응하는 대북 정책을 취할 것이란 시그널을 보낸 것"이라고 설명했다. 역시 북한이 변화하면 그에 대응하는 정책을 추진한다는 얘기다.

지금까지의 발언으로 보아 선제적으로 관계를 개선할 생각은 없는 듯하다. 북한의 태도에 따라 남북 관계의 방향이 달라질 수 있다는 수동적인 자세라고 하겠다. 이에 대해 진중권은 박근혜의 대북 정책을 포용 정책이라고 표현했지만[08] 조금만 따져보면 그가 제시하는 것들이 포용 정책과 매우 거리가 먼 것임을 바로 알 수 있다. 포용 정책은 무엇보다도 북한을 한반도 문제 해결의 동반자로 보는 의식을 전제로 대화와 교류, 지원 등의 방법으로 북한을 변화시키려는 정책이다.

박근혜가 《포린 어페어스 Foreign Affairs》에서 제시한 신뢰 외교 trustpolitik라고 하는 것도 내용상으로는 북한이 해야 하는 것을 먼저 제시한다. "북한이 한국·국제사회와의 합의를 지켜야 남북 간 신뢰 관계 형성의 기초가 형성된North Korea must keep its agreements made with South Korea and the international community to establish a minimum level of trust"라고 주장한다. 우리가 무엇을 먼저 해서 남북 관계를 개선할 것인지를 얘기하지 않는다. 남한이 주도력을 쥐고 남북 관계를 끌어가면서 동북아 질서의 안정도 동시에 추구할 수 있는 역동성을 그의 정책에서 찾아보기 어렵다. 박근혜가 집권해도 남북 관계가 크게 개선되리라 기대하기 어려운 이유다.

박근혜를 후보로 내세운 새누리당 소속 국회의원 정문헌의 NLL북방 한계선 관련 발언도 남북 관계에 큰 장애 요소로 남을 것 같다. 2012년 10월 8일 국회 외교통일통상위원회 국정감사장에서 정문헌은 "노무현 전 대통령과 김정일 위원장이 2007년 10월 3일 3시 백화원초대소에서 단독 회담을 했고 회담 녹취록은 통전부가 비밀 합의 사항이라며 우리 측 비선 라인과 공유했다"라면서 "대화록에서 노 전 대통령은 김정일에게 'NLL 때문에 골치 아프다. 미국이 땅따먹기 하려고 제멋대로 그은 선이다. 남측은 앞으로 NLL을 주장하지 않을 것이며 공동 어로 활동을 하면 NLL 문제는 자연스럽게 사라질 것이다'라며 구두 약속을 해줬다"고 주장했다.

정문헌은 발언의 근거를 정확히 대지 않았는데 새누리당의 대선 전략에 따라 쟁점으로 삼으면서 문제가 커졌다. 박근혜 자신도 "NLL은 수많은 우리 장병이 목숨 바쳐 지켜낸 곳으로, 아무도 함부로 변경할 수 없다"고 말하면서 노무현의 후계자 문재인을 흔들었다.

정서적으로는 NLL이 우리의 영토를 경계 짓는 선이지만 논리적으로는 그것이 그렇게 간단치 않다. 태생적으로 NLL은 1953년 유엔군 사령관 클라크가 일방적으로 선언함으로써 만들어진 것이다. 당시 해상에서 미군이 일방적으로 우세했음에도 미군이 많이 양보해 NLL을 그었다고는 하지만 그렇다고 그것이 NLL의 정당성을 온전히 보장해주는 것은 아니다. 1972년까지 북한은 NLL에 특별히 문제를 제기하지 않았다. 그러나 1973년부터 서해 5개 섬 주변 수역이 자기네 연해라고 주장하면서 빈번히 NLL을 넘어왔다.

1991년 체결한 남북기본합의서 11조는 분명 "남과 북의 불가침 경계선과 구역은 1953년 7월 27일자 군사정전에 관한 협정에 규정된 군사분계선과 지금까지 쌍방이 관할해온 구역으로 한다"라고 규정했다. 하지만 남북기본합의서 제2장 남북불가침 관련 부속합의서 10조는 "남과 북의 해상 불가침 경계선은 앞으로 계속 협의한다. 해상 불가침 구역은 해상 불가침 경계선이 확정될 때까지 쌍방이 지금까지 관할해온 구역으로 한다"고 명기했다. 해상 경계선은 협상의 대상인 것이다.

따라서 분명한 것은 남북이 서해 경계선을 분명하게 합의한 적이 없다는 사실이다. 그런데도 NLL에 대해 협상이 필요하다는 식으로 말하는 것을 친북으로 몰아가는 것은 '안보 정치'의 전형이다. 새누리당은 여전히 이 카테고리에서 벗어나지 못하는 모습을 보여줬다. 북한이 주목하는 것도 이런 부분일 것이다. 북한에 먼저 행동할 것을 요구하고 NLL 문제를 이성적으로 보기보다 선거 전략으로 활용하려는 태도는 남북 관계 개선에 도움이 되지 않음은 물론이고 남한을 비난할 빌미를 북한에 줄 뿐이다.

대선이나 총선을 앞두고 북한은 관례적으로 선거에 영향을 주려 해왔다. 보수의 당선을 막고 진보의 당선을 유도하려는 행위를 해온 것이다. 그런 차원이겠지만 북한의 새누리당과 박근혜 비난은 매우 노골적이고 심하다. 비난의 핵심은 반6·15 세력이라는 것이다. 대선을 6·15 지지 세력과 반6·15 세력으로 나누고 반6·15 세력은 반통일 세력이라는 도식을 가지고 새누리당 세력을 비난한다.[09] 박근혜가 6·15와 10·4를 원칙적으로는 지키겠다고 한 것은 남한의 진보 세력이 6·15와 10·4에 대한 이명박 정부의 소극적인 태도를 비판하고 남북 관계가 진전되지 않은 것이 이명박 정부가 이 두 선언의 이행에 미온적인 탓이었음을 알기 때문일 것이다.

하지만 북한은 박근혜를 새누리당 후보 이상으로 보지 않는다. 더욱이 5·16에 대해서도 극렬하게 비판한다. 5·16에 대한 박근혜의 "불가피한 최선의 선택"이란 평가를 계기로 2012년 8월 11일자 《노동신문》은 〈유신 독재의 부활은 절대로 용납될 수 없다〉라는 특집 기사를 싣고 5·16쿠데타의 전개 상황을 자세히 전했다. 또 10월유신에 대해서는 "장기 독재 체재를 수립하기 위한 정치 쿠데타"라고 평가하고 박정희 정권은 남한 경제를 '식민지 예속화'했으며 정경유착은 부정부패를 낳았다고 비판했다.[10] 물론 북한의 평가에 대한 반론도 있을 수 있고 북한 언론이 한국 대선에 영향을 끼치는 구도가 돼서는 안 되겠지만 이런 북한 매체의 보도를 통해 북한의 인식이 박근혜와 대척점에 있음은 확인할 수 있다. 따라서 남북 관계와 관련해서는 새누리당의 재집권은 추후 남북 관계 발전에 많은 난관을 낳을 것으로 보인다.

박근혜의 대북 인식, 북한의 새누리당과 박근혜에 대한 평가와 함께 남북 관계에 큰 영향을 끼치는 요소가 새누리당 지지 세력이다. 이들 보수 세력은 '원칙 있는 남북 관계라는 태도만 지켜나가면 남북 교류는 안 해도 좋다'라는 이명박 정부의 원칙이라고 할 수 없는 원칙을 지지해왔다. 김정은 정권이 들어서면서 애송이와 무슨 정상회담이냐, 3대 세습 독재국가와 무슨 교류냐 하는 인식도 보였다. 정권의 독재성, 세습의 부당성은 인정하면서도 대화와 교류는 해야 남북 관계의 발전 가능성이 있고 통일 분위기가 차츰 형성될 수 있다는 논리적·이성적 접근에 반감을 품은 세력들도 새누리당 지지 세력이다. 이명박 정부의 남북 관계 후퇴에도 이런 지지 세력의 인식이 많은 부분 작용해왔다. 이런 요소들을 모두 고려해본다면 박근혜와 북한, 박근혜와 남북 관계 진전은 좀처럼 어울리기 힘들고 이해를 공유하기 어려운 조합으로 보인다.

## 문재인의 대북 포용 정책

민주통합당 대통령 후보인 문재인은 기본적으로 노무현 정부의 대북 정책을 잇고 있다." 전면적 경제협력으로 남북 관계를 개선하고 남북 간의 신뢰 관계도 형성하겠다는 입장이다. 휴전선과 NLL 일대를 평화경제지대로 개발하고 설악산과 평창을 금강산과 연결하는 관광특구로 개발하겠다고 제안했다. 경제협력이 남북 관계 발전의 최선의 방안이라는 생각을 기본적으로 하고 있는 것이다. 경제협력을 위해 우선 금강산 관광은 재개하고 집권 첫해 6월 15일을 기해 정상회담을 추진하겠다는 계획도 세우고 정상회담을 매년 정례화하겠다는 생각도 피력했다.

실제로 경제협력과 관련해서는 문재인의 공약이 가장 구체적이다. 10·4선언에서 약속한 대로 서해 평화협력 특별지대를 설치해 서해의 긴장을 해소하면서 동시에 경제협력을 추진하겠다는 계획이다. 남북 간 포괄적 경제협약을 체결해 안정적인 투자와 경제활동을 보장하겠다는 내용도 공약에 담고 있다. 또 5·24조치를 해제하고 개성공단을 확대한다는 계획도 세우고 있다.

하지만 그의 생각이 북한에 대한 포용 일변도는 아니다. 2008년 금강산 관광객 총격 피살 사건, 2010년의 천안함과 연평도 사건에 대해서는 북한의 책임 있는 태도를 요구해야 한다는 의견이다. 그의 정책적 구상이 담긴 책《사람이 먼저다》를 보면 "앞으로 남북 관계가 개선된다고 해도 이런 문제들은 반드시 짚고 넘어가서 북한의 책임 있는 태도를 요구해야 합니다"라고 밝혔다. "남북 관계가 개선된다고 해도"라는 전제로 보아서 남북 관계 개선을 위한 경제적 교류를 먼저 시작하고 차츰 북한의 사과나 유감 표명을 요구해나가겠다는 의미로 보인다. 이명박 정부처럼 사과 없이는 아무것도 하지 않겠다는 건 아니지만 그렇다고 책임 추궁 없이 넘어가지는 않겠다는 뜻이다. 핵 문제 해결에 대해서도 채찍과 당근을 모두 쓰자고 주장한다. 북한의 비핵화를 실현하기 위해서는 국제사회가 주도하는 압박과 남북이 주도하는 협상이 병행돼야 한다는 것이다.

전체적으로 평가하면 문재인의 대북 정책은 포용 정책이다. 특히 경제협력에 대해서는 '남북경제연합을 위한 5개년 계획'과 같이 구체적인 부분까지 생각해놓았으나 북핵 문제 해결과 관련해서는 원칙적인 입장만 얘기하고 있다. 다만 북핵 문제 해결에 협상과 함께 압박을 추진해야 한다고 말하는데 압박이 구체적으로 어떤 내용인지가 중요한 부분이다. 이런 부분이 구체화되면 문재인 대북 정책이 좀 더 분명해질 것이다.

## 안철수-김정은 정상회담?

안철수는 기본적으로 남북 관계는 교류와 협력이 계속돼야 한다고 생각한다.[12] 우선 금강산 관광 재개를 위한 대화를 시작하자고 주장한다. 재발 방지 약속을 받고 관광을 재개하자는 것이다. 북한의 사과를 요구해서는 남북 관계 개선의 계기를 마련하기 어렵다고 보기 때문이다. 개성공단식 경제 교류를 특히 중시해 이의 확대를 주장한다. 천안함·연평도 사건에 대한 사과와 관련해서는 별다른 언급이 없다. 특별히 북한 인권 문제와 관련해 필요한 발언은 하는 태도가 필요하다고 말했다. 그런 차원에서 '유연한 대북 전략'을 제시한다.

안철수는 이명박 정부가 염두에 둔 북한 붕괴를 전제로 한 봉쇄 정책에 대한 반대 의사도 분명히 했다. 이런 의견은 통일을 사건이 아니라 과정으로 보는 시각에서 나올 수 있는 것이다. 실제로 안철수도 그렇게 말했다. 물론 구체성이 떨어지는 것은 다른 후보들과 마찬가지다. 그에게 자문을 해주고 있는 경남대 교수 김근식이나 세종연구소 수석연구위원 백학순의 생각을 그대로 가져온 것 같은 느낌도 든다. 어쨌든 그가 밝힌 대북 정책의 기본적인 내용은 경제적 의존이 확대되면 전쟁은 일어나기 어렵다는 상호의존론을 기반으로 해 남북 관계를 평화적으로 관리하겠다는 것이다. 또 경제 교류가 확대되면 추후 정치·군사 문제도 논의할 수 있고 그러면서 통합의 수준이 확대·강화된다는 신기능주의적 통합론도 가지고 있는 것으로 보인다. 그런 점에서 경제협력이 필요한 김정은 정권과 대화·협력을 이끌어내는 데도 매우 적극적일 것이다.

대북 정책의 수립에서 무엇보다 중요한 것은 북한을 보는 시각이다. 그중에서도 북한의 붕괴 가능성에 대한 판단이 중요하다. 북한이 곧 붕괴될 것이라는 인식에서는 대화와 협력을 담보한 정책이 나올 수 없다. 김영삼 정부가 그랬다. 북한 붕괴론을 기본 인식으로 깔고 있었기 때문에 미국이 북미 핵 합의에 적극 나서는 것도 반대했다. 그러다 결국 남북 관계는 매우 경색됐고 북미 간의 합의 결과에 따라 경수로 분담금 30억 달러는 부담해야 하는 상황을 맞았다. 이명박 정부 또한 김영삼 정부의 과오를 그대로 답습하는 과정을 밟아왔다. 결과는 역시 심한 남북 관계 경색이다.

이와 다른 접근을 보인 것이 김대중 정부였다. 1998년 금창리 사건 당시 북미 관계는 긴장 상태로 변화했다. 북한이 금창리에 대규모 땅굴 공사를 진행했는데 미국은 이를 핵 시설로 보고 현장 사찰을 요구했다. 북한이 이를 거부하면서 북미 대결 양상으로 치달은 것이다. 당시 워싱턴 분위기는 험악했다. 비교적 강성인 윌리엄 페리William Perry를 대북 정책 조정관으로 임명했다. 의회 권력을 장악한 공화당이 요구한 데 따른 것이었다. 페리는 북핵 위기가 최고조에 달한 1994년 6월 당시에 미국 국방부 장관으로 북한의 영변 핵 단지를 미사일로 정밀하게 타격하는 외과 수술적 공격surgical strike을 심도 있게 검토한 인물이다.

김대중 정부는 페리를 상대로 대통령부터 장관, 외교안보 수석 모두 설득에 나섰다. 그 내용이 '북한을 있는 그대로 보라See North Korea as it is'였다. 현실 사회주의국가 북한의 현존을 인정하고 이를 제대로 파악하려 한다는 점에서 '북한 실재론'이라 할 수 있다. '북한을 보고 싶은 쪽으로 보는See North Korea as they want' 사람들은 북한 붕괴설을 말하지만 실제로 북한이 붕괴할 가능성을 매우 낮다는 것이었다. 수개월 간의 설득은 효과를 발휘해 1998년 말에 나온《페리 보고서Perry Process》는 북한에 대한 포용 정책을 제안했고 그것이 이후 클린턴 행정부가 추진한 대북 정책의 기본 틀이 됐다. 북한과 대화를 통해 금창리 방문도 이루어졌고 현장 방문 결과 아무것도 없음이 확인돼 미국은 북한에 식량을 지원하기로 결정한다.

이처럼 북한을 있는 그대로 정밀하게 보려는 시각이야말로 대북 정책의 출발점이다. 북한을 있는 그대로 보면 북한 붕괴의 가능성은 매우 낮음을 확인할 수 있다. 1990년대 중반 백만 명이 굶어 죽는 상황에서도 북한은 망하지 않았다. 지금은 당시보다 식량 상황이 다소 나아졌다. 주민들의 불만이 대규모 시위를 일으킬 만큼 고조돼 있지도 않다. 재스민혁명이 일어난 북아프리카와 중동처럼 북한에 시민운동이 존재하는 것도 아니고 시민사회 경험도 없다. SNS도 발달하지 못한 상태다.

게다가 당과 외곽 단체, 국가안전보위부, 인민보안부는 3중, 4중으로 사회를 통제하고 있다. 정권은 김정은과 김정은의 가족, 가족의 오랜 측근을 중심으로 한 가족국가family state의 성격을 띠고 여기에다 김정은과 권력 엘리트가 권력과 이익을 나누는 가산제를 형성하고 있다. 이런 정권에서 군부 쿠데타가 일어날 가능성은 매우 낮다. 게다가 김정일 시대부터 권력 엘리트, 특히 군부와 보안기관의 수장 사이의 수평적 커뮤니케이션은 제한하고 다만 최고 통치자에게만 보고하도록 권력기관을 운용한다. 이런 상황에서 북한의 붕괴라는 급변 사태는 기대하기 어렵다.

오바마 행정부 초기 대북 정책 특별 대표를 맡은 스티븐 보즈워스Stephen Bosworth도 2012년 9월 18일 서울에서 강연하면서 "북한이 붕괴하기를 기다리는 건 우리가 갈 수 있는 길이 아니라고 생각한다"고 말했다. 보즈워스는 외교관 출신으로, 1994년 북미 간의 핵 협상 이후 북한에 경수로 발전소를 건설하기 위해 만들어진 한반도에너지개발기구KEDO의 초대 사무총장을 맡으면서 한반도 문제와 인연을 맺어 오랫동안 남북한을 관찰해온 사람이다.

나는 그를 두 번 만났다. 한 번은 1998년 주한 미국 대사를 맡았을 때, 또 한 번은 2004년 보스턴에 있는 터프츠대학교 플레처 스쿨 학장(지금도 학장이다) 자리에 있을 때다. 어느 쪽에도 치우치지 않으면서 냉철하게 일하는 사람이다. 말도 많이 하지 않는다. 묻는 말에 짧게 답하는 식이다. 클린턴 행정부에서 주한 미국 대사, 오바마 행정부에서 대북 정책 특별 대표를 했지만 포용 정책을 적극 지지하는 입장도 아니고 그렇다고 북한에 대한 압박이 우선이라고 생각하는 쪽도 아니다. 그런 보즈워스도 북한 붕괴론만큼은 분명히 반대한다고 밝혔다.

이와 관련해 안철수는 북한 붕괴론을 부정하고 그를 근거로 한 대북 정책에 반대한다. 북한 실재론을 따르는 것이다. 북한이 원하는 것도 이것이다. 먼저 북한의 실재를 인정해야 다음 단계로 나아갈 수 있다. 그래서 북한 실재론은 대북 포용 정책이 실현될 수 있는 기본 전제다. 안철수는 이런 바탕에서 경제협력을 강조하기 때문에 그가 대선에서 승리한다면 정권의 안정과 경제 교류가 절실히 필요한 김정은과 멀지 않은 시점에 정상회담을 할 가능성이 매우 높다 하겠다.

# 10장

## 김정은은 리틀 덩샤오핑인가

## 개혁·개방의 길 찾기

뭐니 뭐니 해도 북한식 일인 독재 체제에서는 최고 권력자의 정책 마인드가 중요하지 않을 수 없다. 북한 체제라고 해서 모든 관료들이 아무 생각 없이 지시대로만 움직이는 '무뇌 로봇'은 아니다. 대남·대외 정책의 경우 군부에는 주로 강경파가 많고 외무성에는 온건파가 많다. 이는 북한 체제와 완전히 다른 민주적 체제로 운영되는 남한이나 미국에서도 비슷한 일이다. 조직의 속성 때문이다.

군 조직은 늘 전쟁에 대비해 훈련을 하고 전쟁 또는 긴장된 분위기에서 자신의 가치가 극대화되기 때문에 강경한 정책을 지속적으로 생산할 수밖에 없다.[01] 외교 부처는 타국과의 교섭과 협상이 활성화될 때 조직의 힘이 확대되고 예산도 더 확보될 수 있고 조직의 영속성도 보장될 수 있기 때문에 외국과의 교류와 협력,

협상에 정책 선호를 둔다. 북한에서도 마찬가지다. 미국과의 대결 구도가 지속될 때, 남한과의 적대 관계가 심화될 때 군의 존재 가치와 세력이 커진다. 반면에 미국과 핵 협상이 원활하게 진행되고 남한과의 관계가 개선되면 외무성과 당의 통일전선부가 바빠지고 발언권이 강해진다. 그런 측면에서 북한에서도 관료 세력 간의 '밀고 당기기pulling and hauling'는 항상 존재할 수밖에 없고 그에 따라 부처 간 경쟁과 갈등도 상존하기 마련이다.

1차 북핵 위기 당시 북미 협상에서 가장 큰 쟁점은 북한의 미신고 핵 시설 두 곳에 대한 특별 사찰이었다. 군부는 사찰 지역이 군사시설이고 이에 대한 사찰은 주권 침해이기 때문에 절대 받아들일 수 없다고 강경하게 반대했다. 반면에 강석주 당시 제1부부장을 중심으로 한 외무성은 미국과의 협상을 타결하는 것이 북한의 어려운 경제 상황과 국제적 고립을 극복하는 길이라고 판단했다. 양자의 밀고 당기기 끝에 일정 시점 후에, 즉 경수로 주요 부분이 완성되고 핵심 시설이 전달되기 직전에 특별 사찰을 허용하기로 했다. 군부와 외교부의 경쟁과 갈등 끝에 외교부의 의견에 따라 특별 사찰을 허용하되 군부의 의견을 반영해 그 시기는 최대한 늦추는 것으로 결론을 낸 것이다.

지금도 외무성은 기본적으로 군축평화연구소 전문 인력들이 내놓는 협상 찬성론을 바탕으로 대외 문제를 협상으로 풀어야 한다고 주장하는데 이런 의견이 한껏 커져 있는 군부의 강경책과 경쟁 중인 셈이다.

이런 조건에서는 최고 정책 결정자의 인식과 판단이 매우 중요하다. 경쟁하는 관료들의 정책 사이에서 최종 결정을 내려야 하기 때문이다. 민주 체제 같으면 여론과 언론, 국회 등 다양한 메커니즘이 정책을 최종 결정하는 데 도움을 줄 수 있지만 일인 독재 체제에서는 하부 엘리트의 경쟁과 갈등을 조정하고 최종 판단을 내리는 것은 고스란히 최고 지도자의 몫이다.

북한에서는 김정은이 이 역할을 하고 있다. 그렇다면 김정은은 북한 내부 체제에 민주적 요소를 도입해 개혁하고 북한 사회를 외부에 개방해 외자와 기술, 인력을 적극 도입할 자세가 돼 있는가? 그의 언명과 주변 인물들의 발언에서 드러나는 인식의 파편들을 모아보면 개혁·개방에 대해 상당히 긍정적이면서 이에 대해 고민이 많음을 알 수 있다. 2012년 1월 16일 양형섭 최고인민회의 상임위원회 부위원장이 김정일 사망 후 북한의 고위 관계자로는 처음으로 외신AP통신과 인터뷰했다. 그 자리에서 양형섭은 "김정은이 중국을 포함한 다른 나라들의 경제 개혁 사례들을 살펴보고 있다"라고 말했다.[02]

양형섭은 김일성의 사촌 여동생의 남편이다. 김정일에게는 5촌 고모의 남편, 김정은에게는 6촌 고모할머니의 남편이다. 그리 가까운 편은 아니지만 김정은의 할아버지, 아버지와 가까이 지낸 인척 원로인 만큼 어느 정도 자기 생각을 표현할 수 있는 위치에는 있다. 그의 말대로라면 목하 김정은은 경제 개혁에 대해 매우 적극적인 자세로 심도 있게 고민하면서 사례를 연구하고 있다고 보아야 할 것이다.

　실제로 김정은은 2012년 8월 2일에 평양을 방문한 중국 공산당 대외연락부장 왕자루이王家瑞를 만난 자리에서 중국식 개혁에 대해 많은 관심과 상당한 인식을 가지고 있음을 보여주었다. 중국 신화통신이 김정은의 발언을 자세히 전했는데 이 자리에서 김정은은 "중국 인민들이 중국 공산당의 영도 아래 12·5계획을 실행하고 샤오캉小康 사회를 건설하는 투쟁에서 커다란 성취를 이룰 거라 믿는다"라고 말했다.[03]

　12·5계획은 중국이 2011년 3월에 열린 전국인민대표대회에서 승인한 12차 5개년 경제개발 계획을 이르는 것으로, 샤오캉 사회 건설을 위한 구체적인 정책들을 담고 있다. 샤오캉 사회는 중산층이 확산돼 국민 대부분이 일상생활에 걱정이 없고 여유 있는 사회를 말한다. 덩샤오핑이 중국의 미래상으로 제시한 개념이다. 중국은 2020년까지 이 샤오캉 사회를 이룬다는 것을 목표로 하고 있다. 12·5계획과 샤오캉 사회 등 중국 발전 계획의 구체적 내용을 언급한 점으로 미루어 보면 양형섭의 말처럼 다른 나라를 살펴보는 정도가 아니라 꽤 깊이 연구하고 있음이 틀림없다.

　김정일의 요리사였던 후지모토 겐지는 중국에 대한 김정은의 관심이 2000년부터 시작됐다고 밝혔다. 그해 8월 후지모토와 대화하던 김정은은 "우리나라 인구는 2300만 명인데 중국은 13억이라는 어마어마한 인구를 가졌는데도 통제가 잘되고 있다는 게 대단한 것 같아. 전력 보급은 어떻게 되고 있는지. 13억 명의 인구를 먹여 살릴 수 있는 농업의 힘도 대단하고 식량 수출도 성공적이라고 하더군. 여러 가지 면에서 우리가 본보기로 삼지 않으면 안 되겠지?"라며 중국을 높이 평가했다고 한다.[04] 오래전부터 중국 사회에 관심이 있었기에 샤오캉 사회 계획에 대한 긍정적인 전망을 내놓은 것이라고 할 수 있다.

외국 사례 연구 작업은 조선합영투자위원장으로 중국에 파견한 리광근과 리광근의 후원자 노릇을 하는 장성택 등이 주도하는 것으로 보인다. 2012년 1월 28일 김정은은 대외 개방과 관련해 "중국의 방법이든, 러시아나 일본의 것이든 사용할 수 있는 수단이 있으면 도입하라"라고 지시했다고 한다.[05] 터부 없이 북한에 맞는 경제 재건 방안을 찾아보라는 의미일 텐데 덩샤오핑의 흑묘백묘黑猫白猫론을 연상시키는 발언이 아닐 수 없다.

쿠바 대사로 나간 전영진은 중국과는 다른 쿠바 사례를 분석해 보고한 것으로 보인다. 전영진도 역시 장성택 계열이다. 김정은이 장성택의 적극적 조력을 받으며 개혁·개방을 심도 있게 연구, 검토하고 있는 것이 지금의 북한이라고 보면 맞을 것이다. 해외의 개혁·개방 사례에 대한 관심은 대외적으로 북한을 대표하는 김영남 최고인민회의 상임위원장의 행보에서도 확인된다.

2012년 8월 김영남은 베트남을 방문해 응우옌떤중 베트남 총리에게 "베트남이 사회·경제 건설과 개발 과정에서 쌓은 경험을 공유해주기 바란다"라고 말했다. 베트남의 개혁·개방 정책인 도이모이의 노하우를 전수해달라고 요청한 것이다. 북한은 개혁·개방

방안을 마련하기 위해 다양한 채널을 동원하고 있다. 사회주의 체제는 유지하면서 경제 발전을 추진하는 중국과 쿠바, 베트남이 모두 연구 대상이다. 북한은 각국 정책의 장점을 취해 북한에 적용할 방안을 찾고 있는 것이다.

## 서양 문화에 개방적인 김정은

김정은은 서양 문화에 개방적이다. 2012년 7월 7일 김정은은 부인 리설주와 함께 모란봉악단 공연을 관람했는데 이날 공연에서는 영화 〈록키 4〉의 하이라이트가 주제가와 함께 상영됐고 만화영화 〈미키마우스〉와 〈백설공주〉의 주인공이 등장했다. 김정은은 공연이 끝나자 자리에서 일어나 활짝 웃으며 오른손 엄지를 세워 보였다.

〈록키 4〉는 대표적인 할리우드 영화다. 미키마우스와 백설공주도 미국의 대표적인 만화 캐릭터다. 김정은은 스위스 유학 시절 프로 농구의 열렬한 팬이었고 운동화도 나이키를 신었을 뿐만 아니라 고급 오토바이 할리 데이비슨을 타고 다닌 것으로 전해진다.[06] 국가정보원도 김정은이 서구적이고 국제적이며 세련된 것을 좋아한다고 분석한다. 서구에서 생활한 경험과 그런 경험이 만든 취향이 평양에서 서구식 공연도 가능하게 한 것이다.

이런 현상이 북한 체제의 개방과 바로 연결된다고 보기는 어렵다. 하지만 전에 없던 현상인 것은 분명하다. 북한에 미국은 각을 떠야 할 제국주의 국가일 뿐이었는데 이제는 감상의 대상에 미 제국주의도 포함된 것이다. 미국과 서양에 적대적 관계를 계속하겠다는 인식이라면 생기기 어려운 현상이다. 오히려 기회가 되면 이런 것들을 얼마든지 더 받아들일 수 있다는 태도로 읽어야 맞을 것이다.

김정은의 부인 리설주의 스타일도 이런 개방적 태도와 연결돼 있다. 리설주는 색상이 밝고 짤막한 치마를 즐겨 입고 우리 돈으로 400만 원이 넘는 미국산 티파니 목걸이를 착용하거나 100만 원이 넘는 프랑스제 크리스티앙 디오르 클러치 백을 들고 공식 행사에 참석하는데 이런 모습 또한 김정은의 서구에 대한 개방적 태도가 아니면 불가능한 일이다.

김정은은 대화할 때 "세계적 추세"라는 말을 자주 한다.[07] 실제로 2012년 4월 27일 김정은은 당과 국가 경제 기관, 근로 단체 책임일군들에게 한 연설4·27노작에서 "인터네트를 통해 세계적인 추세 자료들, 다른 나라의 선진적이고 발전된 과학기술 자료들을 많이 보게 하고 대표단을 다른 나라에 보내여 필요한 것들을 많이 배우고 자료도 수집해오게 하여야 합니다"라고 말했다.[08] 선진 세계의 문화적인 부문뿐만 아니라 과학기술 또한 도입할 의사가 있는 것이다. 북한은 강성 국가 건설을 위해서는 반드시 과학기술이 발전해야 한다는 사실을 깨우쳤다. 그러면서 동시에 "과학기술 발전은 나라의 군력을 강화하기 위한 중요한 애국 사업이

다"라며 과학기술이 군사력 강화를 위해서도 꼭 필요한 것임을 강조하기 시작했다.⁰⁹

김정은은 기술적인 요소와 함께 제품의 디자인에도 관심을 표현했다. 2012년 4월 중순 김정은은 국가산업미술전시장을 방문했다. 여기서 김정은은 산업미술과 관련되지 않은 것이 없고 산업미술을 발전시키는 것은 세계적 추세이며 산업미술은 나라의 과학기술과 경제 강국 건설의 기초라고 말했다.¹⁰ 양말 공장을 방문해서 "상품 포장과 상표는 매우 중요하다. 상표를 잘 달아야 상품으로서 가치가 높아진다"며 "산업미술 부문에서 상표도안을 잘하기 위한 사업을 끈기 있게 밀고 나가야 한다"고 말하기도 했다.¹¹ 문화와 예술적 측면 그리고 과학기술 등에 모두 관심을 쏟으면서도 특히 문화와 기술 면에서는 서구적인 것에 아주 개방적인 모습을 보이고 있는 것이다.

문제는 이것이 정치·경제의 영역으로 확대돼 대외 교류의 활성화를 촉진하는 요소로 작용할 것인가 하는 부분이다. 이것이 실행된다면 북한이 국제사회와 조화를 이루는 데에도 매우 긍정적인 역할을 할 것이다. 이와 관련해 중국 산둥대학교 한국학원 교수 뉴린제牛林杰는 "김정일은 김일성 주석 밑에서 몇십 년간 지도자 수업을 받은 탓에 아버지 시대의 방식에 물들어 자신만의 변화 시도를 제대로 못했지만 김정은은 약 2년간 김정일의 영향을 받았고 유럽 유학 경험도 있기 때문에 충분히 변화를 시도할 조건은 갖추고 있다"고 전망했다. 김정일보다는 짧은 승계 과정,

해외 문물에 대한 체험이 북한이 변화하는 데 초석이 될 것이라는 분석이다. 김정일과는 다른 김정은의 기반은 정책과 주변 인물 활용에 매우 큰 영향을 끼칠 것이다.

## 실용주의자 장성택의 역할

2012년 7월 18일 김정은이 원수 칭호를 받았다. 이미 사망한 김일성과 김정일에게 붙여주는 대원수 칭호를 제외하고는 북한 군부의 최고 계급이다. 물론 군을 장악하기 위한 조치다. 강경과 온건 정책이 맞서는 상황에서 강경한 정책을 지향하는 군을 설득하거나 제압하는 단계에서는 원수라는 지위가 효과적으로 활용될 수 있을 것이다.

총참모장 리영호가 숙청된 것은 권력 강화에 나선 장성택과 이를 뒷받침하는 최룡해가 조력한 덕분이라고 볼 수 있지만 김정은의 전략도 개입했을 것으로 보인다. 리영호는 포병 출신으로 군에서 잔뼈가 굵은 철저한 야전형 강경파였다. 대외·대남 전략에서도 강경한 의사를 지속적으로 제시한 것으로 전해진다. 그런 리영호를 숙청한 것은 온건파에 힘을 실어준 것으로 볼 수 있다. 성향이 상대적으로 실용적인 장성택을 계속 중용함으로써 대내외 정책에서 변화를 추구할 가능성이 높아진 것이다. 그런 점에서 북한의 정책 변화에 장성택이 앞으로 취할 입장과 태도가 중요하다.

2012년 8월 장성택은 수행원을 서른 명이나 이끌고 중국을 방문해 북한 권부의 실세임을 다시 한 번 여실히 보여주었다. 노동당 국제부장 김영일, 노동당 국제부 부부장 김성남, 외무성 부상 김형준 등이 방북단에 포함됐다. 2011년부터 중국과 황금평·나선 특구를 공동으로 개발하는 사업을 담당하는 북·중 공동지도위원회 북쪽 위원장인 장성택의 방중 목적은 특구 개발 등 북중 협력 방안을 논의하는 것이었다. 장성택은 중국에 10억 달러에 이르는 위안화 차관을 요청했다고 한다.

북중 경제협력 사업을 본격 추진하기 위해 황금평·위화도 관리위원회와 나선 지구 관리위원회를 별도로 출범시켰다. 중국의 투자를 확대하고 특구를 통해 북한 경제의 활력을 찾으려는 노력이다. 중국 정부가 직접 양쪽 지구 개발에 나서주기를 바라는 북한의 기대와는 달리 중국은 여전히 기업을 중심으로 사업을 진행하겠다는 생각이지만 장성택이 나서서 중국의 관심과 투자를 독려하는 일은 계속될 듯하다. 그만큼 장성택은 북한 경제를 살리는 일에 주력하고 있는 것이다.

2012년 1월 4일 장성택의 매부 전영진이 쿠바 대사로 나갔다. 쿠바는 지구에 몇 남지 않은 현실 사회주의국가로, 북한과는 이념적·정서적으로 교감하고 있다. 미국에 맞서면서도 부동산 매매와 자영업을 허용하고 농산물의 직거래도 활성화하는 등 경제개혁을 실행해나갔다. 북한 입장에서는 자본주의경제제도를 신속하게 받아들인 중국이나 베트남보다는 천천히 개혁을 추진하는 쿠바 모델에 더 관심이 갈 수밖에 없다. 전영진은 외교부 부부장이던 1980년대에 개혁·개방을 주장하다가 혁명화 사업 대상이 돼 지방에서 6년간 노동자 생활을 한 경험이 있다. 장성택과 전영진의 관계, 전영진의 개혁 성향을 고려해본다면 장성택이 쿠바식 점진 개혁을 전영진을 통해 배우고 이를 실행할 가능성이 있다고 하겠다.

2012년 초에 장성택의 측근 가운데 하나인 리광근 전 무역상이 베이징에서 해외 투자를 유치하는 조선합영투자위원회 위원장에 임명된 것도 해외 투자 유치와 대외 개방에 대한 장성택의 의지를 엿볼 수 있는 대목이다. 리광근은 김정일의 주치의를 지낸 리영구의 아들로, 장성택의 오랜 심복이다. 이 위원회가 얼마나 활발하게 움직이는지를 관찰하면 북한의 대외 개방의 현재와 미래를 좀 더 확실히 확인할 수 있을 것이다.

문경덕 평양시당 책임비서도 장성택의 심복이라 할 만한 인물이다. 장성택은 문경덕을 사로청 간부로 성장시켜 지금 자리까지 이끌었다. 2010년 10월 문경덕은 전국 아홉 개 도당과 평양특별시당, 남포직할시당, 나선특별시당 책임비서로 구성된 대표단의 단장으로 중국을 방문했다. 중국 정치국 상무위원 저우용캉周永康을 면담한 자리에서 문경덕은 "조선의 모든 도와 시당 위원회 책임비서들이 김정일 총비서의 지시로 중국을 방문해 중국 인민이 발전에 있어 커다란 성과를 올리고 있는 것을 목격했습니다"라고 말했다.[12] 중국의 개혁·개방에 호의적인 것이다. 문경덕은 장성택과 떼려야 뗄 수 없는 관계인 만큼 문경덕의 이런 의식을 통해 장성택의 경제와 대외 정책 마인드를 새삼 확인할 수 있다.

2002년 장성택이 남한을 방문했을 때 삼성전자와 현대자동차, 포스코 등과 서울의 지하철, 제주도까지 둘러보았다. 서울에서는 룸살롱도 갔다고 하는데 여기서 술을 많이 마시고 "어떤 정책 수단을 써도 북조선 경제를 살리기에는 역부족"이라고 했단다.[13] 북한 경제를 살리는 데 그만큼 애쓰고 있다는 얘기다. 북한에서 고위급이었던 한 탈북자는 장성택의 성향이 현실적이고 합리적이라고 전한다. 과감하고 규모가 큰 개혁보다는 한 단계씩 조금씩 나아가는 개혁을 취할 것이라는 얘기다.

이런 성향을 고려한다면 김정은 시대의 북한은 경제 개발을 이전보다 활발하게 추진하되 전면적인 조치보다는 경제특구를 중심으로 한 개발을 더욱 활성화할 것으로 보인다. 또 기업이나 농업의 운영 방식도 점차 자율성을 확대해가는 방향으로 변화할 것으로 기대해볼 수 있겠다.

## 농업 구조 개혁이 바로미터

북한의 사회주의 체제 성립 역사에서 중핵적인 위치를 차지하는 것이 농업 개혁이다. 북한은 조선민주주의인민공화국 건국1948년

9월 9일 이전인 1946년 2월에 임시 통치 기구인 북조선임시인민위원회를 발족시키고 곧바로 3월에 토지개혁을 실시했다. 무상몰수 무상분배였다. 지주의 토지를 몰수해 고용 노동자와 토지 없는 농민, 토지가 적은 농민에게 무상으로 분배하고 농민이 지주에게 진 빚은 탕감했으며 관개시설과 산림 등은 몰수해 국유화하는 조치를 단행한 것이다. '민주개혁'의 가장 중요한 부분이다.

당시 지주들은 남한으로 넘어왔다. 토지가 많은 평안도와 황해도 지역 사람들이 대부분이었다. 토지를 빼앗기고 남으로 넘어온 사람들은 이승만 정부의 반공 정책에 적극 찬동했다. 미국에서 귀국해 국내 지지 세력이 미약했던 이승만에게는 큰 힘이 돼주었다. 이들은 일제강점기 때 총독부, 군, 경찰에서 일하면서 일본의 한반도 통치에 협력한 세력과 함께 이승만을 받쳐주는 주요 기둥 구실을 했다. 이북 지주 출신 실향민들은 이승만, 박정희로 이어지는 반공 정권과 정서와 이해를 철저히 같이해왔고 지금도 보수 세력의 주요 축을 이루고 있다. 북한에 고향을 둔 실향민들이 오히려 강경한 대북 정책을 지지하고 북한과의 화해·협력에 거부감을 보이는 것이 이런 연원 때문이다.

북한은 토지개혁 이후 토지 국유화 과정을 거쳐 현재는 협동농장 체제를 유지하고 있다. 문제는 협농농장 체제가 효율성이 떨어져 지속적인 식량난으로 연결된다는 점이다. 그래서 김정은 정권은 협동농장 체제의 개혁에 나섰다.[14] 협동농장은 리里 단위로 운영되는데 협동농장 하나를 마을 단위 작업반으로 나누고 그 작업반은 열 명에서 스물다섯 명으로 된 분조 몇 개로 구성한다. 그런데 2012년 6월 28일 북한은 '신경제관리개선조치'를 통해 분조를 네 명에서 여섯 명까지로 축소한다. 김정은의 지시 '우리식 새로운 경제 관리 체제 확립에 대하여'에 따른 조치다.

이 조치는 일정한 목표량을 정해주고 그 이상은 스스로 처분할 수 있도록 하던 것을 생산량의 일정 비율을 국가에 내고 나머지는 분조에 돌아가게 했다. 자기 몫을 확대하기 위해 더 많이 노력할 수 있도록 시스템을 바꾼 것으로, 1950년대 협동농장 이전에 개인들이 땅을 소유하고 경작할 때와 비슷한 환경으로 돌려놓은 셈이다. 북한의 신경제관리개선조치에는 농업 구조 개혁뿐만 아니라 공장·기업소의 경영 자율권 확대와 당·군이 독점해온 경제사업을 내각으로 이관하는 내용도 포함돼 있다.

누구나 인정하듯이 공산주의의 실패 원인은 인간의 이기적 동기를 자극하지 못한 측면에 있다. 중국이 경제적으로 성공할 수 있었던 것은 비효율적인 경제 운용 체계에서 벗어나 일찌감치 성과급 제도를 도입했기 때문이다. 2001년에 나는 KBS 기자로 중국 경제 현장을 취재한 적이 있다. 칭다오青島에 본사와 공장을 둔 가전업체 하이얼을 방문해 이 업체가 빠르게 성장한 이유를 알아본 결과, 철저한 성과급에 있음을 알게 됐다. 공장 작업장 한쪽에 직원들의 이름이 모두 쓰여 있었다. 그 이름 바로 옆에는 얼굴 모양 표시가 붙어 있는데 어떤 것은 웃는 얼굴, 어떤 것은 무표정한 얼굴, 어떤 것은 찡그린 얼굴이었다. 바로 전날 작업 성과가 좋은 직원은 웃는 얼굴, 평균 정도 점수를 얻은 직원은 무표정한 얼굴, 성과가 나쁜 직원은 찡그린 얼굴을 받은 것이다. 이런 식으로 한 달 점수를 합산해 월급을 준다. 어떤 사람은 평균 월급의 몇 배, 어떤 사람은 겨우 최저생계비만을 받는다. 그러다 보니 직원들이 모두 불량률은 제로로 낮추면서 생산성은 극대화하기 위해 그야말로 혈안이 돼 있었다. 이런 현장 운영 방식으로 하이얼은 세계 냉장고·세탁기 시장의 10퍼센트 정도를 점유해 세계 5대 가전업체 반열에 올랐다.

그동안 북한 주민들도 협동농장보다는 스스로 산을 개간해 만든 뙈기밭을 가꾸는 데 더 힘을 써왔다. 그들 나름의 생존을 위한 방안인 셈이다. 당연히 협동농장의 생산력은 떨어질 수밖에 없었고 식량난은 만성화됐다. 그래서 김정은 정권이 출범하면서 농장 운영 제도를 바꾼 것이다. 생산량이 많아짐에 따라 자기 몫도 많아지는 방향으로 개선했기 때문에 제대로 운영되면 생산성 향상에 기여할 가능성이 높다.

국영기업이나 상점도 수익의 70퍼센트를 자유롭게 처분할 수 있도록 할 것이라는 소식이 일본 《아사히신문》에 실렸다.[15] 북한은 그동안 국영기업과 상점의 이익을 모두 국가가 걷고 운영에 필요한 경비와 임금을 배분하는 식으로 운영해왔다. 하지만 이것도 고쳐서 성과를 내고 그 성과의 많은 부분을 스스로 나누어 가지는 형태로 바꾼다는 것이다.

문제는 실제로 현장에서 이런 제도가 어떻게 운영되느냐 하는 것이다. 예컨대 분조당 생산량의 60퍼센트를 떼고 나머지 40퍼센트를 분조에서 가져간다고 할 때 분조의 실제 생산량을 누가 어떤 방식으로 확정할 것이냐 하는 것이다. 생산량을 실제보다 많은 것으로 계산하면 분조에서 내야 하는 양이 많아지고 실제보다 적은 것으로 계산하면 적게 내도 되는 셈이다. 그래서 생산량 확정 과정이 효율적이고 투명하게 운영되지 않는다면 이 제도 또한 성공하기 어렵다.

북한은 1996년에 분조관리제를 도입했고 2004년에는 박봉주 총리의 주도 하에 호별영농제를 시도해본 적도 있다. 분조관리제는 십여 세대가 분조를 구성해 수확량의 일정 부분을 국가에 납부하고 남은 것을 자유롭게 처분할 수 있도록 한 것이다. 호별영농제는 이를 더욱 잘게 쪼개서 몇 사람으로 단위를 구성해 일정 경작지를 경작하도록 한 것이다. 신경제관리개선조치와 크게 다를 바가 없다.

하지만 제대로 실행되지 않았다. 현장에서 생산량 책정, 그에 따른 납부 의무량 확정 과정에서 많은 문제가 발생했기 때문이다. 탈북자들이 말하는 것처럼 당이나 국가안전보위부, 인민보안부 간부들이 뇌물을 받는 관행이 널리 퍼져 있고 분조의 실제 생산량도 뇌물 여부에 따라서 쉽게 조작된다면 이번에 도입한 신경제관리개선조치 또한 북한 사회에서 정착하기 힘들 것이다.

경제 개혁에 가장 큰 걸림돌이 북한의 권력 엘리트다. 지금처럼 군수를 위주로 한 경제 운용 방안과 불투명한 관리 시스템은 권력기관 간부들의 이익을 보장하는 체제일 뿐이다. 게다가 시장에서 돈을 번 신흥 중산층 세력들이 부패를 부추기고 있다. 돈을 가진 이들이 권력기관 간부들에게 뇌물을 상납하는 것이 관행처럼 뿌리를 내리면서 부패가 퍼지고 있는 것이다.

이런 면은 중국이 세밀히 파악해 관련 내용을 미국에도 전해줬다. 위키리크스가 공개한 문서가 이를 잘 보여준다. 2009년 12월 8일 주한 미국 대사관에서 주최한 파티에 주한 중국 부대사 징하이밍荊海明이 참석했다. 징 부대사는 한국과 북한 관련 업무를 계속해온 한반도 전문 외교관이다. 징 부대사는 이 자리에서 미국 외교관들에게 북한의 상황을 설명했는데 "북한이 2009년 11월 30일 화폐개혁을 실시한 것은 시장 세력들을 겨냥한 것이다. 이들은 그동안 특히 지방에서 부패를 촉진해왔고 당의 권위를 침해해왔다"라고 말했다. 징 부대사는 북한이 2008년 이미 새 지폐를 만들어놓고 화폐개혁을 하려 했지만 그해 8월 김정일이 쓰러지면서 연기됐고 김정일이 회복하자 바로 실시했다고 밝혔다.[16] 중국의 설명으로도 부패가 많이 확산해 있음을 알 수 있는데 이에 대한 수술을 간부들은 바라지 않을 것이다. 게다가 김정은은 정권 초반이어서 권력 엘리트들의 도움을 받지 않을 수 없다. 이런 딜레마를 어떻게 타개하면서 합리적인 개혁 방안을 실행해나갈 수 있을지 주목하지 않을 수 없다.

농업 개혁이 북한이 의도한 대로 투명하고 체계적으로 운용된다면 북한 농민들의 생산 욕구를 자극하고 결국 식량난을 해결하는 데 크게 기여할 것이다. 물론 더 나아가서는 토지 경작권을 농민에게 주는 시스템으로 가야 할 것이다. 중국식 개혁의 출발점이 그것이었다. 사실 중국의 농업 개혁은 지역 농부들이 비밀스럽게 진행한 자체 개혁에서 출발했다. 1978년 안후이성 펑양 농부들이 "만약 누가 감옥에 가면 그 사람의 아이가 18세가 될 때까지 다른 사람들이 책임진다"라는 약속을 비밀리에 하고 각자 자기가 맡은 땅만 경작했다. 공동소유 공동노동이라는 원칙에 따라 운영되는 인민공사 제도에서 사적 소유를 실험하는 비밀 행동이었다. 결과는 대성공이었다.

이 제도는 1979년에 안후이성 여러 지역과 쓰촨성으로 확산됐다. 결국 덩샤오핑은 이를 정부의 공식 제도로 인정하고 오히려 이를 더 확산시켰다. 이것이 가정연산승포책임제家庭聯産承包責任制, 즉 가구별로 생산 계획을 세우고 이익이나 손실을 스스로 책임지는 제도다. 이 제도의 도입으로 인민공사가 폐지되고 농지 경작권은 농민에게 돌아갔다. 그 결과 농가 소득이 6년 만에 두 배로 증가했다. 1970년대 초 하방下放당한 덩샤오핑이 트랙터 공장에서 근로자로 일하면서 중국 인민이 무엇을 원하는지를 제대로 알게 됐기 때문에 이런 정책이 나올 수 있었다. 북한도 농업 개혁을 성공시키려면 인민의 요구를 정확히 파악하고 제대로 들어주는 방식이어야 할 것이다.

## 중국 의존에서 벗어나기 위한 개혁·개방

중국은 당과 국가를 중심으로 한 위로부터의 개혁을 바탕으로 경제성장을 추구하는 개발형 권위 체제를 구축해왔다. 이런 중국이 원하는 것은 '문제를 일으키지 않는 북한'이다. 핵무기를 만들고 장거리 미사일을 개발하고 남한에 공격적인 북한은 바라는 바가 아니다. 두 가지 이유가 있다.

첫째, 중국은 그야말로 경제에 전력투구하고 싶어 한다. 경제 규모에서 현재 미국에 이은 세계 2위를 유지하고 있지만 여기에 만족하지 않는다. 미국을 넘어서겠다는 의지가 대단하다. 그런데 일인당 국민소득으로 보면 아직 8,500달러 수준에 머물러 있다.[7] 최소한 2025년까지는 동북아 질서가 안정된 상태에서 경제성장에 진력하겠다는 것이 중국의 계산이다.

둘째는 대규모 탈북 사태를 우려한다. 현재도 동북3성에 탈북자가 5만 명 정도 살고 있다. 문제는 북한의 경제 사정이 악화해 탈북자가 폭증하는 것이다. 탈북자 수십만, 수백만 명이 국경을 넘어 중국으로 오는 사태를 중국은 원치 않는다.

중국은 북한이 개혁·개방으로 나오길 바란다. 중국이 여러 차례 김정일을 초대한 것도 이 때문이다. 2010년 5월 김정일 방중 당시 총리 원자바오는 "중국의 개혁·개방과 건설 경험을 소개하고 싶다"고 말했다. 그해 8월 다시 김정일이 창춘에서 후진타오를 만났을 때 후진타오는 "외국의 협조 없이는 경제가 발전할 수 없다. 이는 시대의 흐름이니 빨리 국가 발전의 길을 모색해야 한다"며 개혁·개방을 강조했는데 김정일은 이에 대해 "중국은 개혁·개방 이후 빠르게 발전했으며 나는 이 역사 과정을 눈으로 보았다"라고 말한 것으로 전해진다.

2012년 8월 17일 베이징에서 장성택을 접견한 원자바오 총리는 훨씬 구체적으로 시장 시스템 활성화와 법규 정비, 기업 투자 유치 노력, 세관 서비스 개선 등 개혁·개방을 위한 제도의 마련을 촉구했다.[18] 중국의 도움 없이 견디기 힘든 북한으로서는 이런 중국의 압력과 설득을 무작정 거부만 하기 힘들 것이다. 게다가 시진핑 체제의 중국은 국제사회의 리더를 지향하면서 북한에 개혁·개방을 더 강력하게 요구할 것이다.

중국의 한반도 문제 전문가들도 한목소리로 북한이 개혁·개방을 적극 추진해야 한다고 주문한다. 여기에는 두 가지 부류가 있다. 북한에 온정주의적인 완충지대론자들이 첫째다. 이들은 북한의 전략적 중요성에 주목한다. 미국과 중국이 경쟁하는 과정에서 북한이 완충지대 노릇을 해줄 수 있고 따라서 북한과의 관계는 협력을 강화하는 방향으로 가야 한다는 것이다. 북한이 자연스럽게 국제사회로 나와 대외 개방과 경제 발전을 이루면서 중국과 우호적인 관계도 더욱 돈독하게 다져가도록 도와야 한다고 강조한다. 그 방법 또한 북한을 달래고 설득하는 온건한 방식을 선호한다.

둘째 부류는 이보다 강경하고 현실주의적이다. 북한 부담론자들 또는 전략주의자들strategists로 불리는데 중앙당교 국제전략연구소 장롄구이張璉瑰, 베이징대 주펑朱鋒, 상하이 푸단대 런샤오任曉 등이 중심인물이다. 이들의 주장도 북한의 개혁·개방으로 이끌어야 한다는 것이다. 그런데 그 방안이 강한 압박 수단을 사용하자는 것이다. 북한은 회유책으로 설득하기 힘든 국가이기 때문에 중국이 쓸 수 있는 경제적·안보 전략적 수단을 활용해서 북한을 개방과 개혁으로 가도록 해야 한다는 것이다. 젊은 관료들은 대부분 이 방안을 지지한다. 구체적 방안은 다르지만 북한을 국제사회로 끌어내야 한다는 방향만은 양쪽이 공유하고 있어 북한의 개혁·개방을 위한 중국의 노력은 지속될 것으로 보인다.

중국 쪽에서 보면 '도발하는 북한'을 막기 위해 개혁·개방으로 이끌어야 한다 생각하는데 북한은 다른 차원에서 개혁·개방을 고민하는지 모른다. 중국 의존을 줄이기 위한 개혁·개방이다. 8장에서 설명한 대로 중국에 대한 북한의 의존이 매우 빠른 속도로 심해지고 있다. 북한 자원의 많은 부분이 중국 수중에 들어갔고 북한에 대한 중국의 투자는 증가일로에 있다. 북한 당국으로서도 중국 의존이 심해지는 데 대해 우려하지 않을 수 없다. 소련과 중국 사이에서 균형을 추구하면서 주체사상을 만들고 자립적 민족경제를 내세운 북한이었다. 이런 북한이 중국에 대한 경제적 의존이 심화되는 상황을 계속 용인하지는 않을 것이다.

북한이 다변화된 무역 관계와 대외 관계 형성을 위해 개혁·개방에 돌입할 가능성이 얼마든지 있다. 특히 핵 대화가 어떻게 진행되는지에 따라 일정한 경제적 지원 의사가 있는 미국, 청구권 협상으로 대규모 경제 지원을 받아낼 수 있는 일본과 관계를 개선하기 위한 대외 개방은 그 가능성이 높다고 하겠다.

## 진정한 '인민 생활' 우선 정책이 관건

2012년 6월에 열린 북한 문제 세미나에서 한 탈북자는 그즈음 북한에 거주하고 있는 아버지와 통화한 이야기를 들려줬다. 탈북할 생각이 있느냐고 직접 물었는데 아버지는 북한에 그냥 살아보겠다고 대답했다고 한다. "김정은 동지에 대한 기대가 있다. 잘 살 수 있을 것 같다." 아버지는 이전과는 뭔가 다름을 느꼈다는 것이다. 북한 당국은 김정일 사망 직후 애도 기간에도 장사를 하게 해주었다고 한다.[19]

북한 주민들은 수령의 사망보다 당장 무엇이라도 해서 생계를 꾸려가는 것이 급하고 이런 문제만 해결되면 북한 체제가 안정될 수 있음을 단적으로 보여주는 사례가 아닐 수 없다. 김정일 사망 때 중단된 단둥-신의주 교역이 사흘 만에 전면 재개된 것도 같은 맥락이다. 김정은 정권은 시장에서 장사할 수 있는 나이를 50세에서 40세로 낮추고 주민들에게 관행적으로 부과하던 각종 세외 부담금도 대폭 없앴다.[20] 실제로 탈북자들의 전언을 들어보면 필요한 물자 조달을 위해 가정과 직장, 학교에 부과되는 각종 부담들이 주민들 생활을 고통스럽게 해왔다. 이런 부담 폐지가 얼마나 지속될지가 문제지만 이 조치가 제대로 정착된다면 이는 매우 큰 변화를 낳을 것이다.

여성의 자전거 이용 제한도 해제했다. 북한은 여성이 자전거를 타는 것은 혁명의 수도 평양의 풍치를 망치는 것이라며 여성의 자전거 이용을 보안원과 규찰대로 단속했다. 하지만 자전거로 생계를 꾸려가는 사람들이 늘자 2012년 8월부터 이런 규제도 없앴다. 북한 체제에 대한 근본적인 개조와는 별개로 실제 주민들이 체감할 수 있는 개혁의 필요성을 김정은 정권이 제대로 인식했기 때문인 것으로 보인다. 중국 칭화대학교 국제문제연구소 쑨저孫哲 교수는 2012년 4월 북한을 방문해 관찰한 결과 '분명한 변화'가 감지됐다면서 "김정은이 진짜 원하든 원하지 않든 북한은 민생 개선 외에는 다른 선택이 없다"고 말했다. 인민의 요구를 충족시켜주고 그러면서 정권의 안정을 꾀하는 것이 김정은이 취할 상생 전략이라는 얘기다.

대외 개방에 관한 한 이미 2009년 하반기부터 좀 더 활성화되는 모습을 보이고 있다. 9월 초 내각 무역성과 대외 사업 기관 간부들에게 김정일이 "미국을 비롯한 서구 자본 유치에 힘을 쏟아야 한다"며 외자 유치를 촉구했다.[21] 이듬해 1월 나선시를 특별시로 지정하고 외자 유치를 위한 적극적인 환경 조성에 나섰다. 조선합영투자위원회와 조선대풍국제그룹을 설립한 것도 이 무렵이다. 이 두 조직은 외자 유치와 외국과의 합영, 합작을 주요 업무로 하는 외자 전문 조직이다. 달러가 모자라는 북한에서 산업을 일으키기 위해서는 외자 도입이 필수적이므로 외국 기업에 문을 열어주는 폭을 차근차근 확대하는 과정으로 보아야 할 것이다.

이런 조치들은 모두 인민 생활의 개선과 연결된 것으로, 실제 김정은은 무엇보다 이런 문제를 깊이 고민하는 듯하다. 그것이 정권을 유지하는 길인 만큼 가장 심각하게 고민해야 할 문제이기도 하다. 그래서 인민군 창군 기념일인 2012년 4월 25일에도 김정은은 군부대를 가지 않고 평양의 만수교 고기 상점을 찾았다. 민생 현장을 둘러보는 모습을 보인 것이다.

2012년 8월 중국 공산당 대외연락부장 왕자루이를 만난 자리에서는 민생을 직접 거론하면서 "경제를 발전시키고 민생을 개선해 인민이 행복과 문명적 생활을 누리게 하는 것은 조선 노동당이 분투하는 목적"이라고 말했다. 그만큼 개혁·개방에 대한 고민도 민생을 일으켜 정권의 안정을 다지겠다는 쪽으로 맞추어진 것이다. 성숙하기 전 이야기이지만 2001년에 이미 김정은이 인민을 염려하는 말을 하기도 한 것으로 후지모토 겐지는 전한다. 2001년 3월 원산초대소에서 후지모토와 얘기를 나누던 중 김정은은 "우리는 매일 말도 타고 롤러블레이드도 타고 농구도 하고 또 여름에는 제트스키와 수영장에서 놀기도 하는데 일반 인민은 어떻게 살고 있을까?"라며 인민을 걱정하는 듯 얘기했다는 것이다.[22] 그것이 완전히 영근 체계적 인식 상태는 아니었다 하더라고 방향이 주민을 향하는 것이었다면 진정으로 인민의 생활을 개선하는 정책의 생산에 일정한 영향을 끼칠 수도 있을 것이다.

2012년 신년 공동사설은 물론 김정일 사망 후 보름 만에 나온 것이어서 선군정치에 대한 역설이 주류를 이루고 있지만 인민 생활에 대한 강조도 잊지 않았다. "당 조직들의 전투력과 일군들의 혁명성은 식량 문제를 해결하는 데서 검증된다"고 강조하고 "인민의 기호에 맞고 인민의 인정을 받는 질 좋은 경공업 제품들이 더 많이 쏟아져 나와야 한다"고 역설했다.[23] 북한 매체는 그 이후에도 기회 있을 때마다 인민 생활과 경공업을 강조했다. 2012년 8월 2일자 《노동신문》 사설은 "우리 당은 올해에 인민 생활 문제를 푸는 것을 총적인 목표로 내세우고 여기에 모든 힘을 집중하고 있다"며 이를 위해 원료를 최대한 합리적으로 동원하고 소비품 생산의 전문화 수준도 높여야 한다고 강조했다.[24]

지방 주민들의 생활수준 향상을 위해 지방 공업의 발전도 추구한다. "중앙 공업과 함께 지방 공업을 발전시켜야 나라의 경제를 고르롭게 발전시킬 수 있으며 인민들이 먹고 입고 쓰고 사는 데 필요한 물질적 수요를 원만히 보장해줄 수 있다"고 강조하기도 하면서 지방마다 특색 있는 산업을 육성하는 데도 노력한다.[25] 이런 모습은 2011년부터 본격화됐는데 2011년 신년 공동사설은 제목 자체가 '올해에 다시 한 번 경공업에 박차를 가해 인민 생활 향상과 강성 대국 건설에서 결정적 전환을 일으키자'였다.[26] 경공업을 일으켜 강성 대국을 건설하고 인민 생활도 향상시켜야 한다는 내용이다. 이 사설에는 '경공업'은 스물한 번, '인민 생활'

은 열아홉 번이나 등장했다.

김정일 정권이 2012년에 강성 대국의 문을 활짝 열겠다고 호언했던 반면 김정은 정권은 현실적인 단계로 그 목표를 하향 조정했다. 2011년 초 북한은 내각에 국가경제개발총국을 설립하고 여기서 '국가경제개발 10개년 전략계획'을 총괄하도록 했다.[27] 이것이 김정은 정권 경제 운용의 기준으로 작용한다. 북한은 제3차 7개년 계획1987~1993년 이후 김정일 시대에는 경제개발계획을 마련하지 않았다. 경제계획을 다시 세워 발표한 것은 경제 운용도 이전보다 체계적으로 해보려는 움직임이 아닐 수 없다.

이 계획은 "2012년에 강성 대국의 대문에 진입할 수 있는 틀을 마련하게 돼 2020년에는 선진국 수준에 당당하게 올라갈 수 있는 확고한 전망이 열렸다. 국가경제개발 10개년 전략계획이 수행되면 조선은 당당하게 강대국으로서뿐만 아니라 동북아시아와 국제경제 관계에서 전략적 지위를 차지하게 된다"라고 밝힌다. 여기서는 2012년을 강성 대국의 문을 활짝 여는 해가 아니라 강성 대국에 진입할 수 있는 바탕을 마련하는 해로 설정했다. 김정일 사망 전이긴 하지만 사실상 김정은 정권 시기라고 할 수 있는 2011년에 벌써 목표를 수정해놓았음을 알 수 있다.

이와 같은 현실적 관점은 북한 체제를 구호로만 운영할 수 없음을 인식하는 기반 위에서 형성됐다고 할 수 있는데 이런 인식이 경제 운용 전반에 확산된다면 민생을 우선으로 한 경제도 점차 가능해질 것으로 관측된다. 2020년 선진국 수준에 올라가겠다고 제시한 점으로 미루어 '2012년 강성 대국 진입'은 포기하고 '2020 선진국 수준 진입'을 새로운 목표로 점차 분명하게 제시할 가능성이 높다. '선진국'이 아니고 '선진국 수준'이라고 언명한 것은 추후 목표가 다시 수정될 가능성에 대비한 것으로 보인다.

이런 현상은 2007년부터 조금씩 보이기 시작한다. 2007년 말 '강성 대국 완성' 대신 '강성 대국 대문 진입'이라는 용어를 사용하더니 2011년 6월 17일 김정일 당 사업 개시 47주년 기념 중앙보고대회에서는 '강성 국가'라는 용어로 북한의 목표를 설명했다. 이런 맥락을 이어서 2012년 신년 공동사설도 '강성 대국'보다 '강성 부흥'이나 '강성 국가'로 수위를 낮추었다. '지식 경제 강국'도 '강성 대국'보다 한 단계 낮은 형태로 '강성 국가'와 비슷한 개념으로 사용됐다. 2011년 신년 사설에서만 해도 '강성 대국'을 스물한 번 언급했는데 2012년에는 다섯 번만 언급했고 대신 '강성 부흥'과 '강성 국가'를 각각 열 차례 강조했다.

이와 관련해 2012년 4월 13일자 《노동신문》 사설은 좀 더 쉽게 설명하면서 수위가 한 단계 더 내려 표현한다. "우리는 당의 영도 따라 정치사상 강국, 군사 강국의 지위를 공고히 하면서 경제 강국의 확고한 토대를 마련하기 위한 투쟁을 드세차게 벌려나가야 한다"라고 쓴다.[28] 경제 강국을 바로 이루자는 것도 아니고 경제 강국의 토대를 놓는 것이 당면 목표인 것이다. 이후에도 이런 표현이 계속된다.

2012년 4월 14일자 《노동신문》은 헌법 개정의 취지를 설명하면서 "위대한 김정일 동지께서는 우리 공화국을 경제 강국의 지위에 올려세울 수 있는 밝은 전망을 열어놓으시였습니다"라고 밝혔다.[29] 김정일 정권은 경제 강국의 토대를 마련할 기반을 형성했고 김정은 정권은 경제 강국의 토대를 갖추어야 하겠다는 생각이다. 그다음에 경제 강국을 완성하겠다는 계획이라고 할 수 있다.

그렇다면 북한이 그토록 강조해온 강성 대국은 구체적으로 무엇을 뜻할까? 북한이 지향하는 기본적인 목표와 관련된 것이어서 그 의미를 확인할 필요가 있을 것 같다. 이와 관련해 지난 2009년 4월 최고인민회의 제12기 1차 회의 당시 김영일 총리의 취임 연설이 핵심 내용을 밝혔다.[30] 김영일은 "수년 안에 주체의 사회주의 강성 대국을 건설하고 이 땅에 당당하게 우뚝 서게 될 것"이라면서 2012년까지의 경제 발전 목표를 다음과 같이 열거했다. 첫째, 모든 산업 부문에서 이제까지의 최고 생산연도 수준을 돌파한다. 둘째, 식량 문제를 완전히 해결한다. 셋째, 인민 소비품을 원활하게 생산·공급한다. 넷째, 자립 경제를 기술 집약형으로 전환해 세계적 경쟁력을 갖춘 강력한 경제로 발전시킨다.

이것이 북한이 말하는 강성 대국이다. 김영일이 언급한 최고 생산연도는 북한의 경제력이 상승 곡선의 정점에 있던 1980년대 후반을 이른다. 경제 총량 면에서 볼 때 국제연합이 계산한 바로는 최고를 기록한 1989년 실질 GDP는 152억 달러로, 그 이후 하향 곡선을 그려 지금은 130억 달러 수준이다.[31] 그렇게 보면 총량 면에서 GDP 152억 달러를 목표로 한 것이다.

그렇다면 북한이 경제 회복을 추진하면서 당장의 목표로 설정한 것을 무엇일까? 그것은 말할 것 없이 먹는 문제를 해결하는 것이다. 그것을 숫자로 표현하면 어느 수준이나 될까? 2010년 방북한 외국 언론인들에게 북한은 1980년대 후반 북한의 1인당 GDP가 2,530달러였다면서 이 수준으로 올라가는 것이 당면 목표라고 설명했다.[32] 현재 1인당 GDP가 1,074달러니까[33] 이를 두 배로 올리는 것이 북한 강성 대국 정책의 일차적 목표라고 할 수 있다. 이제 '강성 국가' 또는 '경제 강국'으로 한 단계 목표를 낮추었으니 이 수준은 못 가더라도 인민의 먹고사는 문제가 지금보다는 진전되는 것을 목표로 한다고 봐야 할 것이다.

이를 표현한 것이 '허리띠를 졸라매지 않도록 하겠다'는 말이다. 2012년 4월 15일 김일성 생일 기념 열병식에서 김정은은 "인민이 다시는 허리띠를 조이지 않게 하자는 것이 당의 확고한 결심"이라고 역설했다. 2012년 6월 19일자 《노동신문》 사설도 "우리 인민이 다시는 허리띠를 조이지 않게 하며 사회주의 부귀영화를 마음껏 누리게 하자는 것이 우리 당의 결심이다"라며 이를 재차 강조했다.[34] 농업과 경공업을 발전시키고 강성 부흥의 국가를 이루기 위한 세부 전략으로 인재를 중시하고 육성하는 정책도 추진되고 있다. 2012년 2월 김정일의 출생일을 기념해 김정일상이 수여됐는데 대상자들이 농업과 과학기술 종사자들이었다.[35] 이런 부분도 장기적인 인민 생활 개선책과 연결된 것이라 할 수 있다.

인민 생활 개선과 관련해 하나 주목할 부분은 박봉주의 당 경공업부장 취임이다. 박봉주는 상당히 개혁적인 인물로 알려져 있다. 2004년 총리를 하면서 호별영농제를 실시한 적도 있고 주민들을 무보수로 동원하는 문제를 개선하려다 좌천된 적도 있다.[36] 식료품 공장 지배인과 화학 기업소 책임비서 등 경공업 부문 현장에서 경험을 쌓은 박봉주는 당 경공업부 부부장과 화학공업상을 거쳐 2003년에 총리가 됐다. 하지만 2007년 주민 동원 문제로 당과 마찰을 빚어 총리에서 해임되고 순천비날론연합기업소 지배인으로 내려갔지만 2010년 중앙위 제1부부장으로 재기했고 2012년 4월 제4차 당대표자회에서 당 경공업부 부장에 기용됐다. 실제 인민 생활과 관련한 현장과 정책에 경험이 풍부하면서 민생 지향적이고 개혁적인 박봉주가 경공업부장이 된 것은 이 부분을 더욱 정책적으로 배려하겠다는 의지로 읽힌다.

특히 당 경공업부장은 김경희가 20년 이상 계속해온 자리이기 때문에 김경희의 지원 속에서 박봉주의 경공업 챙기기가 진행될 것으로 보인다. 박봉주, 김경희, 김정은의 연계 속에서 민생 정책의 상당한 변화를 예상해볼 수 있는 것이다. 농업 개혁도 박봉주가 총리 시절 시행한 것과 유사하다는 점에서 이 라인에서 나온 듯하다. 당 경공업부가 민생과 관련해서 지도적 역할을 한다면 내각은 경제 업무 전반을 직접 책임진다. 그래서 총리는 경제 전문 테크노크라트가 맡아왔다.

2012년 7월 2일자 《도쿄신문》이 보도한 노동당의 내부 문서에는 핵무기 관련 내용뿐만 아니라 김정은이 내각의 결정을 노동당이 최대한 존중하도록 지시했다는 내용도 들어 있다. 이는 당의 우월적 지위를 부정하는 것이 아니라 경제를 일으키는 일에 당도 적극 협력해야 한다는 의미일 것이다. 김정은의 첫 공식 담화인 당 중앙위원회 책임일군들과의 담화2012년 4월 6일에서도 "경제사업에서 제기되는 모든 문제를 내각에 집중시키고 내각의 통일적 지휘에 따라 풀어가는 규율과 질서를 철저히 세워야 한다"면서 내각 중심 체제를 강조했다.[37]

경제 운용에 직접적으로 활용될 자금을 내각에 몰아주는 작업도 함께 진행하고 있다. 통치 자금을 담당하는 노동당 39호실을 내각으로 통합했고 외화 유치를 위해 설립한 조선대풍국제그룹도 정리했다.[38] 내각에 힘을 실어주어 경제 발전의 실마리를 마련해보려는 맥락에서 나온 지시였으나 정책은 당뿐만 아니라 군과 국방위에서도 빈번하게 나올 것으로 전망된다. 하지만 그런 산발적인 지시가 그저 간헐적·단속적인 형태로 끝날지, 아니면 거시적·제도적 차원으로 번져 시스템 개혁으로 이어질지는 좀 더 지켜봐야 알 수 있다.

인민 생활 향상이 평양 인민의 생활 향상을 의미하는 것이라면 그것도 한계가 있다. 2012년 4월 북한은 3년 동안 군을 동원해 건설한 희천발전소 1단계 공사를 완공했다. 김정일이 공사 현장을 여덟 번이나 방문해 독려한 대공사였다. 그런데 이 발전소는 평양에 전력을 공급하기 위한 것이다. 당 중앙위와 중앙군사위가 《노동신문》에 기고한 희천발전소 완공 공동 축하문에서 이 사실이 확인된다.

축하문은 "오늘 희천발전소에서 울려 퍼지는 자랑찬 동음은 위대한 김정일 동지의 애국의 박동 소리이며 희천에서 평양으로 줄기차게 흐르는 전류는 장군님의 인민 사랑의 도도한 흐름이다"라고 김정일을 찬양했다.[39] 자강도 희천에서 전기를 생산해 평양에 대는 행태는 자원의 평양 집중을 여실히 보여준다.

진정 인민의 생활 향상이 실현되기 위해서는 특권층 위주로 경제와 자원을 운용하려는 방향도 바뀌어야 할 것이다. 김정은이 진정 북한의 덩샤오핑이 될 수 있을지, 그의 정권이 장기적으로 인민의 탄탄한 지지를 바탕으로 안정적 기반을 확보할 수 있을지는 이런 개혁 여부로 결정될 것이다.

### 새로운 동북아 국제사회 만들어야

김정은 정권이 개혁·개방으로 나올 가능성이 높은 만큼 남한도 이를 유도하는 정책을 수립해야 한다. 쉽게 말하면 남한의 대북 정책은 봉쇄 정책보다는 포용 정책이 돼야 한다. 그럴 때 남북한이 교류할 가능성이 높아지고 남북 관계가 좀 더 활성화될 수 있다. 하지만 여기서 그치면 단시안적이다. 더 높은 차원에서 동북아 질서를 북한의 개혁·개방에 유리하고 북한의 개혁·개방을 독려하는 방향으로 변화시켜나가야 한다.

북한의 개혁·개방은 국제사회로의 진입과 맞물려 있다. 국제사회로 나올 때 북한의 개혁·개방이 가능하고 개혁·개방을 하자면 국제사회로 나올 수밖에 없다. 그런데 지금까지 논의된 북한의 개혁·개방은 서구식 국제사회Western international society, European international society로 북한이 편입돼야 한다는 생각을 전제로 한 것이다. 북한이 경제·정치적 개혁을 추진하고 이를 바탕으로 세계와 거래하고 교류하는 단계로 나아가야 한다는 논의다. 여기에는 다분히 서구식 문명 표준standards of civilization이 기준으로 작용해왔다. 국제사회 이론이 제시하고 있는 문명 표준이라는 것은 서구식 외교 체제를 갖추고 국제법과 국제 규범을 수용하고 내부적인 정치·경제 시스템을 민주적으로 개혁하고 인권을 존중하는 제도를 마련하는 것을 말한다. 이 기준에 미달하는 국가들에 대해서는 '실패 국가failed state', '천민 국가pariah state', '불량 국가rogue state'라는 꼬리표를 붙여왔다. 북한의 개혁·개방도 북한이 이 서구식 기준을 충족시키는 방향으로 체제를 전환해야 한다는 주장을 중심으로 논의돼온 것이다.

문제는 이런 서구식 문명 표준이 절대적인 것인가 하는 점이다. 북한이 개혁·개방에 거부감을 보여온 이유도 서구식 국제사회를 절대화하는 것에 대한 반발 때문이라고 볼 수 있다. 따라서 북한을 국제사회로 유도하기 위해서는 서구 국제사회와 차원이 다른 국제사회, 동북아 차원에서 국제사회에 대한 논의를 활성화하는 것이 필요하다. 동북아 국제사회는 시장경제와 경쟁 체제를 인정하면서도 각국의 주권과 내정 불간섭을 한층 중시하고 유교 문화를 공통된 문화 요소로 공유한다. 이를 바탕으로 경제적 이익을 공동으로 추구해나가는 것이 동북아 국제사회의 구성 방향이 될 것이다. 주권을 중시하면서 경제적 이익을 공유하는 국제사회 형성에 동북아 국가들이 관심을 기울일 필요가 있고 이런 논의에 북한을 참여시켜야 한다. 물론 한국은 북한의 개혁·개방 유도 차원에서 더욱 적극 나서야 할 것이다.

동북아 국제사회 형성에 노력하고 이 과정에 북한을 참여시키는 형태는 우선 북한의 거부감을 줄일 수 있다는 점에서 긍정적이다. 규칙과 제도를 만드는 과정에 북한을 직접 끌어들임으로써 북한을 자연스럽게 국제사회의 일원으로 참여시킬 수 있다. 물론 이 과정에서 그동안 북한에 대한 서구의 평가가 지나치게 과장된 것은 아닌지 반성해볼 수 있을 것이다. 헤들리 불이 잘 설명했지만[40] 남아프리카공화국이 국제사회에 참여하는 과정을 보면 서구사회는 그동안 남아공의 맥락을 고려하지 않은 채 지나치게 엄격한 기준을 적용했다. 그래서 서구 사회는 남아프리카공화국 백인을 혹평했음을 우선 인정하고 이에 대해 스스로 성찰함으로써 남아프리카공화국이 국제사회에 참여할 수 있도록 유도했다.

알렉산더 웬트Alexander Wendt는 국제사회를 결속시키는 세 가지 요소로 '강압coercion', '이해타산calculation', '신념belief'을 꼽았는데 강압보다는 신념이 바람직하고 지속성이 강하다고 했다. 현재 제기되는 북한의 개혁·개방 논의가 강압에 의지하는 것이라면 동북아 국제사회 형성을 통한 북한의 개혁·개방은 이해타산과 신념에 주목하는 것이다. 장기적인 안목에서 북한의 개혁·개방과 남북 관계의 변화, 통일 환경의 조성을 위해 한국은 동북아 국제사회 형성에 이제부터 주도적으로 나서야 할 것이다.

# 각주

## 1장 김정은 어떤 인물인가
01 《한겨레》, 2012년 7월 27일, 2면; 《조선일보》, 2012년 8월 27일, A29면.
02 후지모토 겐지, 한유희 옮김, 《북한의 후계자 왜 김정은인가?》(맥스미디어, 2010), 59~60쪽.
03 후지모토 겐지, 한유희 옮김, 같은 책, 130~131쪽.
04 《노동신문》, 2012년 7월 2일, 1면.
05 《조선일보》, 2012년 7월 17일, A6면.
06 《노동신문》, 2012년 2월 26일, 1면.
07 정성장, 〈4년간 몰래 만든 王〉, 《월간중앙》, 2010년 11월 호, 38~39쪽.
08 후지모토 겐지, 한유희 옮김, 같은 책, 122~127쪽.
09 《조선일보》, 2012년 7월 28일, A8면.
10 연합뉴스, 2010년 9월 30일.
11 《노동신문》, 2012년 1월 28일, 1면.
12 《노동신문》, 2012년 1월 19일, 1면.
13 《노동신문》, 2012년 5월 9일, 1면.
14 조선중앙통신, 2012년 5월 9일.
15 《노동신문》, 2012년 5월 9일, 1면.

## 2장 김정은은 지금 무슨 생각을 하고 있을까
01 《노동신문》, 2012년 4월 16일, 1면.
02 《노동신문》, 2012년 8월 7일, 1면.
03 《노동신문》, 2012년 4월 23일, 1면.
04 《노동신문》, 2012년 4월 19일, 1면.
05 《노동신문》, 2012년 4월 23일, 1면.
06 《노동신문》, 2012년 5월 25일, 1면.
07 〈북, 모든 군장교에 서약서 요구〉, 《국민일보》, 2012년 8월 28일, 1면.

08 《노동신문》, 2012년 5월 26일, 1면.
09 〈8월 3일 인민 소비품 생산 운동을 더욱 힘 있게 벌리자(사설)〉, 《노동신문》, 2012년 8월 2일, 1면.
10 《노동신문》, 2012년 4월 19일, 1면.
11 《노동신문》, 2012년 5월 17일, 1면.
12 후지모토 겐지, 한유희 옮김, 《북한의 후계자 왜 김정은인가?》(맥스미디어, 2010), 139쪽.

### 3장 3단계 권력 승계
01 김정은 권력 승계의 3단계는 Problems of Post-Communism 59권 4호(2012년 7·8월 호, pp.27~37)에 실린 필자의 논문 "Kim Jong-il's Death and His Son's Strategy for Seizing Power in North Korea" 가운데 관련된 부분을 발췌해서 번역하고 보완한 것이다.
02 Max Weber, The Theory of Social and Economic Organization(Oxford University Press, 1947), p.328.
03 Daniel N. Nelson, "Charisma, Control, and Coercion: The Dilemma of Communist Leadership", Comparative Politics 17-1(1984), p.4.
04 채인철, 〈기술 혁명 수행의 앞장에 선 3대혁명 전위들 농업 생산에 적극 기여〉, 《노동신문》, 2011년 5월 3일, 3면.
05 〈기술 혁명 수행의 앞장에 선 3대혁명 전위들 창조의 능수, 새 기술의 선도자로〉, 《노동신문》, 2011년 5월 25일, 3면.
06 《讀賣新聞》, 2010년 10월 25일; 《머니투데이》, 2010년 10월 25일, 재인용. http://cn.moneta.co.kr/Service/paxnet/ShellView.asp?ArticleID=2010102516035604608
07 《조선일보》, 2011년 12월 21일, A4면.
08 《세계일보》, 2011년 12월 28일, 1면.
09 《노동신문》, 2012년 4월 8일, 4면.
10 《노동신문》, 2012년 2월 7일, 1면.
11 《노동신문》, 2012년 3월 4일, 2면.
12 《노동신문》, 2012년 4월 14일, 6면.
13 《노동신문》, 2012년 3월 23일, 1면.
14 《노동신문》, 2012년 8월 3일, 1~2면.

### 4장 김정은의 사람들
01 주성하, 《김정은의 북한, 어디로 가나》(기파랑, 2012), 26쪽.
02 《조선일보》, 2012년 7월. 30일, A4면.
03 《노동신문》, 2012년 4월. 8일, 4면.
04 주성하, 같은 책, 268쪽.
05 이기동, 〈김정은 유일 지도 체계의 이행 가능성에 관한 시론적 연구〉, 《한국과 국제정치》, 제28권 제2호(2012), 64쪽.
06 〈경애하는 김정은 동지의 선군 령도 따라 위대한 전승의 력사와 전통을 끝없이 빛내여나가자 – 중앙 보고대회에서 한 조선 로동당 중앙위원회 정치국 상무위원회 위원이며 조선 인민군 총정치국장인 조선 인민군 차수 최룡해 동지의 보고〉, 《노동신문》, 2012년 7월 28일, 2면.

07 전북지역 통일교육센터가 추최한 '통일교육 커뮤니티 세미나'(2012년 6월 22일, 전주)에서 탈북자 A씨의 증언.
08 《조선일보》, 2010년 10월 14일, A8면.
09 《노동신문》, 2012년 7월 16일, 1면.
10 한기범, 〈당대표자회를 통해 본 북한의 신권력 구조와 통치전략〉, 평화재단 평화연구원 제53차 전문가 포럼(2012년 4월 24일, 평화재단 평화연구원), 19쪽.

## 5장 선군정치 못 버린다

01 부승찬, 〈주체사상과 선군사상의 상관관계〉, 《사회과학연구》, 제19집 2호(2011), 130쪽.
02 채철룡, 〈우리 당은 백전백승의 위력을 떨치는 김일성-김정일 동지의 당〉, 《노동신문》, 2012년 8월 2일, 2면.
03 리강철, 〈선군정치는 최후승리의 강력한 보검〉, 《노동신문》, 2012년 7월 5일, p.3면.
04 Franz Schurmann, *Ideology and Organization in Communist China*, 2nd Edition(University of California Press, 1968), p.22.
05 Franz Schurmann, 같은 책, p.23.
06 《노동신문》, 2012년 8월 18일, 1면.
07 《노동신문》, 2012년 1월 1일, 2면.
08 《노동신문》, 2012년 3월 25일, 1면.
09 《노동신문》, 2012년 4월 16일, 1면.
10 〈위대한 선군령장을 높이 모시고 최후승리를 향해 총진군하자(사설)〉, 《노동신문》, 2012년 7월 20일, 1면.
11 〈경애하는 김정은 대원수님께 최대의 영광과 축하를 드립니다 - 평양시 경축대회 진행〉, 《노동신문》, 2012년 7월 20일, 1면.
12 〈경애하는 김정은 동지의 선군령도 따라 위대한 전승의 력사와 전통을 끝없이 빛내여나가자 - 중앙보고대회에서 한 조선 로동당 중앙위원회 정치국 상무위원회 위원이며 조선인민군 총정치국장인 조선인민군 차수 최룡해 동지의 보고〉, 《노동신문》, 2012년 7월 28일, 2면.
13 부승찬, 〈주체사상과 선군사상의 상관관계〉, 《사회과학연구》, 제19집 2호(2011), 131쪽.
14 리강철, 〈선군정치는 최후승리의 강력한 보검〉, 《노동신문》, 2012년 7월 5일, 3면.

## 6장 핵 문제 협상 나선다

01 《세계일보》, 2011년 1월 5일, 6면.
02 《문화일보》, 2012년 8월 17일, 8면.
03 《중앙일보》, 2012년 7월 3일, 10면.
04 국가의 핵 개발 이유에 대한 자세한 논의는 Scott D. Sagan, Why Do States Build Nuclear Weapons? Three Models in Search of a Bomb, *International Security* 21-3(Winter 1996/1997), 특히 p.55 참조.
05 북한 핵 개발의 원인에 대한 부분은 *Asian Affairs: An American Review* 38권 4호(2011, pp.175~187)에 실린 필자의 논문 What is the Root Cause of the North Korean Nuclear Program?에서 일부를 발췌해 번역, 보완한 것이다.
06 Stephan Haggard and Marcus Noland, "Famine in North Korea Redux?" Peterson

07 Institute for International Economics, Working Paper 08~9, October 2008, p.63.
08 김일성, 〈1994년 신년사(1994년 1월 1일)〉, 《김일성저작집 44》(조선로동당출판사, 1996), 298쪽.
09 《동아일보》, 2006년 7월 10일, 6면.
10 Stephan Haggard and Marcus Noland, "Famine in North Korea Redux?", p.8.
Stephan Haggard and Marcus Noland, "Sanctioning North Korea: The Political Economy of Denuclearization and Proliferation", Peterson Institute for International Economics, Working Paper 09-4, July 2009, p.7.
11 Telegram from American Embassy to RUEHC/Secretary of State Washington, D.C., "A/S Kurt Campbell's meeting with senior secretary to the president for foreign affairs and national security Kim Sung-hwan", 24 July 2009, p.3.

### 7장 미국과 수교할까
01 서보혁, 〈광명성 3호 발사를 계기로 본 김정은 시대의 대외 정책 노선과 국가 전략〉, 평화재단
02 평화연구원 제53차 전문가 포럼(평화재단 평화연구원, 2012년 4월 24일), 2면.
03 《노동신문》, 2012년 6월 15일, 1면.
04 박철준, 〈높이 들고나가야 할 통일의 기치〉, 《노동신문》, 2012년 7월 18일, 5면.
05 《조선일보》, 2012년 8월 2일, A4면.
06 서보혁, 같은 논문, 5쪽.
07 김일성, 〈조선노동당 제6차 대회에서 한 중앙위 사업 총화 보고(1980년 10월)〉, 《김일성 전집 35》(조선노동당 출판사, 1987), 366쪽.

### 8장 중국 의존 탈피할까
01 《동아일보》, 2012년 6월 25일, 10면.
02 오수경, 〈일미 동반자관계의 진상〉, 《노동신문》, 2012년 8월 5일, 6쪽.
03 김종순, 〈미국의 침략적인 해양 전략을 저지 파탄시켜야 한다〉, 《노동신문》, 2012년 8월 10일, 6쪽.
04 Telegram from American Embassy Seoul to RUEHC/Secretary of State Washington, D.C., "Hyundai Chairwoman on DPRK Trip, Kim Jong-il", 28 August 2009, p.4.

### 9장 김정은-안철수 정상회담?
01 《노동신문》, 2012년 6월 15일, 1면.
02 〈조국 통일 3대 원칙의 기치 높이 자주 통일의 새 국면을 열어나가자(사설)〉, 《노동신문》, 2012년 7월 5일, 1면.
03 박철준, 〈높이 들고 나가야 할 통일의 기치〉, 《노동신문》, 2012년 7월 18일, 5면.
04 이기동, 〈김정은 유일지도체계의 이행 가능성에 관한 시론적 연구〉, 《한국과 국제정치》, 제28권 제2호(2012), 57쪽.
05 Telegram from American Embassy Seoul to RUEHC/Secretary of State Washington, D.C., "NIS Deputy Director Kim Sook on DPRK Launch and Beyond", 2 April 2009, p.6.
06 Telegram from American Embassy Seoul to RUEHC/Secretary of State Washington, D.C., "Former blue house inter-Korean affairs chief on DPRK situation and possible dialogue", 14 April 2009, p.3.

07 《한겨레》, 2012년 7월 19일, 8면; 《조선일보》, 2012년 8월 17일, A8면; 《한겨레》, 2011년 8월 24일, 2면; http://news.chosun.com/site/data/html_dir/2011/09/01/ 2011090101432.html, Chosun.com, 2011년 9월 1일; 《조선일보》, 2012년 9월 5일, A5면; 《중앙일보》, 2012년 9월 11일, 1면; 《조선일보》, 2012년 10월 20일, A5면; Geun-hye Park, "A New Kind of Korea," *Foreign Affairs* 90-5(Sep/Oct 2011), pp.13~18 게재 내용 종합.
08 진중권, 〈박근혜 후보의 코스프레〉, 《한겨레》, 2012년 10월 3일, 27면.
09 박철준, 〈높이 들고나가야 할 통일의 기치〉, 《노동신문》, 2012년 7월 18일, 5면.
10 〈유신독재의 부활은 절대로 용납될 수 없다—조선민주주의 인민공화국 력사학회 비망록〉, 《노동신문》, 2012년 8월 11일, 5면.
11 문재인, 《사람이 먼저다》(퍼플카우, 2012), 85~90쪽; 《세계일보》, 2012년 7월 21일, 4쪽.
12 안철수, 《안철수의 생각》(김영사, 2012), 151~159쪽; 《조선일보》 2012년 10월 20일, A5쪽 내용 종합.

## 10장 김정은은 리틀 덩샤오핑인가

01 Scott D. Sagan, "Nuclear Weapons: Should the United States of the International Community Aggressively Pursue Nuclear Nonproliferatiion Poicies?", in Peter M. Haas, John A. Hird, and Beth MacBratney, eds., *Controversies in Globalization: Condending Approaches to International Relations*(CQ Press, 2010), pp.155~156.
02 《연합뉴스》, 2012년 1월 17일.
03 《조선일보》, 2012년 8월 3일, A1면.
04 후지모토 겐지, 한유희 옮김, 《북한의 후계자 왜 김정은인가?》(맥스미디어, 2010), 142쪽.
05 《每日新聞》, 2012년 4월 16일. 정창현, 〈김정은 시대 북한의 권력 구조와 정책 전망〉, EAI Issue Briefing No.MASI 2012-03, p.8, 재인용.
06 《조선일보》, 2012년 7월 13일, A8면.
07 《조선일보》, 2012년 7월 13일, A8면.
08 《노동신문》, 2012년 5월 9일, 2면.
09 정혁철, 〈과학기술이 발전하면 강자가 된다〉, 《노동신문》, 2012년 8월 11일, 2면.
10 《노동신문》, 2012년 4월 11일, 1면.
11 《노동신문》, 2012년 7월 3일, 1면.
12 히라이 히사시, 백계문·이용빈 옮김, 《김정은 체제: 북한의 권력 구조와 후계》(한울아카데미, 2012), 77쪽.
13 주성하, 《김정은의 북한, 어디로 가나》(기파랑, 2012), 28쪽.
14 《조선일보》, 2012년 7월 25일, 1면.
15 《조선일보》, 2012년 9월 5일, A6면.
16 Telegram from American Embassy to RUEHC/Secretary of State Washington, D.C., "Chinese DCM on Bosworkth Visit, DPRK Currency Chaos", 9 December 2009, p.2.
17 Cental Intelligence Agency, *The World Factbook*, https://www.cia.gov/library/publica tions/the-world-factbook/geos/ch.html
18 《조선일보》, 2012년 8월 18일, A4면.
19 전북 지역 통일교육센터가 추최한 '통일교육 커뮤니티 세미나(2012년 6월 22일 전주)'에서 탈

북자 A모 씨의 증언.
20 정창현, 〈김정은 제1비서의 예상된 파격 행보: 기강 잡기·인민 생활 향상에 몰두〉, 《민족21》, 제135호(2012년 6월 호), 40쪽.
21 정창현, 〈김정은 시대 북한의 권력구조와 정책 전망〉, EAI Issue Briefing No.MASI 2012-03, p.5.
22 후지모토 겐지, 한유희 옮김, 같은 책, 146쪽.
23 《노동신문》, 2012년 1월 1일, 2면.
24 〈8월 3일 인민소비품 생산운동을 더욱 힘있게 벌리자(사설)〉, 《노동신문》, 2012년 8월 2일, 1면.
25 김균주, 〈지방 공업 발전의 현실적 요구〉, 《노동신문》, 2012년 8월 6일, 2면.
26 《노동신문》, 2011년 1월 1일, 2면.
27 조선중앙통신, 2011년 1월 15일.
28 《노동신문》, 2012년 4월 13일, 1면.
29 《노동신문》, 2012년 4월 14일, 5면.
30 히라이 히사시, 백계문·이용빈 옮김, 같은 책, 377~378쪽.
31 통계청, 《북한 통계》, http://kosis.kr/bukhan/
32 히라이 히사시, 백계문·이용빈 옮김, 같은 책, 378쪽.
33 통계청, 《북한통계》, http://kosis.kr/bukhan/bukhanStats/bukhanStats_03_01List.jsp
34 《노동신문》, 2012년 6월 19일, 1면.
35 《노동신문》, 2012년 2월 27일, 3면.
36 히라이 히사시, 백계문·이용빈 옮김, 같은 책, 403쪽.
37 《노동신문》, 2012년 4월 19일, 2면.
38 《조선일보》, 2012년 8월 15일, A3면.
39 《노동신문》, 2012년 4월 6일, 2면.
40 Hedley Bull, "The West and South Africa", *Daedalus* 111-2 (1982), pp.255~270.

# 찾아보기

## 인명

갈루치, 밥(Bob Gallucci)  122
강석주  36, 67, 79, 82, 84, 121~124, 126, 169, 191, 229
곽범기  36, 79, 81~84, 119~120
김경옥  61~62, 67, 83, 105~107
김경희  36, 79~81, 83, 86, 88, 92~93, 105, 107, 189, 257
김계관  84, 123~124, 148, 156, 169, 191
김국태  36, 79, 82
김기남  79~80
김동규  65, 75
김락희  36, 79~80
김보현  210
김숙  208
김양건  36, 79, 82
김영남  36, 73, 79, 81, 96, 107, 117~118, 232
김영일  36, 79, 82, 237, 255
김영철  61~62, 83~84, 112
김영춘  36, 60~61, 79, 82~83, 99~101
김원홍  79, 81~85, 101, 113
김일철  61, 99~101
김정각  36, 61, 79, 81, 83~84, 96, 101, 109~111, 120
김창섭  36, 79, 82

김평해  36, 79, 82
넬슨, 대니얼(Daniel Nelson)  65~66
덩샤오핑(鄧小平)  63, 190, 231~232, 245, 259
런샤오(任曉)  248
로두철  36, 79, 83, 84, 105, 119, 120~121
류경  69, 88
리광근  232, 238
리명수  36, 79~85, 115~116
리명제  125
리병삼  36, 79, 81~83
리설주  6, 27~28, 233~234
리영수  88
리영호  6, 22, 36, 47, 60~62, 67, 79~80, 83, 89~90, 96, 107, 111, 236
리용무  36, 79, 82
리용철  61, 96, 105~106
리용호  79, 105, 124~127, 169~170
리제강  22, 89, 96, 106
리태남  36, 79, 80
마오쩌둥(毛澤東)  190
모겐소, 한스(Hans Morgenthau)  50
문경덕  36, 79, 81~84, 88, 104~105, 238~239
문재인  212, 216, 219~220
미어샤이머, 존(John Mearsheimer)  193

찾아보기  **269**

박근혜  211~212, 214~215, 217
박금철  99, 103
박남기  64
박도춘  36, 79, 81~84, 101~103
박명철  88
박봉주  119, 243, 256, 257
박정순  36
박창련  209
백용천  209
베버, 막스(Max Weber)  62, 66
변영립  36, 79~80
보즈워스, 스티븐(Stephen Bosworth)  224
불, 헤들리(Hedley Bull)  183, 261
세이건, 스콧(Scott Sagan)  153
셔먼, 프란츠(Franz Schurmann)  138
스티븐스, 캐슬린(Kathleen Stephens)  208
안철수  212, 220~221, 224~225
애커먼, 개리(Gary Ackerman)  125
양형섭  36, 79, 82, 230~231
오진우  35, 84, 98~99, 111
올브라이트, 매들린(Madeleine Albright)  175
와이트, 마틴(Martin Wight)  183
왈츠, 케네스(Kenneth Waltz)  50~51
왕자루이(王家瑞)  231, 251
우동측  36, 61, 79~80, 88, 113
원자바오(溫家寶)  110, 198, 246~247
웬트, 알렉산더(Alexander Wendt)  261
임춘추  104
장성길  87
장성우  87, 111
장성택  6, 36, 51, 62, 67~68, 78~94, 96~97, 100, 102, 104~105, 111, 211, 232, 236~239, 247
전금철  210
전병호  36, 79~80, 101~102, 104
전영진  88, 232, 237~238
정운업  209~210
정일룡  124
조명록  36, 61, 99, 105, 109, 175
조연준  36, 79, 81~84, 107

주규창  36, 79, 82, 101~102
주상성  36, 69, 116
지재룡  88
징하이밍(荊海明)  244
최광  99, 111
최룡해  36, 67, 78, 82~84, 88~90, 94~97, 100~101, 104~105, 107, 118, 120, 236
최부일  83~84, 105, 107, 110~111
최승철  209~210
최영림  36, 79, 81, 84, 93, 100, 104, 107, 117~118, 120~121
최용건  84, 104, 111
최태복  36, 79
최현  72, 84, 94~96, 104
카터, 지미(Jimmy Carter)  28, 121, 155, 191~192
캠벨, 커트(Kurt Campbell)  164
퀴노네스, 케네스(Kenneth Quinones)  125~126, 181
클린턴, 빌(Bill Clinton)  122, 178
클린턴, 힐러리(Hillary Clinton)  146
태종수  36, 79~80, 124
트루먼, 해리(Harry Truman)  198
페리, 윌리엄(William Perry)  222~223
현영철  79~81, 83~84, 105, 107~109
홍석형  36, 69
황병서  106
후지모토 겐지(藤本健二)  19~20, 53~54, 231, 251
힐, 크리스토퍼(Christopher Hill)  124

**일반 용어**

3대혁명소조  68, 96, 104, 114
가산제(家産制)  207, 223
가정연산승포책임제(家庭聯産承包責任制)  245
갑산파  64, 86, 99, 103
강성 국가  50, 109, 140~141, 151, 230, 234, 254, 256
강성 대국  252~256
강압(coercion)  66, 69~70, 261, 265
과잉 민족주의(hyper-nationalism)  193
국가경제개발 10개년 전략계획  253
국가계획위원회  119~120, 209
국가안보전략(NSS)  159
국가안전보위부  61, 69, 85, 87~88, 91, 97, 101, 113~115, 223, 243
국내 정치 모형(domestic politics model)  152
국방위원회 제1위원장  25, 70~71, 73
국제사회(international society)  7, 24, 33, 149, 161, 164~165, 173, 183, 215, 220, 235, 247~248, 259, 260~262
권위(authority)  62, 64~66, 69~72, 143, 244, 246
기능주의(functionalism)  182
김일성-김정일주의  135, 137~138
김일성사회주의청년동맹  67, 96
김일성고급당학교  102
김일성군사종합대학  21~22, 84, 109~110
김일성종합대학  84, 107, 115, 117
난페이퍼(non-paper)  126
당 경공업부  257
당 계획재정부  101
당 기계공업부  101, 119~120
당 정치국  35~36, 67, 80, 82~83, 85~86, 89~91, 96, 98, 100~101, 103~104, 106~107, 109~110, 113, 116~118, 120, 123
당 정치국 상무위원  35, 67, 80, 83, 89, 96, 98, 103~104, 117~118
당 정치국 후보위원  36, 67, 91, 106~107, 109, 120, 142

당 제1비서  5, 19, 25, 27, 70~71, 96
당 조직지도부  23, 61, 82, 86, 89, 96, 105~107, 125
당 중앙군사위원회  25, 35, 60, 66~67, 100, 107, 258
당대표자회  25, 30, 35~36, 43, 60, 66~67, 70, 73, 78~79, 91, 96, 98, 100, 102~103, 105, 108~110, 135~136, 142, 257
동북아 국제사회  7, 259~262
만경대혁명학원  84, 86, 96, 112, 117
무정부 상태(anarchy)  51, 173
불량 국가(rogue state)  175, 260
상호 인정(mutual recognition)  183
샤오캉(小康) 사회  231~232
선군사상  42, 130~135, 137~139, 142~143
선군정치  11, 58, 72, 130~144, 161, 252
순수 이데올로기(pure ideology)  138~139
신기능주의(neofunctionalism)  182
신념(belief)  261~262
실천 이데올로기(practical ideology)  138~139
실패 국가(failed state)  260
안보 모형(security model)  152, 158~159
완충지대론  247
외과 수술적 공격(surgical strike)  222
의존의 균형(balance of dependence)  11, 194, 196, 200
이해타산(calculation)  261~262
인민무력부  16, 98, 100, 112, 115
인민보안부  66, 85~87, 115~116, 223
일괄타결(package deal)  126, 179
일심단결  40~44, 46~47, 51, 134, 139~140
전술핵  155
전위당(vanguard party)  139
전쟁 상태(state of war)  51
정권 안보 모형(regime security model)  153
정찰국  61, 112
정찰총국  112
제네바 기본합의  122~123, 127, 155~156, 162, 175, 178, 180, 184

찾아보기  **271**

천민 국가(pariah state)  260
총대철학  131~133, 138
총정치국장  61, 88, 90, 96, 98~100, 105, 109, 120
핵 없는 세계(nuclear-free world)  163, 165
핵태세검토보고서(NPR)  159
핵확산금지조약(NPT)  125, 149, 154, 164, 200
현지료해  100, 118
현지 지도  23~24, 34, 92, 100~101, 106, 121, 140
호위총국장  87
화폐개혁  63, 119, 244
희천발전소  115, 118, 258, 259